中国社会科学院研究生院国际能源安全研究中心
能源安全研究论丛

天然气人民币

GAS YUAN

黄晓勇 等 / 著

社会科学文献出版社
SOCIAL SCIENCES ACADEMIC PRESS (CHINA)

前　言

　　满足人民对美好生活的需要和实现建设美丽中国的目标，开展生态文明建设，都需要绿色发展、可持续发展，都必须提高发展质量和效益，因此需要在基本制度、管理体系、运营模式和应用技术上进行一系列的创新。

　　天然气人民币便是这样一个创新体系，通过人民币在天然气投资、生产和贸易中的广泛使用，推动全球天然气市场以人民币计价和结算。中国对天然气的进口使人民币流向境外，天然气出口国则通过购买中国产品和服务以及投资人民币金融产品，使人民币得以回流中国，从而形成完整的围绕人民币的贸易流通和投融资体系。为了尽快构建并最终形成这一体系，要充分利用天时地利人和，尽快建立中国的天然气交易中心，为世界能源市场的变革贡献中国智慧和中国方案，同时也促进中国能源结构调整和清洁、绿色、高效的能源利用技术迅速进步，以服务于中国的工业发展和人民生活质量的不断提高。

　　构建天然气人民币，一方面将为中国能源结构转型、推进能源革命、实现中国能源安全提供重要的金融体系支撑；同时，也将为人民币国际化提供重要的载体，将给国际社会和世界经济带来巨大的发展机会、增长空间和美好前景。因此，加快推进天然气人民币，对实现中国能源安全和金融安全以及加快人民币国际化，从而发挥中国引领世界经济发展和参与全球治理的作用具有十分重要的意义，同时也符合"推动新型工业化、信息化、城镇化、农业现代化同步发展，主动参与和推动经济全球化进程，发展更高层次的开放型经济，不断壮大我国经济实力和综合国力"的目标。在这个过程中，政府相关部门、国有企业、金融机构和民间企业、民间资本需要共同努力，其中顶层设计与制度、政策、机制改革尤为重要且十分关键，这一点在"石油美元"机制形成的历史中清晰可见。

我们的研究团队经过一段时间的积极准备，终于将对天然气人民币相关理论的研究以及对实践经验进行分析所探索出的成果结集出版。在第一章和第二章中，主要论述了提出天然气人民币概念的理论依据，并从国内、国际两个方面论证了天然气人民币的可行性，同时从五个方面对如何推动天然气人民币体系建设提出了具体方案；在第三章中，分析了世界能源发展趋势以及天然气人民币体系在建设过程中能够在行业改革和能源结构调整方面所起到的牵引作用；在第四章中，从全球天然气市场情况出发，重点对"亚洲溢价"现象以及天然气定价机制的形成进行了分析，以探讨如何建成天然气人民币的计价和结算体系；在第五章中，详细分析了人民币国际化过程中的问题以及天然气人民币作为其能源解决方案的可行性和实施路径；第六章对在中国建立天然气交易中心进行了探讨，并对其中的关键和难点进行了分析；第七章和第八章，在对国外天然气行业具代表性的改革案例和国内天然气基础设施建设和运营情况进行分析后，针对加快国内天然气行业及油气运输行业的改革，提出了政策性建议；第九章则从天然气国际贸易的角度对天然气作为大宗商品在国际贸易中所表现出的特性进行了分析；第十章则从石油美元的定价机制入手，敏锐地对未来能源贸易的交易计价机制的多元化趋势进行了把握，对天然气国际贸易中人民币计价的条件、优势和困境进行深入分析，并对可行性路径进行了设计；在第十一章中，对天然气人民币的关键——人民币回流机制提出了具有现实意义的改革方案和切实可行的建议。

最近，随着国际地缘政治和世界经济的变化发展，国际能源市场上出现了一种去美元化趋势，伊朗、委内瑞拉、俄罗斯以及沙特都在探索在油气贸易中使用美元之外的货币进行结算，而在它们的视野中，人民币是替代美元的上佳选择之一。同时，中国为推动"一带一路"经贸发展在金融货币领域也做出了巨大努力。据有关资料披露，中国外汇交易体系中建立了人民币和外币交易 PVP 体系，旨在简化中国与"一带一路"沿线国家在贸易支付中的商业和货币交易规则。同时，中国开始向俄罗斯等国推出以人民币计价的油气合约。作为支撑，中国将允许人民币在上海和香港交易所完全兑换黄金。这是对人民币国际信誉最为有力的背书，将对人民币成为国际结算货币和计价货币以及用人民币进行投融资发挥重要的推动作用，同时也将使天然气人民币呼之欲出。

中国以经济稳步发展为前提下的国际影响力不断提升，必将使其参与和引领世界经济治理的范围扩大、程度加深，而天然气人民币作为中国解决方案之一，不仅将为世界油气贸易提供新的制度安排、运营模式和商业规则，同时也将为国际能源供求格局在消费牵引下不断合理化提供了优质可行的范本。

加快推进天然气人民币体系的建设虽实应天时地利人和，但其真正全面发展并最终成功还需各方力量共同付出艰苦努力。

谨以此为记，愿与各位同仁相学相勉！

黄晓勇

2017 年 10 月

目 录
Contents

第一篇　总论

第一章　天然气人民币问世[*]

全球化的能源市场与世界各国的经济稳定、金融安全和能源安全休戚相关。相对于"石油美元"，石油欧元、石油人民币等概念虽然也相继提出，但目前来看都尚未具足够的现实可行性。天然气人民币因何提出？为何是天然气人民币？天然气人民币是否可以实现？怎样推进天然气人民币？这些问题无论是对于中国能源和金融现状而言，还是对于中国现今面临的能源结构转型以及国家金融安全而言，都是十分关键和必须回答的。

一　石油美元与天然气人民币的诞生

"天然气人民币"是指在天然气交易中，使用人民币作为结算货币，进而推动人民币发挥计价货币、储备货币以及投资融资途径的作用。

目前，天然气虽然尚未形成独立的国际市场，但毫无疑问，作为未来世界能源消费最大宗的商品，天然气是一个重要的、经常性的、大宗交易的商品。对于实现中国的能源安全、促进中国能源转型，以及实现人民币国际化的进程，天然气无疑都是一个非常重要的载体。

简单而言，天然气人民币是与石油美元相对应的一个概念，它包含两个层面：一是通过人民币在天然气投资、生产和贸易中的广泛与大量使用，推动

---

[*] 本章作者黄晓勇，现任中国社会科学院研究生院院长，教授、博士生导师，兼任全国日本经济学会副会长、北京市学位委员会委员、中国社会科学院研究生院国际能源安全研究中心主任等职。

全球天然气市场实行以人民币计价和结算；二是通过天然气贸易流向境外的人民币未来可通过天然气出口国进口中国产品或购买人民币金融产品回流中国，如此形成人民币的回流机制，天然气人民币体系得以建立、巩固和延续。

天然气人民币绝不仅仅是石油美元简单的"翻版"和复制，对于中国而言，其影响和意义必定十分重大。天然气人民币不仅有助于加速人民币国际化进程、推进能源结构转型，而且在构建天然气人民币体系的过程中，要求中国建立区域性乃至全球性的天然气交易中心，而交易中心的建设又将倒逼国内天然气行业的改革，完善国内的相关体制、机制和政策，提升天然气行业的效率，从而扩大中国天然气的利用规模，改善中国的生态环境。

构建天然气人民币体系设想的提出既是基于对石油美元的借鉴，也是基于当前中国生态环境问题突出、人民币国际化进程放缓的大背景的反思。可以说，构建天然气人民币体系的设想是融合了实现中国能源安全和金融安全需要的一个思考，可谓"一举多得"。

作为天然气人民币所借鉴的石油美元，其形成背景、运行机制和作用意义都值得深入探讨。

1. 当美元离开黄金

第二次世界大战结束前夕，西方主要大国开始擘画全球新的政治经济秩序。如果说雅尔塔会议、波茨坦会议等奠定了第二次世界大战后全球的政治格局，那么同样在一个不起眼的地方召开的另外一个会议则奠定了全球的经济金融秩序，那就是1944年44个国家的代表在美国新罕布什尔州布雷顿森林镇举行的联合国国际货币金融会议。依靠丛林法则确立的"布雷顿森林体系"由此确立。该体系的核心是美元与黄金挂钩，国际货币基金组织成员国的货币与美元保持固定汇率。其实质是建立以美元和黄金为基础的金汇兑本位制，美元以黄金为支撑，成为国际货币基金组织成员国的"硬通货"。该体系一举确立了美元在国际货币体系中的核心地位，"日不落帝国"的英镑不得不"禅让"其在国际货币体系中的霸主地位。

这一体系能够维持的重要前提是美国雄厚的黄金储备。据统计，第二次世界大战结束时，美国的黄金储备达到200亿美元，相当于全球官方黄金储备的60%。到1957年的时候，美国的黄金储备已相当于其他国家官方黄金储备的3倍。

鉴于美元强大的经济实力和美元与黄金自由兑换的承诺，西方国家都愿意接受美元为储备货币，美元无可争辩地成为国际贸易计价和结算货币。这样一种以美元为主导的国际货币体系也推动了第二次世界大战后国际贸易的快速发展和各国经济之间相互依存度的提高。

然而，好景不长。20世纪六七十年代，欧洲和日本的商品大量流入美国，并产生了巨额的顺差。随着美国贸易逆差的持续扩大，美元大量外流，美元贬值压力加剧，美国的黄金储备也不断萎缩，美元兑换黄金的体系变得难以为继。在这一背景下，德国、法国等欧洲共同体（欧共体）国家宣布，对美元实行联合浮动，欧共体内部成员国之间实行固定汇率。如此一来，布雷顿森林体系的两大支撑——美元与黄金挂钩和盯住汇率制度均不复存在。1971年8月15日，美国总统尼克松宣布终止美元与黄金挂钩，布雷顿森林体系由此瓦解。

随着布雷顿森林体系的瓦解，失去黄金支撑的美元从"硬通货"变成了信用货币。简单地说，在布雷顿森林体系下，美元就相当于黄金，而该体系瓦解后，美元只能依靠美国政府的信用背书。因为美元的发行是由美国财政部以未来税收作为抵押，向美国联邦储备系统（以下简称"美联储"）发行国债，美联储通过购买国债的形式向市场投放货币，所以美元信用实质上是美国政府的背书。

2. 美元与石油联手

美元与黄金脱钩后，美元的信用基础大为削弱，然而，20世纪70年代，美元非但没有大幅贬值，反而一直保持强势地位，并且在全球贸易结算中的份额维持了高位。数据还显示，美元在各国中央银行外汇储备中的比重更是从1969年的54.4%上升到1979年的79.2%。

美元在国际货币体系中霸主地位的维系，靠的就是石油美元。据考证，20世纪70年代，美国与全球最大的石油出口国沙特阿拉伯签订了一份"不可动摇的协议"，即沙特阿拉伯的石油贸易以美元计价和结算的协议。由于沙特阿拉伯在整个石油输出国组织（OPEC）中处于特殊地位，因此其他国家也被迫接受了这一规则，并延续至今。沙特阿拉伯这一以石油和美元做交易换取自身安全的协议在很大程度上维持了其国家安全和王室稳定，但也由此使国际石油市场步入了以美元计价和结算的时代。美元成为石油这一全球最大宗商品贸易的主货币，美元的地位在布雷顿森林体系之后得以维系。

1973年10月，第四次中东战争爆发，OPEC为了打击对手以色列以及支持以色列的美国等西方国家，宣布石油禁运、暂停出口，造成油价上涨。

1978 年底，伊朗政局动荡，此后又爆发了两伊战争，伊朗的石油产量锐减，从每天 580 万桶降至 100 万桶以下，打破了当时全球原油市场上脆弱的供需平衡。油价从 1979 年开始暴涨，由每桶 13 美元猛增至 1981 年的 34 美元，由此导致了第二次石油危机。OPEC 在全球石油市场中的地位可见一斑。

然而，随着石油美元体系的完善，它不仅维护了美元在全球贸易结算中的地位，而且美国通过石油期货交易所的建立开展石油期货及其衍生品交易，使石油的定价权从 OPEC 国家顺利移交给美国金融市场。近年来，美国页岩油气生产的迅速发展使美国成为一个主要的油气机动生产国，取代了沙特阿拉伯的主要石油机动生产国的地位。美国强势的货币政策、发达的金融市场的交易以及页岩油气的产量在更大程度上影响着全球石油价格的波动。

3. 石油美元体系的威力

石油美元体系为何能得以长期维持？其背后靠的是两大循环链条。一是石油输出国通过石油贸易获得大量美元，这些美元部分被其用于从西方发达国家和东亚国家进口本国生产、生活所需的物资以及国防产品，剩余的美元则投资于美国金融市场，包括银行存款、股票、债券等金融产品。二是从 20 世纪六七十年代起，以出口导向为发展战略的"亚洲四小龙"、日本以及随后崛起的中国成为全球最主要的制造业基地，东亚大量工业制成品的出口也形成了巨额的贸易顺差和美元流入。东亚地区进口美国等发达国家的商品后剩余的美元，一方面用于购买中东、非洲、美洲等地的石油、铁矿石等初级产品，另一方面也有相当一部分外汇储备用于购买美国国债等金融产品。这就形成了美元第二个主要循环链条。

通过这两大循环链条，美元在很大程度上得以通行全球，并保持其全球主要储备货币的地位。美元的主导地位使美国获益颇丰。首先，最直接的收益自然是"铸币税"。"铸币税"原本指统治者由于拥有货币铸造权而得到的净收益，而在国际货币体系中，"铸币税"是指一个国家因其货币为他国所持有而得到的净收益。在金本位制下，一国对国际"铸币税"的索取无法摆脱金属的限制，因为贵金属本身的铸造成本是比较高的，但这种限制在信用货币时代就基本消失了。由于信用货币的发行成本极低，发行国的净收益大大增加。国际"铸币税"实际上是货币发行国对持有国财富的一种占有。由于美元是最主要的国际货币，美国在很大程度上控制了世界货币的供应，占有境外美元持有者的资源，是世界上受益于国际"铸币税"最多的国家。简单地说，美国通过贸易逆差在境外沉淀了巨额美元资金池，这意味着美国年复一年地无偿使用着他国的商品或服务，以极低的成本攫取着他国的财富。

其次，金融市场规模庞大，市场流动性强，美元作为主要的国际货币，美国发行美元证券的筹资成本低。外国投资者对美元资产的大量需求增强了其流动性，降低了利率，从而使美国政府和企业融资成本较低。也就是说，通过金融产品的发行，美国以较低的成本弥补了美国贸易和财政赤字，使美国贸易和资本项下的"双顺差"格局得以长期维系。低成本的资本输入和高回报的资本输出使美国获取了其他国家，特别是东亚国家和地区以及中东地区经济增长的部分利益。

再次，美国可以以货币超发的形式减轻自身的债务负担。美国不断提高其债务规模上限，几乎无限制地向全世界举债，而不必对等地承担偿还债务的责任。美国向别国举债以美元计值，其通过宽松的货币政策和美元贬值即可操纵负债的价值水平。也就是说，美国通过调节货币供给就可以轻松地逃债。总之，美国掌握着全球金融市场的指挥棒和闸门，既可以积蓄财富也可以转移债务负担和远期风险。

最后，美元的主导地位还使美国在货币政策制定方面拥有更大的自主权。美国经济萧条时，可以通过量化宽松增加货币发行量，避免信贷紧缩和信心崩溃引致的经济危机，而通过增发美元引发的通货膨胀最终还可以通过贸易逆差转嫁给他国。美国经济复苏时，美国货币采取加息等货币紧缩政策，引发美元升值，又可以使美元回流美国。一旦美国经济过热，美国还可以借助美元的国际流动将通货膨胀向境外输出，而不会导致本国严重的通胀。总之，美元的独特地位使美国在货币调整中可以更好地收放自如，拥有了更大的灵活性和自主性。

美元作为全球最主要的储备货币，是维持美国国际地位的重要支撑。石油美元体系的运行机制和巨大的经济利益其实早已为国内学术界所深刻地认识。美国推行的石油美元战略并不是"阴谋"，而只不过是一个"阳谋"。

今天，天然气人民币虽然还无法彻底撼动石油美元的地位，也无法获得与石油美元相匹配的超额收益，但是，它对人民币国际化的推动作用是非常正面的，同时对中国能源结构调整和生态环境也有着深远积极的影响。因此，天然气人民币体系的建立必将成为中国经济领域的一项重大抉择。

如果说改革开放近40年来经济增长的"中国奇迹"主要是能源资源、

劳动力等生产要素的投入，那么在资源环境承载能力接近极限、人口红利不断削减的背景下，中国经济增长就不得不依靠技术的进步和劳动力素质的提高。不仅如此，作为全球第二大经济体，中国在全球经济治理中的话语权却十分有限，因此需要通过构建中国在其中拥有主导权的体系并付诸实施作为解决全球问题的中国方案。

二　天然气人民币为什么可行

天然气人民币提出后，虽然普遍认为前景美好，但仍存在一些担忧，其中也包括某些政策部门和利益相关方：我们推进石油贸易的人民币计价和结算，做了这么多工作都没有实质性进展，为什么搞天然气贸易的人民币计价和结算就可行？目前，国际天然气市场还存在计价与美元挂钩的问题，而且天然气贸易中的船运、保险等也形成了以美元结算的惯例，如果我们强力推进天然气贸易的人民币计价和结算，就要打破惯例，但中国企业在天然气贸易中早已习惯这套贸易体系和规则，如何打破这强大的路径依赖？

随着天然气消费量、贸易量的持续增长，以及人民币国际化的推进，天然气人民币越来越具有较强的现实可操作性。

1. 以量定天下，天然气有望成为全球最主要的大宗商品

后《巴黎协定》时代，世界各国对环境问题和气候变暖日益关注，天然气与可再生能源的发展受到越来越多的重视，它们在一次能源消费中的地位将逐步提升。英国石油公司（BP）的统计显示，尽管近年可再生能源快速增长，但由于其基数较低以及近年全球能源消费总体增速放缓，2016年全球可再生能源占一次能源消费的比重仅为4%左右。而化石能源的消费在2015年仍占据全球新增能源消费的60%，预计到2035年，化石能源仍将占全球能源供应的八成。在未来较长时间内化石能源仍将占据全球能源结构的主导地位的背景下，天然气作为清洁、高效的能源，将与核能、可再生能源等低碳能源形成良性互补，这是全球能源低碳转型的现实选择。

目前从全球天然气消费占一次能源消费的比重来看，平均占比在24%左右，仅次于石油和煤炭。在全球环境问题的压力下，天然气消费有望在不久的将来超过石油和煤炭，在全球能源消费中占据主导地位。部分机构预测，2030年前后，天然气有望超越煤炭成为全球第二大能源；甚至有乐观

的预计认为，到 2050 年，天然气将成为全球第一大能源，占一次能源消费的比重将接近 70%。可以预见，一个以气体能源为主导的时代即将来临。尽管各方对未来天然气消费占比增势走向的预估还存在一定的差异，但在天然气需求将迅猛增长这个判断上已基本形成共识。

从能源结构上看，中国"以煤为主，少油少气"。而且，化石能源的内部结构十分不合理，相对清洁的天然气消费占比显著低于全球平均水平，与主要发达经济体的能源结构相比更是严重滞后。2016 年，中国煤炭占一次能源消费的比重仍高达 60% 以上，远高于全球不足 30% 的平均水平，中国消耗了全球近一半的煤炭。与此同时，中国天然气占一次能源消费的比重为 6% 左右，仅为全球平均水平 25% 的 1/4（见图 1-1）。如果将相对清洁的天然气消费比重显著提高，中国的能源结构和自然环境则有望大大改善。

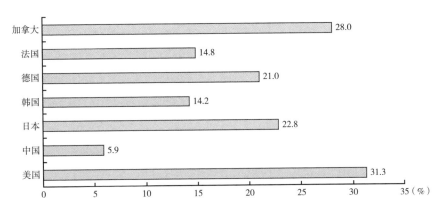

图 1-1 2015 年世界主要经济体天然气占一次能源消费的比重

数据来源：作者根据国家能源局、BP 等统计数据整理。资料整理。

从近年中国能源消费结构的变化趋势来看，国内的天然气需求已经开始发力，一些积极迹象已经显露，中国已初步进入天然气消费的高速增长期。依据欧美国家的经验，这样的高速增长期通常要持续 30 年左右。《中国天然气发展报告（2016）》披露的数据显示，2005~2015 年，中国天然气消费量从 468 亿立方米增至 1931 亿立方米，年均增速 16%，是中国一次能源消费年均增速的 3 倍。天然气在一次能源消费中的比例从 2005 年 2.4% 增至 2015 年的 5.9%（见表 1-1 和表 1-2）。

表 1-1　"十二五"时期天然气行业发展成就

指标	2010 年	2015 年	年均增速（%）
累计探明储量（万亿立方米）	9.1	13	7.4
产量（亿立方米/年）	952	1350	7.2
表观消费量（亿立方米/年）	1075	1931	12.4
天然气占一次能源消费的比例（%）	4.4	5.9	6.0
天然气进口量（亿立方米/年）	170	614	29.3
管理里程（万公里）	4.26	6.4	8.5
管道一次运输能力（亿立方米）	960	2800	23.9
LNG 接收能力（万吨/年）	1610	4380	22.2
地下储气库工作气量（亿立方米）	18	55	25

资料来源：中国国家发展和改革委员会：《天然气发展"十三五"规划》。

表 1-2　"十三五"时期天然气行业发展主要指标

指标	2015 年	2020 年	年均增速（%）	属性
累计探明储量（常规气，万亿立方米）	13	16	4.3	预期性
产量（亿立方米/年）	1350	2070	8.9	预期性
天然气占一次能源消费的比例（%）	5.9	8.3～10	—	预期性
气化人口（亿人）	3.3	4.7	10.3	预期性
城镇人口天然气气化率（%）	42.8	57	—	预期性
管道里程（万公里）	6.4	10.4	10.2	预期性
管道一次运输能力（亿立方米）	2800	4000	7.4	预期性
地下储气库工作气量（亿立方米）	55	148	21.9	约束性

资料来源：中国国家发展和改革委员会：《天然气发展"十三五"规划》。

　　统计显示，2016 年，中国天然气表观消费量达到 2058 亿立方米，同比增长 6.6%，增速超过 2015 年，占中国一次能源消费的比重达到 6.4%。2016 年，中国天然气消费量高出日本约 800 亿立方米，位居世界第三，但中国天然气人均消费量仅为 140 多立方米，未来的增长潜力远大于日本。按照中远期规划，到 2020 年，中国天然气占一次能源消费的比重将达 10%，消费量达到 3500 亿立方米；到 2030 年，占比将达 15%，消费量达到 5000 亿立方米。中国将成为全球天然气消费和贸易增量的主要来源。统计显示，目前，中国受惠于天然气化的人口仅有 3 亿，还有近 2/3 的市场待开发。如果按照世界人均天然气消费水平计算，中国还有数千亿立方米天然气的消费增长空间。

中国天然气利用在利好政策逐步出台的东风下，还将继续快速增长。2017 年 7 月初，国家发展和改革委员会等 13 个部门联合印发了《加快推进天然气利用的意见》（以下简称《意见》）。《意见》提出，逐步将天然气培育成我国现代清洁能源体系的主体能源之一。《意见》重申了中国天然气利用的中长期目标，即到 2020 年，天然气在一次能源消费结构中的占比力争达到 10% 左右；到 2030 年，力争将天然气在一次能源消费结构中的占比提高到 15% 左右。《意见》从实施城镇燃气工程、天然气发电工程、工业燃料升级工程、交通燃料升级工程等四个重点方面入手，提出了扩大中国天然气利用的支持政策体系。

预测显示，中国天然气贸易量将从 2010 年的 150 亿立方米增加到 2035 年的 2260 亿立方米。据测算，中国天然气需求增量 2009～2020 年将占全球需求增量的 30.7%，2020～2030 年将占全球需求增量的 25%。随着资源环境承载能力接近或达到极限，中国对天然气等清洁能源的发展日益重视，未来中国天然气贸易将强劲增长。

中国未来将成为全球天然气消费大国中唯一一个需要大量进口天然气的国家，天然气人民币的实施将为人民币国际化提供最佳的载体。根据中国社会科学院研究生院国际能源安全研究中心的预测，2017～2025 年，中国的天然气进口量将逐年递增，年均增长速度将达 15%，2025 年的进口规模将达 2590.7 亿立方米，其间累计进口量将达 15656.6 亿立方米。在天然气进口价格维持 2016 年的水平的条件下，中国 2016～2025 年累计天然气进口额将达 3506 亿美元，约合 24190 亿元人民币。这是人民币最大离岸中心香港 2016 年末 5467 亿元人民币存款规模的 4.4 倍。事实上，未来离岸人民币市场的存款规模还远不止于此。由于离岸人民币不受存款准备金限制，一旦境外形成包括人民币贷款、人民币债券等在内的发达的金融市场，离岸人民币市场就会拥有很高的乘数效应，其银行存款和债券市场存量都将非常可观。

总之，如果人民币充当中国进口天然气的计价和结算货币，中国巨额的天然气进口需求则可推动可观的人民币"走出去"。

2. 全球天然气供给宽松，进入买方市场

2014 年以来，全球天然气供给宽松，价格总体持续走低，中国及亚太地区天然气进口国的话语权增大。这也为天然气人民币战略的实施提供了难得的历史机遇。

目前，全球油气供应呈现出向西移的趋势，形成了东、西两个油气供应带。东线是以常规油气为主的传统供应带：从北非和波斯湾开始，经里海、西西伯利亚、东西伯利亚，至俄罗斯远东地区。西线是以非常规油气为主的新兴供应带：北起加拿大油砂、美国页岩油气，南至委内瑞拉超重油、巴西深海盐下石油。西线供应带受技术进步影响，已使大量资源进入经济可采序列，而且一旦市场供求失衡，就可以做出快速响应。

从全球天然气的生产情况看，相关统计显示，2010～2015 年，世界天然气日产量总体保持上涨态势。2015 年，在全球能源消费增长仅 1% 的背景下，全球天然气产量达到 35386 亿立方米，同比增长 2.18%，全球天然气供给持续宽松，逐步进入买方市场。

随着非常规油气产量的增加，预计美国将很快从天然气净进口国变为净出口国。那些向美国减少油气出口的国家，将向中国、印度等亚太地区市场转移。美国在"页岩气革命"之后，天然气产量快速增长，国内天然气的消费规模也出现了一定的增长。但是，美国天然气消费的增长空间逐渐缩小，天然气出口成为必然趋势。目前，美国已向亚洲的日本、韩国出口少量的 LNG。就趋势而言，美国的天然气将更多地流向亚太和欧洲市场，对传统天然气出口大国俄罗斯、卡塔尔、伊朗的市场份额形成挤压，天然气的地缘格局将在接下来较长一段时间内发生重大调整。中国、美国两国一个是中长期最大的天然气供应增量主体，一个是中长期最大的天然气需求增量主体，这一变化将对全球天然气市场产生重大影响。

全球天然气消费第一大国美国由天然气净进口国变为净出口国，俄罗斯、中亚等国家和地区油气出口重心的东移，以及油气价格低迷背景下资源国油气更大程度的开放，都为中国和整个东亚地区进口天然气创造了更宽松的环境（见图 1-2）。

除了国际天然气供给较为宽松外，中国国内天然气储量和产量快速增长也为国内天然气供给安全提供了有力的保障，为中国建立区域性甚至全球性天然气交易中心创造了有利的条件。数据显示，截至 2015 年底，中国天然

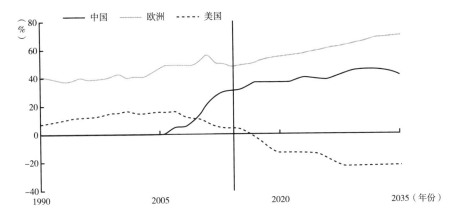

图 1 - 2　欧洲、中国和美国的天然气进口占消费的比重（1990 ~ 2035 年）

资料来源：BP：《世界能源展望（2016）》。

气累计探明储量超过 13 万亿立方米，探明程度为 19%。2000 年后，中国天然气新增探明储量高速增长，年均新增探明储量 5807 亿立方米。数据还显示，2015 年，中国天然气产量为 1350 亿立方米，居世界第六位；2004 ~ 2015 年，天然气产量年均增长 10%（见图 1 - 3）。2016 年，中国天然气产量达到 1369 亿立方米。

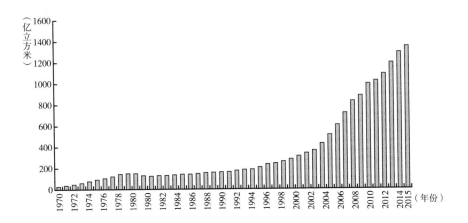

图 1 - 3　中国 1970 ~ 2015 年天然气产量

资料来源：来自国家能源局原副局长张玉清 2017 年 3 月 24 日在石油观察第二届年会上的演讲。

全球天然气供需状况和价格会不会短期内出现反转呢？不少研究机构预测，基于对近中期全球天然气勘探开发以及在建 LNG 项目完工周期的判断，2025 年之前全球天然气市场还将一直处于供大于需的局面，买方市场的特征难以改变，天然气价格总体上将继续低位运行。

在全球天然气供给宽松、俄罗斯等油气出口国调整出口方向等有利条件下，中国、日本、韩国等亚太地区国家遂成为油气出口国主要争取的目标市场。在这样有利的环境下，中国成立区域性的天然气交易中心可谓恰逢其时。

3. 天然气成为独立商品，东北亚地区亟待建立新的定价机制

由于日本当年进口 LNG 的主要目的是替代原油发电，为了保证天然气下游的供应安全，日本在长期合同中普遍采用了与进口原油加权平均价格（即原油清关价格，JCC）挂钩的定价公式。这一天然气贸易定价模式基本上被东北亚地区（包括中国、日本、韩国、中国台湾）沿用至今。但是，近年来随着美国"页岩气革命"的推进，全球天然气产量大幅增长，全球天然气供给变得较为宽松。天然气逐步脱离石油，成为一种相对独立的能源商品种类，其与石油挂钩的定价方式已经不能反映天然气自身的供求关系，并且不能适应现实需要。东北亚地区已对这一定价模式产生强烈的质疑，并呼吁改变现有的定价机制，缓解和消除天然气"亚洲溢价"现象，更好地维护区域经济利益。

受天然气基础设施和运输成本等因素限制，目前全球天然气市场大体分为北美、欧洲和亚太三大区域市场，各区域市场的气源和定价等特征差异明显。从定价上看，欧洲天然气的价格高于北美，亚太高于欧洲，而且远远高于北美。数据显示，美、欧、亚三地天然气的价格差长期存在，但在 2008 年之前差异并不显著。然而，此后亚太地区天然气消费量的快速增长拉高了该地区天然气的价格，"页岩气革命"又使北美地区天然气的价格大幅下跌，导致天然气"亚洲溢价"现象更趋明显，2012 年，日本 LNG 到岸价是美国亨利枢纽（Henry Hub）价的 6.1 倍。随后由于全球天然气市场宽松，天然气价格持续下跌，"亚洲溢价"虽不断收窄，但价差依然明显。

过去天然气定价机制中与油价挂钩的因素作用显著，油价对气价的形成具有较大的话语权。如今随着天然气买方市场时代的到来，气价将保持较低水平且独立性增强。对于天然气需求国而言，这是很好的进口机会。

从目前的天然气贸易市场来看，过去东亚地区的长期合同价格体系已经

出现很大的松动。亚洲天然气市场出现了长约合同周期缩短、长约价格与现货价格差别弱化的现象。天然气供需格局的逆转和买方市场时代的到来打破了维持多年的天然气交易体系的均衡。过去一直存在长约价格和现货价格两种价格体系，而且在多数时候现货价格低于长约价格。出现这种现象主要是因为天然气过去一直属于稀缺资源。如今情形发生了根本性变化，天然气不再紧缺，天然气的交易模式当然也就应该随之改变。

虽然近中期天然气长约贸易形式还将存在，但买方市场的逐渐形成将导致长约合同周期缩短；同时，长约价格与现货价格价差收窄。面对买方市场今后将持续的预期以及近年长约 LNG 滞销的情况，LNG 的买方将在新交易谈判中尽可能地压低价格，而 LNG 的卖方往往寄希望于价格的反弹以获得尽可能多的利润，买卖双方博弈的结果只能是长约合同周期缩短，这对双方均能起到有效的保护作用。此外，过去的长约合同对买方有许多限制性规定，卖方大多要求货物不允许分拆或转运，交付港口也相对固定。但是，近年随着市场环境的变化，长约合同趋于灵活，再次交易以及变更目的地转卖的现象也逐渐增多。这一系列变化都为亚太地区天然气贸易更灵活地交易和定价创造了条件。

最近以来，亚太地区，尤其是东北亚地区已成为全球天然气交易增量的主要来源，其定价话语权看涨。中国自身拥有巨大的天然气生产量和消费量，这种形势也使中国具有形成基准价格的基础。

相对于北美、欧洲等发达地区而言，亚太地区的经济发展水平相对较低，中国、印度、俄罗斯等新兴经济体的工业化还处于发展进程之中，因而能源需求量较大、增速较高。在天然气在一次能源消费中的地位不断提升的大趋势下，亚太必将成为全球天然气需求增长最快的地区之一。

有关预测认为，在 2030 年以前，亚洲将继续成为全球 LNG 需求中心，超过 70% 的全球 LNG 出口量将汇集于此。由于近中期天然气市场呈现出买方市场特征，而亚太地区又是需求大户，亚太在天然气定价中的话语权自然会提升。这一迹象已经显露出来。2017 年第一季度新签订的 LNG 合同价格较以往有所下降，而且 LNG 的买方要求与卖方重新谈判过去签订的 LNG 合同价格的声音也不绝于耳。

目前，与 JCC 挂钩的 LNG 定价机制使日本在东亚地区的天然气定价上仍占据主导地位。现有东亚 LNG 现货价格指数在一定程度上可以反映运往日本和韩国的 LNG 供需情况。受 LNG 现货和中短期交易占比上升、各区域市场间的流动性加大以及亚太市场 LNG 供应源增多等影响，国际天然气价格基本上已经与原油价格脱钩，天然气交易向标准化、金融化方向发展。在这一背景下，日本在建立 LNG 期货交易市场方面捷足先登。2013 年，日本政府宣布，将在东京商品交易所推出全球首个 LNG 期货合同。尽管目前从公开报道来看，该计划并未如期实施，但是该计划一旦成功，就意味着日本将建立起全球首个 LNG 期货交易市场。

面对日本在 LNG 贸易和定价体系方面具有的先发优势，中国应当抓住中国天然气生产和消费方面的规模优势、中国的区位优势以及全球天然气供需格局变化的契机，建立起区域性乃至全球性的天然气现货和期货交易中心，并以此赢得东北亚和全球天然气定价的话语权。

目前，中国根据气源的不同已经形成一定的定价机制。中国的天然气商品有国产天然气、进口 LNG、进口管道天然气等三大种类，且定价机制各有不同。国产天然气基于成本加成原则定价；进口 LNG 合同价格则基本上参照日本的与 JCC 挂钩的定价公式；进口管道天然气主要来自中亚和俄罗斯，其定价方法是"双边垄断"的政府谈判价。

相比于日本，中国目前在建设天然气交易中心和提升定价话语权上行动相对迟缓，其主要原因是国内天然气产业政策尚不配套，例如：国内市场主体相对单一，"三桶油"更倾向于通过双边谈判而非交易市场实现定价；国内价格机制扭曲，终端气价与进口气价倒挂，区域市场分割，管网设施仍不健全且不对第三方公平开放；等等。上述种种不利因素制约了中国在增强天然气定价话语权方面的努力。

2015 年 3 月，上海石油天然气交易中心经上海市政府批准同意，在中国（上海）自由贸易试验区注册成立。目前，该中心投入运行的主要有管道天然气（PNG）和液化天然气的现货交易，但该中心尚无期货交易资质，而且交易量相对较小，市场影响力不大。此外，重庆石油天然气交易中心也于 2017 年 1 月挂牌成立，但同样市场影响力微弱。

当前，中国亟须建立起国内天然气交易中心，进而辐射韩国和日本等地区。东亚地区的中、日、韩和俄罗斯以及中亚地区国家可以从双边协商的天然气现货交易起步，逐步建立起东北亚天然气期货交易市场，推动形成亚洲天然气市场基准价格。随着天然气交易市场化程度的提高，中国需要加快天然气交易中心的建设，完善相关配套制度改革和天然气交易合约的设计，使中国天然气交易中心的价格成为亚太地区的标杆气价。

4. 管道基础设施完善和 LNG 运输普及，天然气具备全球贸易条件

近年来，随着天然气管道基础设施的完善和 LNG 运输能力的提升，天然气贸易正逐步打破区域市场的限制，销售半径不断拓展，具备了远距离、跨区域交易的条件。20 世纪 60 年代之前，由于天然气管道基础设施落后，LNG 运输尚未成熟，天然气主要在产气国国内就近使用。但是，随着大型气田的相继被发现，天然气探明储量、产量的快速增长，产气国逐步放松了对天然气出口的管制，开始向周边消费国出口天然气，但受运输方式和成本限制，全球天然气贸易仍具有很强的区域性特征。

虽然全球天然气贸易仍呈现以管道天然气为主、LNG 为辅的格局，但是随着技术的进步和基础设施的完善，LNG 运输成本不断下降，发展的潜力巨大。这将有助于扩大天然气的销售半径和全球天然气贸易的规模，也有助于在天然气资源相对匮乏的东亚地区建立天然气交易中心。

目前，从运输方式看，北美、欧洲和亚太的天然气市场存在一定的差异。北美和欧洲市场以管道天然气贸易为主，以 LNG 贸易为辅。亚太地区的情况相对复杂，作为大陆型国家的中国以管道天然气贸易为主，同时也在积极开拓 LNG 贸易，而日本、韩国和中国台湾等国家和地区由于缺乏陆上管道系统，基本上只能依靠 LNG 贸易确保天然气产业的发展。

长期以来，天然气贸易与石油贸易存在显著的差异，主要表现在天然气交易对管道设施有着高度的依赖性，导致天然气交易市场区域特征明显，这也是天然气价格不能像油价那样形成相对统一的价格的重要影响因素之一。但是，近年随着 LNG 生产技术的进步和运输成本的下降，天然气交易开始逐渐摆脱对管网的依赖，以灵活多样的交易形式走向全球。国际天然气联盟（IGU）发布的 2017 年世界 LNG 报告指出，2016 年，全球 LNG 贸易量创新高，达到 2.58 亿吨，同比增长 5%，连续第三年增量增长，LNG 贸易已占全球天然气贸易的 1/3。

有预测称，2017 年，全球 LNG 贸易量将达到 2.8 亿吨，比 2016 年增长 8.8%，有望创下 2011 年以来的最大增幅。2015 年底，全球天然气液化能力为 3.52 亿吨/年，预计到 2020 年，这一产能将有望接近 4 亿吨/年。

随着 LNG 贸易量占全球天然气贸易量比重的不断提升，全球天然气贸易将由以管道为主的区域性市场过渡到管道和 LNG 并举的全球性市场。未来东北亚地区建立区域性乃至全球性的天然气交易市场，可以更多地依赖短期贸易与 LNG 的发展，获得更大的交易量。简言之，LNG 具有运输、储存等方面的便利，这使天然气交易逐步摆脱了地域限制，具备了全球化贸易的条件。

5. 中国区位优势明显，具备建立区域性天然气交易中心的条件

中国是东亚地区唯一一个具有自产气、管道气进口和 LNG 进口的天然气消费大国，中国发展天然气交易市场具有得天独厚的区位条件。在地理位置上，中国作为一个大陆型国家，地处中亚和东北亚之间，是连接中东、中亚和东北亚消费市场的唯一一个陆上通道，这一条件是亚洲其他国家都无法比拟的。

天然气的特殊物理性质决定了其运输和贸易对管道、储气库、LNG 接收站等基础设施高度依赖。天然气交易的运输和交割比石油难度大、成本高，设立天然气交易中心的选址空间较小。一般认为，只有在管道、储气库和海上 LNG 输入相交汇的地方，才能形成交货体系，这意味着通常只有大陆型国家才能建立起完备的天然气交货体系，而岛屿国家和市场容量不够大的区域则不具备相应的条件。在亚洲地区，中国是最佳的天然气市场交割地。日本、韩国等国家虽然有一定的天然气贸易量，但它们岛国的性质决定了其建设陆地管道大规模引进天然气难度大、成本高。而新加坡虽然具备优越的地理位置以及相对发达的金融市场，但其自身的消费规模太小，又远离天然气供应和消费中心，建立区域性天然气交易中心的条件远不如中国。较大的天然气产量、充足的天然气供给和庞大的天然气消费使中国在东北亚地区成为最有条件成立区域性乃至全球性天然气交易中心的国家。

从区位上看，中国与俄罗斯和中亚毗邻，接近天然气供应中心；同时，中国自身是天然气消费中心，并且与日本、韩国等天然气消费大国毗邻。因此，中国通过成本相对较低的天然气管道即可连接全球主要的天然气供应地区和消费地区，中国在亚洲天然气运输和贸易方面处于绝对的枢纽地位，在构建跨境天然气管网方面具备显著的地理优势，可以有效降低亚洲天然气贸易的成本。

在跨境与国内管网建设方面，中国目前已经形成较好的基础。中亚天然气管道、中缅天然气管道和中俄天然气管道相继完成后，中国将形成近

2000 亿立方米/年的进口输气能力。中国是东亚地区天然气消费大国中唯一一个拥有管道气进口的国家，这使境外的天然气或者国产气有可能通过 LNG 的形式或者管道气的形式出口至日本和韩国，将中国变成真正意义上的东北亚天然气贸易枢纽。在国内管道建设方面，到 2016 年底，中国全国天然气管道长度达到 10 万公里，长输管道与油气田周边天然气供应能力达到 3500 亿立方米。管道建设的完善已经使中国初步形成"西气东输、北气南下、海气登陆、就近外供"的供气格局。天然气管网已经从点到面，由单一输气系统逐渐演变为区域性管网，逐步形成了川渝、华北、长江三角洲等地区相对完善的区域性管网。

另外，中国在 LNG 进口方面也具有良好的区位优势。卡塔尔、澳大利亚、印度尼西亚、马来西亚等新兴天然气出口国与中国东南沿海距离较近，便于海上运输。截至 2016 年底，中国投产 LNG 接收站 13 座，接卸能力 5000 多万吨。地下储气库的建设也在有序进行。近年全球天然气供给宽松、价格持续下跌，加上目前全球投产和在建大量的 LNG 生产线，未来亚太市场上 LNG 的供应能力将相当可观。未来，中国和整个东亚地区的天然气供给保障能力将大幅提高，从而为天然气交易市场的连续交易提供可靠的供给保障。

6. 资源国期待打破美元束缚，建立油气交易的多元货币体系

2008 年全球金融危机后，美国推出的量化宽松政策使美元出现了一段趋势性的贬值。美元的长期贬值使美元资产不断缩水，这让不少产油国耿耿于怀，一直试图推动油气资源交易货币的多元化。同时，尽管石油美元的积累让各大产油国获得了较大的贸易顺差，积累了较多的财富，但是产油国并不甘于美元枷锁的禁锢，因此出现了对用美元计价和结算还是换用其他货币的争论。

值得关注的是，近年美国对伊朗、俄罗斯等国家采取了经济制裁，美国银行可对这些产油国的相关美元账户予以冻结，这直接危及了这些油气生产国的财政和金融安全。美国的做法无疑加剧了油气出口国贸易货币多元化的诉求。石油美元的国际地位开始出现动摇，新的石油货币欧元、卢布、人民币等开始不断涌入市场，直接侵蚀石油美元的地位。天然气作为比石油更具潜力的化石能源，在全球市场体系尚未完全形成、天然气贸易货币尚未完全定型的情况下，为用其他货币计价和结算创造了更大的空间。这也意味着未来中国可以在不显著挑战美国既有利益的情况下，在东北亚天然气贸易中率先开展人民币计价和结算的尝试。

另外，中国巨大的经济体量和增长潜力为人民币国际化提供了经济实力保障。从中长期角度看，依托中国经济良好的增长前景，人民币币值将保持稳定，甚至可能稳中有升。这为人民币充当天然气贸易的计价和结算货币提供了有利的经济环境，可提高油气出口国对人民币的接受程度。

中国与澳大利亚、俄罗斯、印度尼西亚、伊朗、沙特阿拉伯和伊拉克等油气出口国的贸易联系较为紧密，双边贸易额较大，这也为天然气贸易的人民币计价和结算创造了条件。中国与主要天然气出口国的经济互补性强，双边贸易关系密切，中国可加快推动人民币作为"天然气换工业制成品"循环的计价和结算货币。

在当前资本项目下人民币自由兑换仍受限制的条件下，天然气人民币的回流机制不太顺畅，但是中国可扩大向天然气资源国出口工业制成品的规模，从而通过贸易项下实现天然气人民币的回流。中国在工业和工程承包等领域拥有显著的竞争优势，天然气出口国则拥有资源禀赋优势，因此双方在商品和服务领域都具有较大的贸易发展潜力。中国对中东和中亚一些油气出口国的贸易逆差规模较小，则中国可利用与其经济结构的互补性，通过扩大工业制成品出口、基础设施承包工程合作等方式，从贸易渠道回收天然气人民币。

目前，人民币国际化已取得一定的进展，这也为天然气人民币通过资本项下回流国内以及提升境外人民币的保值增值功能创造了条件。比如，中国香港、新加坡、伦敦、纽约、法兰克福等国际金融中心设立了离岸人民币中心，并在人民币回流机制方面做出了许多探索，如投资国内的银行间债券市场、以人民币计价的外商直接投资、有额度限制的银行贷款等。

与此同时，2016年，人民币加入了国际货币基金组织（IMF）特别提款权货币篮子，这有助于人民币增强在国际交易、结算和储备方面的功能，也有助于其在国际投融资、跨境资产配置、国际货币体系等领域的推广应用，为人民币计价和结算石油、天然气贸易创造了良好的基础。若人民币在石油、天然气领域的使用有所突破，则将明显提升人民币在国际交易、外汇衍生品交易方面的使用量，从而进一步加快人民币国际化的客观进程。

三　天然气人民币的未来

总之，中国天然气生产量、消费量增长潜力巨大，并且拥有管网、储运设施等方面的独特优势，在中国建立东北亚区域性天然气现货和期货交易中心的条件日趋成熟。大力推进区域性乃至全球性天然气交易中心的建设可以实现一举多得——使中国更好地发现天然气价格，为中国乃至东北亚地区争取天然气定价话语权、解决天然气"亚洲溢价"现象创造条件，并为人民币国际化创造最佳载体、提供强大动力。此外，通过倒逼中国天然气行业改革，还可以改善国内的能源结构和生态环境。天然气人民币这一重要抉择与构想可作为中国天然气行业改革和人民币国际化的重要顶层设计，为相关改革提供指引。

从国际和国内趋势看，实施天然气人民币已经迎来难得的契机。近年来，北美"页岩气革命"和全球一些大型气田的发现使国际市场出现了天然气供过于求的局面，包括美国在内的天然气生产大国开始放松对天然气出口的管制。同时，俄罗斯、中亚的油气出口重心东移，使中、日、韩保障天然气供给的能力和谋求定价话语权的能力显著增强，这为东北亚地区建立共同的天然气交易市场创造了良好的机遇。虽然中、日、韩三国的合作还面临政治互信不足、经济利益难以协调等客观阻力，但在共同的利益诉求面前，仍可能促使中、日、韩逐步推进各项合作，建立起区域性天然气交易市场。

在此背景下，中国应积极推进国内天然气行业改革、外汇体制改革和离岸人民币市场建设，加快国际天然气开发和合作，协调好区域内天然气出口国和消费国的利益，做好天然气交易合约的产品设计，为早日建立人民币计价和结算的东北亚天然气交易市场创造条件。加快构建天然气人民币体系，加速人民币国际化进程，无疑将大大提高中国参与全球经济治理的能力，并有望成为中国崛起的重要支撑。

第二章　天然气人民币如何落地[*]

在全球天然气供给宽松、美国从天然气净进口国向净出口国转变，以及俄罗斯、中亚和新兴天然气生产国的油气出口重心东移等一系列历史性契机面前，东北亚地区大然气的供给保障能力和定价话语权都有了很大的提高，这也为中国设立东北亚区域性乃至全球性的天然气交易中心创造了难得的历史机遇。

中国应抓住机遇，充分发挥政府职能，完善顶层设计，并创新贸易形式和交易体制，抓住时机建立中国（首先服务于中国市场、中国的交易模式、中国的定价结算体系）天然气交易中心，进而使之辐射亚太乃至全球。如此一来，既可以通过定价和交易体系的中国化提升中国在全球能源市场上包括定价和结算在内的话语权，又可以为解决天然气贸易中"供需两方面缺乏稳定性"和价格的地区差异等问题创造条件，同时也可以为人民币国际化提供一个优质的载体。

中国应充分发挥自身的区位优势，特别是中国具有天然气资源国内外多元供应、运输便利以及较大的天然气市场容量等优势，应该有设计、有步骤、有效率地扩大市场空间，增强天然气市场的流动性和灵活性，加速首先实现东北亚地区互联互通继而推动建立有世界影响力的天然气交易中心设想的实现。在气源供应侧，中国应该实现多线、多形式输入，同时也应该实现

---

* 本章作者黄晓勇，现任中国社会科学院研究生院院长，教授、博士生导师，兼任全国日本经济学会副会长、北京市学位委员会委员、中国社会科学院研究生院国际能源安全研究中心主任等职。

多点、多途径向外输出；在输送管道等基础设施方面，中国既要快速实现与俄罗斯、中亚、南亚各国基础设施的建设和衔接，又要推进与日本、韩国连接管道建设的谈判；在市场规则上，中国应建立完善的区域性贸易规则和运转体制，建立逐步统一而独立于欧美的计价和结算货币体系。中国应通过政府、企业和交易中心的共同努力，争取首先在中国建立能够服务于东北亚地区的天然气交易市场，实现资源互通、市场互补、规则相容、共保安全的共同利益，从而提升作为国际用气买气大户的中国及东北亚地区在全球天然气市场上的影响力，并使中国成为亚洲特别是东北亚连接管道气和液化天然气（LNG）输入、输出的枢纽。

要尽快推动天然气人民币落地，关键在于在中国建立以人民币计价和结算的东北亚区域性乃至全球性的天然气交易中心，而要实现这一核心目标，对外需要加强中国与中亚各国、东北亚地区天然气管道和基础设施的互联互通，大力推动国家间天然气贸易合作，以及离岸人民币市场建设和人民币投融资体系建设；对内则需要加快天然气行业改革，以大力推进国内能源结构转型，加快外汇体制改革，以加快人民币国际化进程，对建立天然气交易中心进行高层制度设计，以推动天然气交易市场和交易中心尽快发挥实质性的重要作用。

一 加快推动东北亚区域性天然气交易中心的建设是构建天然气人民币体系的关键之举

为了使天然气贸易从与国际原油价格挂钩的定价机制中脱离，促进区域LNG 交易价格趋向平衡，保障天然气出口国和东北亚、亚洲地区消费者的利益，推进建立起流动性高、灵活、透明的天然气交易中心已经成为东亚各国的共识。而中心如何建立？如何使中心真正发挥作用？从长期来看，最终的解决方案是要进一步引入俄罗斯、中亚等国家的天然气资源，以形成稳定、充沛的供应方，同时加速中国、日本、韩国以及印度等亚洲重要经济体构成的消费方之间的共同行动，而其中最关键的是要建立起一套独立于欧美既成市场的运营体系。

1. 油气进口与东北亚共同利益

近 10 多年来，亚洲天然气消费量增长以中、日、韩拉动为主，三国的天然气消费量占亚洲消费总量的比重超过 50%。LNG 进口方面，中、日、韩三国更是占到亚洲 LNG 贸易总量的 80% 以上。有预测认为，到 2020 年，中、日、韩三国的天然气消费总量将达 5220 亿立方米，较 2010 年增加 2650 亿立方米，年平均增长 7.3% 左右，但同期世界平均增长速度只约达 1.8%。

在亚洲天然气消费国中，只有中国的天然气自给率能够达到 65% 左右，而日、韩、印度和新加坡等国家要满足本国的天然气需求基本则依赖进口，并且以 LNG 进口为主。日本和韩国天然气资源贫乏，是传统的天然气进口大国。日本的天然气对外依存度超过 96%，韩国更是高达 99%。日本和韩国的 LNG 进口量位居全球前两位。为了满足迅速增长的天然气需求，中国的天然气进口量也在快速增长，自 2006 年开始进口 LNG 以来，中国目前也形成了一定规模的进口量。随着东北亚三国，特别是中国天然气消费的快速增长和天然气贸易的活跃，在可预见的将来，亚洲尤其是东北亚地区将成为全球最主要的区域性天然气交易市场。

然而，亚洲地区传统的天然气定价模式一定程度上导致了"亚洲溢价"现象的出现，该定价模式亟待打破。由于亚太地区的天然气进口以 LNG 为主，并且进口 LNG 主要为长期合同，因此定价普遍采用的是与进口原油加权平均价格（JCC）挂钩的定价公式，这就导致价格和市场缺乏灵活性，天然气贸易由此产生了较为严重"亚洲溢价"现象。尽管在全球天然气供给宽松的格局下，亚太与欧洲、北美的价差有所收窄，但价格差异依然存在，东亚国家的天然气进口成本普遍被抬高。

除了传统的定价机制因素外，中、日、韩三国的天然气进口来源也有较高的重合度，这三大天然气进口国对资源的争夺在一定程度上抑制了其定价话语权的提升。东北亚三国进口天然气的来源主要集中在中东、北非的卡塔尔、也门、马来西亚、澳大利亚、印度尼西亚等国家以及俄罗斯，相互重合度非常高。此外，美国也是预期的 LNG 进口来源国，经美国政府批准，日本和韩国已经开始从美国进口 LNG。2017 年中美"百日计划"中也提出，美国将对华出口天然气。为了减少因中、日、韩三国争夺天然气资源而引发的相互抬价问题，实现从竞争到合作的转变，东北亚地区亟待建立一个共同的天然气交易中心。

在建立东北亚区域性天然气交易中心方面，不仅消费国存在广泛的共同利益，俄罗斯作为重要的天然气生产国也存在非常重要的积极因素。以往俄罗斯以欧洲为主要的天然气出口市场，其大约 70% 的天然气出口销往欧洲市场。乌克兰危机之后，俄罗斯受到美欧的制裁，俄罗斯一直试图开拓新的天然气出口市场。而且，与乌克兰的交恶也使俄罗斯希望找到绕开乌克兰的天然气出口市场。东北亚地区拥有庞大的天然气消费量，无疑是俄罗斯渴望的最为稳定的出口目标。

天然气价格与国际原油价格挂钩在亚洲造成的天然气溢价问题，不仅给亚洲各国带来了沉重的经济负担，也影响了亚洲各国的经济竞争力。当前，全球天然气供给相对宽松，天然气已经逐渐脱离石油贸易体制而成为一种相对独立的能源商品种类。北美"页岩气革命"使美国和加拿大的页岩气探明储量不断增加，部分原来向北美出口的 LNG 转向了日本和韩国，尽管贸易量不大，但定价标准都参考了美国亨利枢纽（Henry Hub）的价格。同时，东北亚地区从卡塔尔、澳大利亚等国家进口的 LNG 量也越来越大。这些交易都对传统的东北亚地区天然气定价机制产生了冲击。在这样的背景下，东北亚地区尤其是中、日、韩三国迫切需要改变现有的天然气定价机制，通过加快形成区域性的天然气交易市场、建立交易中心，构建有中国特色的天然气交易市场运行模式及价格形成机制，以满足国内市场和东北亚市场的天然气需求。

2. 中国建立天然气交易中心的优势

中国天然气市场具有容量大、国产气和进口气源多元化、天然气基础设施较为完善等有利因素；同时，中国拥有优质港口和重要的地理位置，具有较大规模的天然气储备设施和完善的天然气集散、加工产业链，建立天然气现货和期货交易平台的需要十分强烈，因此中国建立辐射东北亚地区的天然气交易中心具有得天独厚的优势。

随着中国天然气四大进口来源（西南有中缅油气管道、西北有中国 – 中亚天然气管道、东北有中俄天然气管道和东部沿海 LNG 进口）进口量的逐渐增加，以及中国国内多种气源的成功开发，中国的天然气供应能力得到了大规模提升，这些资源基础和供应条件对于中国建立区域性天然气交易中心十分有利。同时，随着国内天然气行业改革的逐渐深入、管网建设和跨境管网等硬件设施的日益完善，以及沿海 LNG 接受点的丰富，中国已经能够做到天然气的灵活调配，有足够的能力保障区域性天然气交易中心的气量交割。

有关材料显示，可以预测中国 2020 年、2030 年天然气需求量可以分别达到 3500 亿立方米和 5000 亿立方米。对于中国本国产天然气量，2020 年，国内常规天然气供应能力可以达到 2000 亿立方米，2030 年有望达到 2400 亿立方米，再加上页岩气、煤层气和煤制气等非常规天然气，国内天然气供给量在 2020 年和 2030 年分别有望达到 2600 亿立方米和 3700 亿立方米。而对于从国外进口的天然气以及中俄东线供气购销合同的供应量，到 2020 年，中国引进管道气和 LNG 的总量可能会超过 1400 亿立方米。按此推算，中国的天然气交易市场将因大量盈余的出现而形成供大于求的局面。这将为东北亚区域性天然气交易中心创造良好的供给保障，确保交易中心的连续交易。

此外，中国陆续推出天然气行业改革政策，营造市场竞争环境。最近中国政府出台了一系列改革政策，如《油气管网设施公平开放监管办法（试行）》以及《油气管网设施公平开放监管办法》等，充分显示了政府逐步理顺天然气价格体系的决心，同时，这些改革措施也力图促进并实现天然气基础设施的开放和社会共享。这也是在中国建立天然气交易中心的必要条件。

鉴于中国在天然气消费量、本国天然气生产能力以及输气管网和储运设施等方面具有的优势条件，在中国建立天然气交易中心开展现货和期货贸易的条件已日趋成熟。中国和同为东北亚地区主要天然气消费国的日、韩两国与天然气主要供应方的俄罗斯、中亚地区之间可以从双边天然气现货交易起步，之后逐步建立辐射东北亚进而影响全球的天然气交易中心，以促进中国天然气市场基准价格的形成，并将以人民币计价和结算的贸易机制逐步推广开来。

在操作层面，上海市于 2015 年 1 月设立了上海石油天然气交易中心。部分放开价格的天然气将投入现货交易，国家天然气价格改革也明确以上海石油天然气交易中心的价格为计价基准点。从长远来看，未来可以考虑在上海或深圳等具备条件的地点设立中国天然气交易中心，形成东北亚地区天然气价格。中国天然气交易中心未来要成为与美国亨利枢纽和英国国家平衡点（NBP）同样重要的、具有亚太区域特点的天然气交易中心。

然而，建立东北亚区域性天然气交易中心需要处理错综复杂的利益问题，是一项长期而艰巨的任务。第一，各国之间要建立天然气对话协商机制，在天然气贸易方面寻求更多的合作。第二，要在交易中心管辖的供应点和需求国之间建立管网互联、管网储备设施高效率共享、调配灵活的天然气基础设施，以保障在天然气交易的过程中各个环节顺畅完成。第三，各参与国应以市场化为主要的调整机制，推动各自内部天然气行业的跟进和改革，促进天然气与替代能源之间在价格等方面关系的平衡，使天然气现货贸易和期货贸易能准确地反映市场供求关系、资源价值与生态价值。此外，建立以人民币计价和结算的天然气交易中心，还要求中国推进外汇体制改革和离岸人民币市场建设。

二 建立东北亚天然气交流合作的对话机制

油气作为战略性资源，不仅具有商品属性，还具有较强的政治属性。东北亚区域性天然气交易中心的建立离不开区域内的交流合作，而这一合作容易受到区域内政治的影响，甚至被一些大国所左右。

1. 地缘政治现状及潜在阻力

以中、日、韩为主体的东北亚地区是一个经济活力充足的区域，区域内在历史上、文化上和经济上联系密切，是全球油气需求和进口都十分活跃的地区，同时，地区各国也都面临着相似的问题，如怎样实现天然气长期、稳定、安全、经济的供应等。从长远来看，深化东北亚地区的交流合作有助于加强区域内天然气供给安全保障体系，也有助于增强整个东北亚地区天然气市场的弹性，提升这一区域在全球天然气市场的话语权和主动权。但是，这一地区地缘关系错综复杂，同时也是大国角力之地。

一方面，东北亚地区国家间政治互信不足，经济利益难以协调。在此区域内存在军事不稳定因素，如朝鲜半岛问题，中日、俄日、韩日都存在的领土争端等。因此，在此区域内建立天然气交易市场既有符合中、日、韩等国家的共同安全和利益方面的优势，具有良好的前景，但同时也存在负面因素，即国家之间若想在政治、国家利益、经济利益等方面取得共识，必将共同付出艰苦的努力。

另一方面，还应该考虑到，在中国建立一个试图代表东北亚共同利益并会影响全球油气市场的天然气交易中心，必然会遭到以美国为代表的天然气出口国甚至石油出口国的阻挠。因为中国天然气交易中心必然会推广以人民币为计价和结算货币的交易体系，天然气人民币体系必然被认为会威胁到美元的主导地位和经济利益。这是对美元权威的一个严重挑战，因为此举可能会削弱美国对日本和韩国这两个盟友的影响力，直接冲击美国的外交利益，这也是美国所不乐意看到的。美国必然会为了维护其核心利益，通过经济、外交甚或军事手段，阻挠这个不受美国控制的天然气交易市场的建立。因此，美国会通过插手此区域内的国际事务，使中国处于更为复杂的东北亚、南亚国际关系中。此外，天然气出口国基于自身利益的考量，可能也不希望中国通过建立东北亚区域性天然气交易中心而获得天然气交易的定价权，也必然会通过经济及国际政治手段向中国施加压力。政治和经济因素交织，将形成多方面的阻挠势力，对中国建立东北亚区域性天然气交易中心以及该区域内的能源合作产生不利影响。

东北亚地区各国之间存在复杂的地缘政治关系，各国之间开展天然气贸易合作既有必要性，同时也存在深刻的复杂性。目前，东北亚地区已经建立起各种层次的多边合作机制，其中包括能源方面在内，比如东盟与中日韩（10＋3）领导人会议、东亚峰会、亚洲太平洋经济合作组织、亚太能源研究中心、亚洲天然气市场论坛、东北亚天然气与管道论坛等。但是，从实际效果来看，这些政府性质的合作机制议题过于广泛，也偏重宏观，很难达成实质性的合作，而民间性质的合作机制则能力受限，较难满足各国油气合作高层次、大规模的要求。

当前，在东北亚地区内作为主要经济体的中、日、韩、俄四国之间缺乏有效的天然气合作沟通机制，迫切需要构建四国可以共同遵循的运作规则。东北亚天然气与管道论坛是1997年由中国、日本、韩国、俄罗斯和蒙古五国的相关机构联合发起的民间组织，是聚焦东北亚天然气合作的专业性论坛，但目前来看其影响仍然有限。10多年来，该论坛在成员之间的信息交流合作等方面取得了一些进展，也已努力实现促进建立东北亚地区天然气合作机制，但目前面临着经费不足的现实，甚至难以正常开展活动，而且讨论形成的成果也缺乏实际执行的机制。总体上看，东北亚地区天然气合作机制与运作规则的缺乏致使一些具有共同需求、互利多赢的交流合作因缺少有效的沟通而难以开展或者久议不决。

2. 谋求多项双方合作

在多边合作机制难以建立的背景下，中国有必要将中俄能源合作委员会机制的经验引申到中国与其他国家之间，同时也可以推广中国与中亚一些国家在油气能源领域全面战略合作的经验，第一步首先尝试在中日、中韩之间建立两国间以天然气为主要内容的能源合作机制和组织，力争初步达成合作机制，再继续扩大合作成果，建立辐射整个东北亚地区的中国与各国之间多边能源合作机制或组织。在共同目标已确立的前提下，各国政府应充分发挥作用，通过多层次沟通谈判形成共同的发展战略。国家之间往往是可以摒弃其他因素而谋求实现共同利益的。在维护各方利益和遵循国际规则（建立新的东北亚规则）的前提下，东北亚地区各国政府可以尝试建立天然气投资、贸易、基础设施建设等作为主要内容的合作框架体系，以增强各国在能源合作政策方面的沟通。

中国与包括俄罗斯、中亚、日本、韩国在内的国家和地区为了促进能源进一步合作而建立以中国为主导的服务于东北亚地区的天然气交易中心，也应充分考虑各方利益，以实现互利共赢为目标才能达成合作共识。总体上看，俄罗斯和中亚地区与中、日、韩三国的能源贸易互补性很强，相互合作潜力巨大。俄罗斯和中亚地区加强与中、日、韩三国的合作可以为其油气寻找到稳定的市场，而中、日、韩三国则可以更好地保障其油气供应安全，并保证交易市场的连续性。但是，在这一合作机制中，中国要考虑俄罗斯对天然气价格的诉求，并对中国主导地位的发挥对俄罗斯的能源外交可能带来的消极影响以及俄罗斯对天然气过境中国存在的担忧等问题予以充分考虑；同时，也要考虑日本、韩国对中国主导地位的发挥所存在的排斥心理和担心。总之，中国可以倡导各方谋求利益和诉求的最大公约数，在可能的范围内谋求各方更深层次的合作。建立区域性天然气交易中心、扩大东北亚地区的天然气合作是国家间正常而常见的利益妥协和交换，国际关系中不存在任何理所当然和毫无阻力的体制变革，必然需要努力才能达成。

在此过程中，中国还应重视与可能存在的阻力方保持必要的沟通，并加强金融和军事手段，对相关油气贸易参与方提供一定的金融支持和安全保障。美国超强的军事实力对美元的霸权地位构成了强有力的支撑，但中国还缺乏强大的军事力量。中国政府目前尚未建立某种强力机制推动天然气人民币体系的建设，而这一过程在合理条件逐渐具备的前提下也应是由点带面、迅速推广开来的；同时在此过程中，中国需要与美国等利益方保持必要的沟通，回应它们的关切和可能存在的顾虑。

三 实现东北亚地区天然气基础设施互联互通

要想有效降低油气运输及交易成本，就必须有完善的基础设施，因此，在东北亚地区建设跨境油气基础设施以及这些设施互联互通是促进东北亚区域性天然气交易市场形成的重要前提，同时也必须继续建设和完善中国国内的天然气管道和 LNG 储运设施，并扩大油气勘探和开发，进行贸易模式创新。

最近几年来，中国非常重视天然气管网等基础设施的建设，目前已经为实现亚太地区天然气期货市场的库存和交割奠定了比较好的硬件基础。中国已经拥有 10 万公里以上的输气主干管网，在陆地部分已经具备西北、东北和西南三个重要的管道天然气进口来源。同时，中国沿海各港口 LNG 接收站的投资增长显著，接收能力也快速提升。

应进一步推动东北亚地区各国跨境天然气输送管网的建设，从各国政府层面到国有企业、民间企业，在统一设计规划的前提下，注重市场作用效益优先，实现多种方式合作开展输气管线及 LNG 设施建设和共享。

1. 俄罗斯能源出口向东发展

事实上，20 世纪 90 年代，中、日、韩、俄、蒙等国家的有关组织曾经提出建设东北亚天然气管网的设想，并初步描画了俄中、俄蒙中、俄中韩、俄日等多条管道路径的蓝图。随着东亚各国对天然气需求的不断增长，以及作为天然气供给国的俄罗斯迫于经济制裁和国际环境压力，逐步开始实施能源出口向东发展的政策，中国与俄罗斯在石油和天然气贸易方面的合作取得了积极进展。以目前的情况来看，东北亚地区以中、俄、韩为主要构成的管网建设已拥有现实基础。

俄罗斯西伯利亚地区的能源产业获得了快速且大规模的发展，在目前的国际形势下，这已经成为俄罗斯确保其在东北亚的战略地位、稳定天然气出口和保证国内经济稳定发展、提振经济增长的重要手段。目前，俄罗斯已经出台了有关 2030 年前俄罗斯东部经济和能源战略发展的政策文件，其中包括《2030 年前俄罗斯能源战略》《东部天然气规划》《2025 年前远东和贝加尔湖地区经济社会发展战略》《西伯利亚 2020 年前经济社会发展战略》《2030 年前东西伯利亚和远东能源综合体发展战略》《东西伯利亚和远东地区炼油能力发展计划》等。这些文件都对俄罗斯与中国、日本、韩国和其他东北亚国家加强能源资源供应合作的政策意向进行了较为详细的阐述。这些政策目标若想实现，俄罗斯必须加强与东北亚主要国家中国、日本、韩国的互利合作。

2014 年 5 月，历经 20 年的漫长谈判后，中国石油天然气集团公司与俄罗斯天然气工业股份公司在两国元首的共同见证下于上海签署了《中俄东线供气购销合同》，从 2018 年起，俄罗斯将通过中俄天然气管道东线向中国供气，输气量逐年增长，在未来 30 年内最终达到每年 380 亿立方米。有媒体报道说，这份合同直到普京总统离开中国前的最后一刻才敲定，个中困难与博弈可见一斑。该合同的签署成为重新勾画东北亚能源合作格局以及世界天然气市场格局的重要里程碑。2014 年 9 月初，国务院副总理张高丽与俄罗斯总统普京共同出席了在雅库茨克举行的中俄东线天然气管道俄境内段"西伯利亚力量"管道开工仪式。

在中俄天然气管道建设取得显著进展后，下一步是如何推进韩国、日本与中俄天然气管道的衔接问题。但是，由于韩国和日本与中俄没有陆地接壤，加上东北亚地区地缘政治关系复杂，因此管道衔接迟迟未有显著进展。

2. 俄韩天然气合作

以俄罗斯和韩国的天然气管道建设为例，尽管两国就建设输气管线进行了长时间且深入的双边谈判，但韩国由于受本国消费体量限制而进口气量有限，其在与俄的能源外交中并未占据重要的地位，因此谈判一直未能取得实质性进展。

海舟在《对开展中俄韩天然气合作的战略思考》①一文中披露，其实俄韩曾经讨论过两种从符拉迪沃斯托克修建管道向韩国供气的方案：第一种方案是直接修建海底管道到韩国，但可行性微乎其微，原因在于，其一是项目的经济性问题；其二是进口国单一。第二种方案是通过陆路修建过境朝鲜的管道向韩国供气，其路径是最为便捷的通道。但实施该项目存在不少现实障碍：一是朝韩之间的关系紧张，韩国并不太希望管道过境朝鲜；二是来自美日的反对，美日不愿意看到朝鲜半岛局势正常化，限制朝鲜参与地区经济合作，同时也担心俄罗斯在朝鲜半岛的影响力上升。现实中围绕该项目的工作已经搁浅。

3. 中俄韩天然气合作

根据海舟的论文可以总结出，中俄韩天然气合作有以下两种可能性模式。

第一种模式：俄罗斯将天然气过境中国后再销售给韩国，即俄与韩签署

---

① 海舟：《对开展中俄韩天然气合作的战略思考》，《国际石油经济》2015 年第 4 期。

天然气购销合同，俄中韩签署管道过境中国的协议。事实上，中俄签署东线管道供气购销合同后，俄向中国供气的价格已经敲定，俄韩今后确定的天然气价格对中俄天然气合作不会产生任何影响。但是这一模式也存在明显的不足：近年来，俄罗斯推崇的天然气出口策略是尽量避开过境国直接向目标市场供气，而过境中国向韩国供气增加了第三国，这是俄罗斯所不愿意接受的。

第二种模式：俄罗斯将天然气销售给中国，中国修建管道后将天然气销售给韩国。这一模式的优点是俄方只负责在中俄边境交气，不负责过境管道建设，其对增加过境国的顾虑可以消除。对于俄罗斯而言，这一模式的不利因素是俄无法利用天然气在东北亚地区施展能源外交，天然气只能作为普通商品销售，失去了其政治属性。但是总体上看，这一模式的经济性更强，阻力相对较小，是相对可行的方案。

4. 俄日天然气合作

在俄日天然气管道建设方面，2014年9月，俄日曾提出建设一条连接俄罗斯萨哈林与日本北海道的天然气管道。俄日双方至今并未签订实质性的天然气合作协议。由于俄日之间存在领土争端，且乌克兰危机后，日本追随欧美对俄进行制裁，因此俄日天然气管道建设近期难以取得有效进展。未来俄日之间的管道天然气贸易可能通过两国间的跨境天然气管道输送，也可能通过中国修建海上管道输送。

总体上看，韩国和日本与中俄天然气管道基础设施的互联互通存在多种模式，最终采取哪种模式还存在诸多的变数。各国目前尽管对天然气管道的具体走向和过境地点存在分歧，但总体而言，对于在东北亚地区与俄罗斯和中亚地区实现管网的互联互通已经成为共识。不论采取哪种模式，俄罗斯扩大向东北亚出口天然气、进一步扩大在亚太地区的市场份额、增加天然气出口收入等目标的实现都将得到保障，同时也必将推动俄罗斯东西伯利亚和远东（包括萨哈林）地区天然气产业的发展，进一步提高俄罗斯现有管道基础设施的管输效率和经济效益，并带动俄远东地区和俄罗斯全国的经济发展，这些都符合俄罗斯的战略利益诉求。

四 推动国内天然气行业的相关改革

近期，中国国家发展和改革委员会等13个部门联合印发的《加快推进天然气利用的意见》明确指出，"支持天然气交易中心有序建设和运营，鼓励天然气市场化交易"。但是从目前来看，天然气交易中心的建设仍面临一些重要问题，如政策和制度不配套等。要建立辐射东北亚的区域性天然气交易中心，其他成员国也应在市场化导向下，同期推动本国国内天然气行业的改革，使天然气价格与市场供求关系形成良性互动。

1. 国内政策瓶颈

受天然气产业政策及环境执法偏软等影响，国内天然气生产量和消费量与世界平均水平相比仍然偏少，这是中国天然气交易中心建设的制约因素。而为了实现东北亚区域性或全球性天然气交易中心的建设目标，必须拥有可观的、对世界油气市场有较大影响力的交易量，这样才能准确反映市场供求关系，使交易价格能够代表区域性或全球性的基准定价。中国要将国内潜在的天然气市场、资源和地理优势转化为现实生产力和竞争力仍面临不少政策制约。

目前，国内政策的制约可以归纳为三点：（1）存在勘探开采领域天然气勘探开发能力不足、进口市场主体较为集中的问题，在目前的机制下，供需双方参与交易中心市场交易的动力不足；（2）在产业链中游，中国天然气管道仍存在严重的垄断现象，同时天然气储备与消费规模不匹配；（3）在消费端，目前的天然气价格机制和供应价格不能满足消费需求，监管体制也待健全，调峰问题亟待解决。这些不利因素影响了中国天然气利用规模的扩大。

价格问题已经成为国内天然气行业改革的重点课题，从正确传导价格信号、稳定市场供应的角度来看，天然气定价机制必须在更大程度上实现市场化定价。

2. 加强顶层设计

对此，中国应当把交易市场的建立作为天然气行业改革的顶层设计，理顺体制机制，打通行业运行的"肠梗阻"，推进市场化改革，提升行业效率，扩大国内天然气的利用规模，促进中国的能源结构向低碳化转型。

第一，应该推进尽早实现交易主体多元化和天然气管道向第三方公平开放。在全球天然气进口来源众多的背景下，天然气进口权应该逐步放开，激发国有企业和民营企业的积极性。

第二，应该进一步完善国内天然气定价机制，使市场充分发挥配置资源的决定性作用。在实现上游经营主体多元化和基础设施向第三方公平开放的前提下，让供求市场决定气源和销售价格，同时科学压缩输配气站等中间环节的成本，加强地方天然气输配价格监管，强化监审制度和运行体系，加强社会监督。

第三，实行更加严格的环保政策，理顺天然气与可替代能源的比价关系。在环保标准偏低、环保执法相对偏轻的情况下，相对清洁的天然气的碳排放强度低于煤炭和石油。只有实行更加严格的环保政策，提高环保标准，并加大对高污染高排放企业的处罚和征税力度，将不同化石能源的负外部性内部化，才能使天然气的生态价值得到体现，扩大天然气的利用规模。以发电为例，如果煤电加强脱硫脱硝等处理，其成本就和天然气发电大致相当。除了加大环保执法力度外，还要通过财税政策等经济手段积极引导天然气的开发利用。13 个部门联合印发的《加快推进天然气利用的意见》就提出，"要完善天然气发电价格机制"，"有条件的地方可积极采取财政补贴等措施疏导天然气发电价格矛盾"。

此外，在天然气产业政策上，中国还需要加强与日本、韩国和俄罗斯等国家的沟通对话，使各国形成相对统一、更加开放和市场化的天然气产业政策。

五 推动外汇体制改革和资本项目开放，推行人民币计价和结算

在目前中国资本项目尚未完全开放的条件下，要建立以人民币计价和结算的天然气交易中心，中国还需要逐步实现资本项目开放，使开展以人民币计价和结算的天然气交易具备外汇管制方面的条件。同时，天然气人民币体系的实施还会形成较大规模的人民币流出，如何实现天然气人民币的回流也是体系设计必须考虑的问题。如果没有顺畅的天然气人民币回流机制，天然气出口国持有人民币的意愿就会非常低，这一体系的实施就会变得不可持续。因此，中国还必须通过贸易和资本项下实现人民币回流，并建立相对发达的离岸人民币市场，以为境外人民币持有者拓展保值增值的渠道，从而提升其持有人民币的意愿，推动天然气贸易的人民币计价和结算。

1. 人民币跨境结算

目前，中国在贸易项下已经实行人民币的自由兑换，即在真实贸易的情况均可以自由兑换人民币，但资本项下的人民币自由兑换还存在一定的管制。要建立以人民币计价和结算的区域性天然气交易中心，中国今后需要开展天然气期货及相关衍生品的交易，但在资本项下还实行一定管制的情况下，境外投资者无法自由和灵活地参与这一市场的交易。因此，在短期内中国资本项目尚不会完全开放的情况下，中国要探索相关的制度设计，确保境外投资者能够较为顺畅地参与中国主导的天然气交易中心进行交易。

对此，目前国内已经开始进行一系列的研究和尝试。中国人民银行在其2015年7月发布的《做好境内原油期货交易跨境结算管理工作的公告》中明确提出，境内原油期货交易以人民币计价、结算。该公告还明确提出，境外交易者、境外经纪机构均可直接使用外汇作为保证金，外汇保证金结汇后方可用于境内原油期货资金结算。该措施旨在鼓励境外投资者在石油贸易中以人民币计价和结算。

中国人民银行为了控制外汇流动性风险还做出了规定，要求境内原油期货交易盈亏结算、缴纳手续费、交割货款或补充结算资金缺口等需要结汇、购汇的，都必须按外汇管理的有关规定通过存管银行办理，同时还要求存管银行必须将有关账户信息以及跨境人民币资金收支信息及时、准确、完整地报送人民币跨境收付信息管理系统（RCPMIS）。中国人民银行还要求期货交易所按月向其报送基本情况、资金流出及流入等相关业务信息，其中包括从事境内原油期货交易业务的境外交易者、境外经纪机构。

这一系列监管政策的出台既为境外交易者提供了较大的便利，同时也可实施相应的监管措施，控制外汇流动性风险。这一系列监管举措使人民币逐步具备了金融商品计价能力。而在建立天然气交易中心的过程中，监管政策设计中也可以参考上述外汇管理政策。

2. 人民币回流

在人民币回流机制问题上，一方面，中国要借助中国与油气出口国贸易互补性强的特点，扩大对油气出口国的出口规模，从而通过贸易项下实现天然气人民币的回流。中国在制造业和工程承包等领域拥有显著优势，可通过扩大工业制成品出口、基础设施承包工程合作等方式实现部分人民币回流。

另一方面，中国还需要扩大资本项目的开放，给予境外人民币持有者更多投资中国资本市场的机会。目前，中国实施的人民币外商直接投资（RFDI）、人民币合格境外机构投资者（RQFII）等制度给予了境外投资者使用人民币投资国内资本市场的机会，但是这些开放的举措仍然比较有限，对境外投资者的主体资格、投资额度都有比较严格的审批。未来中国可以尝试逐步扩大境外投资主体的范围，投资额度也可逐步扩大。中国还可以筹建国际板市场，引进与中国贸易关系密切的油气出口国企业到中国发行以人民币计价的股票。

此外，在全面放开资本项目管制的条件尚不成熟的情况下，人民币国际化又需要实现全面兑换，因此建立离岸人民币中心对于解决该难题具有特殊的意义。通过跨境贸易等形式，在境外存在的人民币头寸可以汇集到离岸人民币中心，并以某种投融资形式与中国资本市场建立联系，形成回流循环。目前已经形成了香港、伦敦等离岸人民币中心。截至 2017 年 8 月末，香港人民币存款总计 5327.53 亿元。未来，中国可在油气出口国的金融中心建立离岸人民币中心，发展离岸人民币金融业务。中国可通过大力发展离岸人民币贷款、债券等市场，特别是通过进一步拓宽境外发行人民币债券的渠道，使境外人民币持有者获得更多保值增值的渠道。中国财政部应加大在离岸人民币市场发行国债的规模，为境外人民币投资者提供安全性和流动性好的资产，同时也为离岸人民币债券市场创造无风险利率曲线，为离岸人民币债券市场定价提供参考。

六 结论

随着人民币国际化程度的加深，以及天然气在中国和全球能源消费中所占比重的不断提高，天然气正在成为全球最主要的大宗商品之一。中国应该利用当前全球天然气供给相对宽松、俄罗斯油气出口重心东移、美国由天然气净进口国向净出口国转变等历史契机，发挥中国强大的买方市场地位和独特的地理区位优势，建立东北亚区域性天然气交易中心。

当然，天然气人民币的实施不会一帆风顺、一蹴而就，在拥有机遇的同时也会面临诸多挑战。从国际层面看，中国要加大与日本、韩国以及俄罗斯等相关参与国的沟通协调，求同存异，扩大共识，通过寻求共同利益，使中国在建立区域性天然气交易中心问题上赢得相关国家的支持。同时，中国还要推进与日本、韩国和俄罗斯等国家的天然气管道等基础设施的互联互通，降低天然气贸易成本，更好地保障中日韩三国天然气的安全稳定供应。在此过程中，中国要考虑各相关方的诉求，寻求阻力最小的管道建设路径。

从国内层面看，中国应当积极推进天然气行业改革，推动天然气勘探开发和进口权的开放以及天然气管道向第三方公平开放，并促进天然气价格的市场化改革，理顺天然气定价机制。同时，中国还应加大环保执法力度，为天然气的开发利用创造良好的宏观环境。此外，中国还要推动资本项目开放和离岸人民币市场建设，为天然气人民币创造顺畅的回流机制。中国还要做好天然气人民币体系的规划编制和创新交易合约的设计，为早日建立以人民币为计价和结算货币的东北亚区域性天然气交易中心铺平道路；天然气人民币还必将加速人民币国际化进程，使天然气人民币体系成为中国作为负责任大国发挥全球经济牵引和治理等重大作用的重要支撑。

第二篇　战略意义

第三章　适应发展形势，倒逼行业改革，改善能源结构[*]

随着美国"页岩气革命"的成功，国际天然气供给激增，价格竞争力日益增强，天然气正在成为主力能源之一。为了适应国内外经济、能源、环境等的发展形势，促进天然气行业发展，优化能源供给与消费结构，中国政府正在致力于天然气行业的市场化改革、激发天然气行业的巨大发展潜力，以及努力提升中国对亚太地区天然气定价的话语权。天然气人民币概念的提出将助力中国实现天然气行业发展目标，促进关联行业供给侧结构性改革，实现产业转型升级，推进能源供给与消费结构的优化。

一　适应发展需要，引领低碳环保趋势

提高天然气供给与消费在一次能源中的占比是适应国内外经济、能源与环境发展形势的重要选择。大力发展天然气将促进经济与环境的协调发展，实现能源供给与消费的低碳化。

1. 天然气逐渐成为主力能源之一

全球天然气消费占比不断提高。从未来一次能源消费结构的预测来看（见图 3 - 1），到 2035 年，一次能源消费结构将更加多样化，石油、天然

*　本章作者李贺，中国信息通信研究院经济学博士、博士后，研究方向为环境经济、能源经济、区域经济。

气、煤炭为主要的消费能源。这说明能源消费仍以化石能源为主，短期内新能源仍无法取代化石能源的地位。从未来一次能源消费占比的预测来看（见图3-2），石油、煤炭在一次能源消费中的占比不断下降，而天然气与可再生能源的占比不断提高。根据BP《世界能源展望（2017）》中的数据，天然气为增长速度最快的化石能源，年均增长率为1.6%左右，将在2035年前成为超越煤炭的第二大消费能源；可再生能源为增长速度最快的能源，年均增长率为7.1%，到2035年，其在一次能源消费中的占比将达到10%左右。

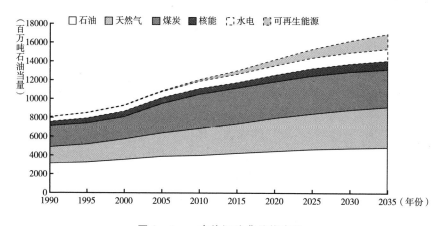

图3-1　一次能源消费结构变化

资料来源：BP：《世界能源展望（2017）》。

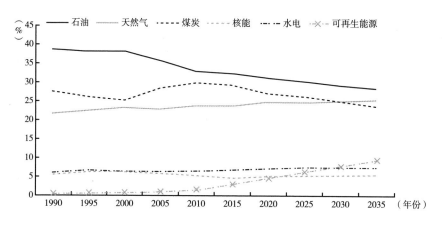

图3-2　一次能源消费占比变化

资料来源：BP：《世界能源展望（2017）》。

　　"页岩气革命"提高了天然气供应量。美国"页岩气革命"大大降低了天然气开采的成本，实现了天然气的大规模商业性开采。从天然气供给增长与消费的预测来看（见图3-3），未来天然气供给增长中页岩气占60%以上，其中一半以上的页岩气生产由美国贡献，其次是中国与非洲等国家和地区。根据BP《世界能源展望（2017）》中的数据，到2035年，美国的页岩气供给量可达到430亿立方英尺/日。从天然气消费的部门来看，增长较快的主要是工业与电力部门，其中工业部门的贡献占比为45%左右，电力部门的贡献占比为36%左右。

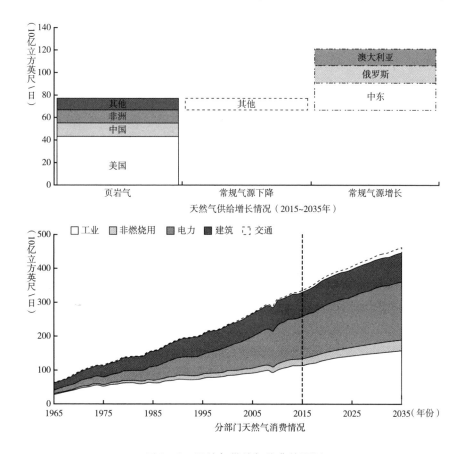

图3-3　天然气供给与消费的预测

资料来源：BP：《世界能源展望（2017）》。

　　亚太地区成为天然气的重要消费地。从天然气需求的预测来看（见图3-4），亚太地区正逐渐成为天然气的重要消费地，到2035年，亚太地区天然气消费量将达到 1119.1 百万吨石油当量，仅次于北美的 1123.6 百万吨石油当量，尤其是在液化天然气（LNG）消费方面，亚洲地区的需求将进一步扩大。此外，从中国的能源消费结构来看（见图 3-5），未来天然气消费增长较快，2015 年，中国天然气消费占比为 6%，根据英国石油公司的预测，到 2035 年，中国天然气消费占比将达到 11% 左右，增长 5 个百分点，相对传统能源行业，增速遥遥领先。

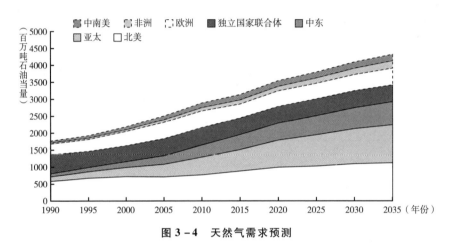

图 3-4　天然气需求预测

数据来源：BP：《世界能源展望（2017）》。

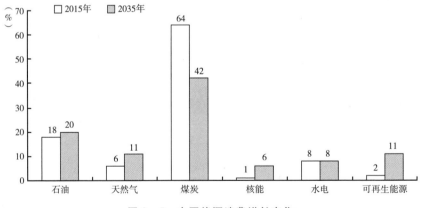

图 3-5　中国能源消费增长变化

数据来源：BP：《世界能源展望（2017）》。

2. 经济发展与转型需要清洁能源

经济与环境协调发展需要清洁能源。2016 年世界主要煤炭消费国中（见

图 3 - 6），中国与印度消费了世界近 62% 的煤炭。作为两大新兴发展中国家，中国与印度 2016 年分别保持了 6.7% 与 7.1% 的 GDP 增速（见图 3 - 7）。从工业增加值增长率与工业增加值占 GDP 的比重来看，虽然印度工业的增长速度低于中国，但其发展潜力巨大，而工业快速增长的背后则是能源的不断消耗。根据 BP 的统计，印度 2005 ~ 2015 年煤炭消费的年均增长率为 6.5%，高于中国的 3.7%，由此可以预测印度未来将消费大量的煤炭，而由煤炭所带来的环境污染也不容忽视。为了保护地球的生态环境，促进经济与环境协调发展，像印度这样高速发展中的工业国家需要更加清洁的能源。此外，《巴黎协定》的实施也将大大加快世界能源的低碳化进程。

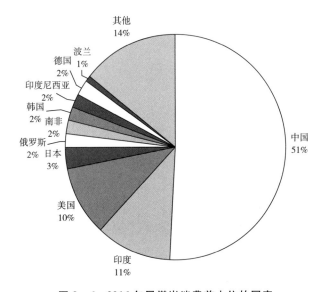

图 3 - 6　2016 年居煤炭消费前十位的国家

数据来源：BP：《世界能源统计年鉴（2017）》。

中国经济转型与环境污染治理需要清洁能源。中国经济发展进入新常态以后，经济发展方式正在从粗放型向集约型转变，高耗能、高污染行业的低端产能逐步被淘汰，但高耗能的重化工行业仍然是中国煤炭消费的主力军（见图 3 - 8），大气、水质等源头性污染的解决需要更加清洁的能源。另外，虽然煤炭清洁技术不断提高，但由于受到污染物总量规制等条件的限制，即使单个企业的污染物排放达标，但当区域内多家企业同时排放时，便会出现污染物排放超标的情况，因此使用清洁能源是解决污染物排放总量超标的途径之一。

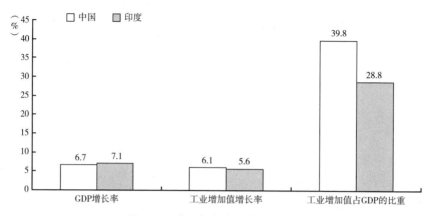

图 3 - 7　中国与印度经济增速对比

数据来源：世界银行网站，http：//www.worldbank.org。

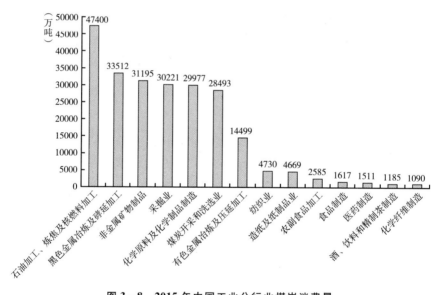

图 3 - 8　2015 年中国工业分行业煤炭消费量

数据来源：中国国家统计局网站，http：//www.stats.gov.cn。

3. 低碳环保要求提高清洁能源的使用率

碳排放的减少有赖于清洁能源的使用。从世界二氧化碳（CO_2）排放量的变化及预测来看（见图 3 - 9），1990 年世界 CO_2 排放量为 203 亿吨，到 2011 年达到 300 亿吨，约为 1990 年的 1.5 倍，根据预测，2035 年将达到 357 亿吨，世界总体将增长 19% 左右。从各国的 CO_2 排放量来看，中国 2011 年的排放量是 1990 年的 3.5 倍，根据预测，2035 年是 2011 年的 1.3 倍；印度 2011 年的排放量是 1990 年的 3 倍，根据预测，2035 年是 2011 年的 2.2 倍；日本等发达国家 2035 年 CO_2 排放量与 2011 年相比将均呈现下降的趋势。

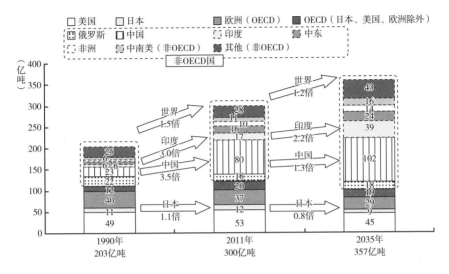

图 3 - 9 世界 CO_2 排放量的变化与预测

资料来源：日本経済産業省『エネルギー白書 2015』。

中国的能源转型需要增加天然气消费。从中国清洁能源消费占比的变化来看（见图 3 - 10），自 2012 年以来，中国清洁能源消费占比不断提高，

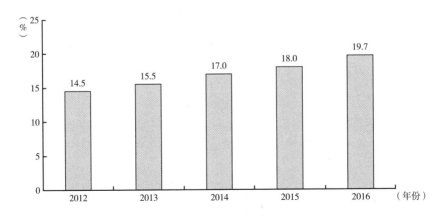

图 3 - 10 中国清洁能源消费占比的变化

资料来源：中国国家统计局网站，http://www.stats.gov.cn。

2016 年达到了 19.7%，虽然增长缓慢，但是呈现出了上升趋势，这说明中国的能源转型正在逐步推进。天然气作为一种清洁能源，与新能源相比具有成本低与技术成熟的优势，对于要提高清洁能源消费占比的中国来说是不二之选，而且中国天然气在一次能源消费中的占比远远低于世界平均水平，因此，要提高清洁能源消费占比就需要进一步提高天然气的使用率。

二 战略定位高，发展潜力大

为了促进天然气行业的发展，加快市场化改革的进程，中国政府出台了《能源发展战略行动计划（2014~2020 年）》《能源发展"十三五"规划》《天然气发展"十三五"规划》，提出了天然气行业发展的战略定位、目标以及重点任务。

1. 增强供给保障能力，提高消费水平

早在 2014 年，中国国务院办公厅就印发了《能源发展战略行动计划（2014~2020 年）》（国办发〔2014〕31 号），从绿色低碳、供给保障以及消费增长等几个方面对未来中国天然气的发展进行了规划。具体来看（见表 3-1），该计划肯定了天然气在优化能源结构、减少碳排放方面的作用，提出了大力发展天然气的主要任务。增强供给保障能力方面，该计划提出"按照陆地与海域并举、常规与非常规并重的原则，加快常规天然气增储上产，尽快突破非常规天然气发展瓶颈，促进天然气储量产量快速增长"。同时，该计划从加快常规天然气勘探开发、重点突破页岩气和煤层气开发、积极推进天然气水合物资源勘查与评价三个方面提出了提高天然气供给的途径。消费增长方面，该计划提出的目标是"坚持增加供应与提高能效相结合，加强供气设施建设，扩大天然气进口，有序拓展天然气城镇燃气应用。到 2020 年，天然气在一次能源消费中的比重提高到 10% 以上"，并从扩大居民用气规模、完善交通运输保障、拓展天然气用途等方面对扩大天然气消费市场做了相应的部署。

由此可见，中国政府已将发展天然气视为实现能源结构调整、提高清洁低碳能源使用比例的重要途径之一，并从目标制定、供给保障以及市场拓展等方面对未来中国天然气行业的发展进行了规划，体现了国家对天然气的战略定位。

表 3 - 1 中国政府对天然气发展的战略定位

	项目	内容
目标	绿色低碳	优化能源结构,提高天然气消费比重,大幅减少能源消费排放
供给	保障能力	①加快常规天然气勘探开发。以四川盆地、鄂尔多斯盆地、塔里木盆地和南海为重点,加强西部低品位、东部深层、海域深水三大领域科技攻关,加大勘探开发力度,力争获得大突破、大发现,努力建设 8 个年产量百亿立方米级以上的大型天然气生产基地。到 2020 年,累计新增常规天然气探明地质储量 5.5 万亿立方米,年产常规天然气 1850 亿立方米。 ②重点突破页岩气和煤层气开发。加强页岩气地质调查研究,加快"工厂化""成套化"技术研发和应用,探索形成先进适用的页岩气勘探开发技术模式和商业模式,培育自主创新和装备制造能力。着力提高四川长宁 - 威远、重庆涪陵、云南昭通、陕西延安等国家级示范区储量和产量规模,同时争取在湘鄂、云贵和苏皖等地区实现突破。到 2020 年,页岩气产量力争超过 300 亿立方米。以沁水盆地、鄂尔多斯盆地东缘为重点,加大支持力度,加快煤层气勘探开采步伐。到 2020 年,煤层气产量力争达到 300 亿立方米。 ③积极推进天然气水合物资源勘查与评价。加大天然气水合物勘探开发技术攻关力度,培育具有自主知识产权的核心技术,积极推进试采工程。
消费	消费规模	①实施气化城市民生工程。新增天然气应优先保障居民生活和替代分散燃煤,组织实施城镇居民用能清洁化计划,到 2020 年,城镇居民基本用上天然气。 ②稳步发展天然气交通运输。结合国家天然气发展规划布局,制定天然气交通发展中长期规划,加快天然气加气站设施建设,以城市出租车、公交车为重点,积极有序发展液化天然气汽车和压缩天然气汽车,稳妥发展天然气家庭轿车、城际客车、重型卡车和轮船。 ③适度发展天然气发电。在京津冀鲁、长三角、珠三角等大气污染重点防控区,有序发展天然气调峰电站,结合热负荷需求适度发展燃气—蒸汽联合循环热电联产。 ④加快天然气管网和储气设施建设。按照西气东输、北气南下、海气登陆的供气格局,加快天然气管道及储气设施建设,形成进口通道、主要生产区和消费区相连接的全国天然气主干管网。到 2020 年,天然气主干管道里程达到 12 万公里以上。 ⑤扩大天然气进口规模。加大液化天然气和管道天然气进口力度。

资料来源：中国国务院办公厅：《能源发展战略行动计划（2014～2020年）》，http://www.gov.cn/zhengce/content/2014 - 11/19/content_9222.htm。

2. 实施市场化改革，推进能源结构调整

按照《能源发展"十三五"规划》的目标（见表 3 - 2），2020 年，天然气在中国能源结构中的占比要从 2015 年的 5.9% 提高到 10%，即天然气

年均消费增长要保持在 4.1% 左右。同时，该计划提出要扩大天然气消费市场，尤其是提高民用、发电、交通和工业等领域的天然气消费水平，进一步推进天然气市场化改革的进程，改革天然气定价机制，加大对天然气管网等基础设施的投入力度，并以京津冀等国家战略区域为重点实施"煤改气"工程，加大页岩气等技术的研发，提升国内天然气的供给水平，以及降低用气成本等。

表 3 - 2 "十三五"时期能源发展主要指标

类别	指标	单位	2015 年	2020 年	年均增长	属性
能源总量	一次能源生产量	亿吨标准煤	36.2	40	2.0%	预期性
	电力装机总量	亿千瓦	15.3	20	5.5%	预期性
	能源消费总量	亿吨标准煤	43	<50	<3.0%	预期性
	煤炭消费总量	亿吨原煤	39.6	41	0.7%	预期性
	全社会用电量	万亿千瓦时	5.69	6.8 - 7.2	3.6% ~4.8%	预期性
能源安全	能源自给率	%	84	>80		预期性
能源结构	非化石能源装机比重	%	35	39	[4]	预期性
	非化石能源发电量比重	%	27	31	[4]	预期性
	非化石能源消费比重	%	12	15	[3]	约束性
	天然气消费比重	%	5.9	10	[4.1]	预期性
	煤炭消费比重	%	64	58	[-6]	约束性
	电煤占煤炭消费比重	%	49	55	[6]	预期性
能源效率	单位国内生产总值能耗降低	%	—	—	[15]	约束性
	煤电机组供电煤耗	克标准煤/千瓦时	318	<310		约束性
	电网线损率	%	6.64	<6.5		预期性
能源环保	单位国内生产总值二氧化碳排放降低	%	—	—	[18]	约束性

注：[] 内的数字为五年累计值。
资料来源：《能源发展"十三五"规划》，中华人民共和国国家发展和改革委员会网站，2017 年 1 月 17 日，http：//www.ndrc.gov.cn/zcfb/zcfbtz/201701/W020170117335278 192779.pdf。

从"单位国内生产总值能耗降低"与"单位国内生产总值二氧化碳排放降低"两项指标的降低幅度来看，中国政府发展清洁能源与改善环境污染问题的决心是坚定的。天然气作为一种清洁能源，在新能源发电成本以及自然条件等的限制下，成为中国降低煤炭消费、改善能源结构的首要选择。

3. 加大基础设施建设力度，适应快速发展需求

对于天然气行业的发展，中国政府从以下几个方面（见表 3－3）进行了规划与部署：在保障 2020 年天然气占一次能源消费 8.3% ～10% 总体目标的前提下，从探明储量、产量、气化人口、城镇人口天然气气化率、管道里程、管道一次运输能力以及地下储气库工作气量等方面制定了未来 5 年天然气行业的发展目标。

表 3－3　"十三五"时期天然气行业发展主要指标

指标	2015 年	2020 年	年均增速（%）	属性
累计探明储量（常规气，万亿立方米）	13	16	4.3	预期性
产量（亿立方米/年）	1350	2070	8.9	预期性
天然气占一次能源消费的比例（%）	5.9	8.3～10	—	预期性
气化人口（亿人）	3.3	4.7	0.3	预期性
城镇人口天然气气化率（%）	42.8	57	—	预期性
管道里程（万公里）	6.4	10.4	10.2	预期性
管道一次运输能力（亿立方米）	2800	4000	7.4	预期性
地下储气库工作气量（亿立方米）	55	148	21.9	约束性

资料来源：《天然气发展"十三五"规划》，中华人民共和国国家发展和改革委员会网站，2017 年 1 月 19 日，http：//www. ndrc. gov. cn/zcfb/zcfbghwb/201701/W020170119 368974618068. pdf。

尤其是在基础设施建设方面，"十三五"期间，新建天然气管道里程为 4 万公里，管道一次运输能力将达到 4000 亿立方米/年，地下储气库工作气量增加 93 亿立方米，以较高的基础设施增长速度保障未来天然气行业的快速发展。

三　倒逼行业改革，促进转型升级

天然气人民币将加速中国天然气市场化改革的进程，倒逼关联行业进行供给侧结构性改革，促进天然气行业转型升级与提质增效目标的实现。

1. 加速天然气市场化改革的进程，提高开放程度与竞争力

倒逼天然气市场化改革提速。目前，中国正在积极推进天然气上中下游行业的改革，完善天然气的定价机制。其中一个重要的手段是引入第三方竞争机制，发挥上海石油天然气交易中心与重庆石油天然气交易中心的作用，利用天然气期货交易、天然气债券等的金融属性，让天然气交易市场更加公平与透明，更加反映市场供求关系，从而降低用户端的用气成本。天然气人民币将天然气发展与人民币国际化相结合，提倡在天然气交易中使用人民币进行计价和结算，在构建天然气交易中心的同时加速了人民币的"走出去"。天然气人民币势必加速中国天然气行业的发展与国际接轨，国内天然气行业发展的一些弊端将更加突出，市场化等一系列改革将被提速。

降低社会资本进入壁垒。从目前天然气行业固定资产投资的结构来看（见图 3 - 11），天然气行业固定资产投资主要以国有经济为主，2015 年，国有经济投资占比 60.4%，而石油天然气行业的外商投资之和为 19.7 亿元人民币，占比仅为 0.58% 左右。天然气人民币将进一步激发国内外的社会资本投入到中国天然气行业的发展当中，中国天然气行业的垄断程度将大大降低，对外开放水平将进一步提高，吸引国内外社会资本的能力也将进一步提升。同时，社会资本的引入将促进上游供应商的多元化，加快先进技术的引入与开发，提升天然气的开采与供给能力，推动天然气市场竞争机制的进一步完善以及天然气价格的公平与合理。使用人民币进行计价和结算也将提高其他国家在中国投资的积极性。

2. 规范天然气交易市场，促进区域性价格指数形成

推动亚太地区天然气交易中心的建设。天然气因为具有明显的区域性特征，目前形成了北美、欧洲和亚太地区三个较大的市场，其中北美与欧洲均形成了区域性天然气交易中心，以及以美国亨利枢纽和英国国家平衡点（NBP）的价格为代表的基准价格，只有亚太地区尚未形成规范的天然气交易中心与基准价格。另外，近年来，新加坡、日本等国家为了争夺天然气定价话语权，均在加快建设和完善天然气交易市场。紧迫的外部发展环境倒逼中国必须加快步伐，积极推进天然气交易市场的建设。天然气人民币恰恰为中国提供了一个较好的建设区域性天然气交易中心的途径。中国作为天然气消费大国（见图 3 - 12），天然气人民币将提高中国在天然气交易中的国际

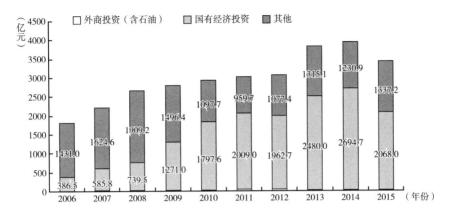

图 3 - 11　天然行业固定资产投资结构

数据来源：中国国家统计局网站，http://www.stats.gov.cn。

地位与定价话语权，加上地理位置、上海与重庆两家天然气交易中心的上线运作，以及"一带一路"等对外开放政策的利好，都将大大加快以中国为中心的亚太地区天然气交易中心的建设进程，促进亚太地区天然气交易基准价格的形成。

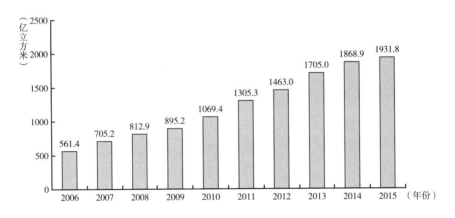

图 3 - 12　中国天然气消费量的变化

数据来源：中国国家统计局网站，http://www.stats.gov.cn。

推进天然气交易法律法规的建设。天然气交易市场需要相应的法律法规与市场主体准入标准，规定交易各方的责任与义务，保障交易各方的权利。天然气人民币将使交易主体更加多元化，交易量与交易金额等不断增加。缺少相关法律法规与部门的监管将阻碍天然气基准价格的形成，降低天然气交易的公开与透明度，导致天然气交易市场的环境与秩序混乱，影响中国在国际天然气交易定价中的话语权，从而使中国失去建设亚太地区天然气交易中心的机会。因而，天然气人民币将倒逼中国加快推进以《石油天然气法》为核心的面向天然气行业的法律法规体系的建设，以及相关监管部门的建立与完善，从而推动政府职能的转变与天然气交易市场化体制机制的完备。

加快天然气计量方式与国际接轨。天然气计量方式主要分为能量计量与体积计量两种，国际上普遍采用能量计量方式，而中国长期以来以体积计量方式为主。中国虽然正在逐步向能量计量方式转变，但进展较为缓慢。天然气人民币将加快中国天然气计量方式与国际接轨。在新一轮科技革命与产业革命的大背景下，大数据、人工智能等信息化手段也将对天然气计量业产生深远的影响，尤其是带动计量自动化工业的发展，倒逼天然气计量业向自动化、智能化等方向发展，保障天然气计量的精准性与效率性。

3. 降低人民币融资成本，引入国际低气价红利

促进人民币融资成本降低。2016 年，中国共与 18 个国家（见表 3 - 4）进行了天然气贸易，交易量为 73 亿立方米左右，如果交易中均使用人民币进行计价和结算的话，"可以使天然气出口国通过天然气贸易顺差获得的人民币拥有丰富的投资和保值增值渠道。人民币回流机制的建立，可以提升开展天然气贸易人民币计价和结算的积极性，使'天然气人民币'的运行机制具有可持续性"。[①] "特别是借助于我国天然气进口使我国人民币流向境外，而天然气出口国则通过购买中国生产的产品和服务以及投资人民币金融产品，使人民币得以回流中国。由于未来天然气将成为全球最主要的大宗商品之一，天然气人民币计价和结算所形成的人民币循环链条可以使人民币在全球贸易结算中的份额大大提高，助推人民币国际化。届时，中国不仅可以借人民币的主导地位获得相应的'铸币税'，亦可因此得以降低人民币融资成本。"[②]

[①] 郑丹：《"天然气人民币"有多远——专访中国社会科学院研究生院院长、国际能源安全研究中心主任黄晓勇》，《中国石油石化》2017 年第 17 期。

[②] 黄晓勇：《推进天然气人民币战略的路径探析》，《中国社会科学院研究生院学报》2017 年第 1 期。

表 3-4　2016 年中国天然气贸易

LNG 贸易(亿立方米)		管道贸易(亿立方米)	
美国	0.3	哈萨克斯坦	0.4
秘鲁	0.3	土库曼斯坦	29.4
特立尼达和多巴哥	0.2	乌兹别克斯坦	4.3
挪威	0.2	缅甸	3.9
俄罗斯	0.3		
阿曼	0.1		
卡塔尔	6.5		
埃及	0.1		
尼日利亚	0.4		
澳大利亚	15.7		
文莱	0.1		
印度尼西亚	3.7		
马来西亚	3.4		
新几内亚	2.9		
亚太地区转口	0.2		
总计	34.3	总计	38.0

数据来源：BP：《世界能源统计年鉴（2017）》。

推进天然气定价方式转变。从 2006 年以来美国亨利枢纽（Henry Hub）天然气交易价格的变化来看（见图 3-13），自 2008 年金融危机以来，天然气交易价格持续走低，尤其是近年美国"页岩气革命"的成功更是大大降低了天然气的使用成本，2016 年，美国天然气的交易价格为 2.46 美元/百万英热单位，而中国天然气的交易价格大约为 6.34 美元/百万英热单位[①]，远远高于美国。此外，从 2016 年各地区天然气的交易价格来看（见表 3-5），美国与欧洲地区的交易价格普遍低于中国与日本，原因在于美国为现货交易市场，市场竞争较为激烈，天然气价格相对较为合理，一定程度上避免了溢价的产生，而中国与日本的天然气交易方式为"照付不议"的市场定价方式，国际低气价红利引入国内的效果并不明显。天然气人民币在加快亚太地

[①]　按中国天然气价格计算得出，2016 年天然气进口金额为 164.89 亿美元，天然气进口量为 721 亿立方米（数据来源：http://www.trqgy.cn/courier/201702/29220.html）。

区天然气交易中心建设的同时，将推进亚太地区天然气"照付不议"的市场定价方式向现货交易方式转变，更大限度地引入国际低气价红利。

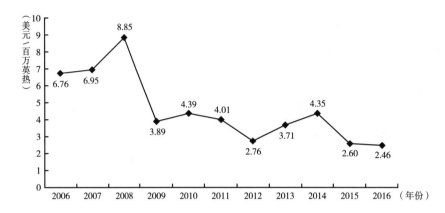

图 3-12　美国亨利枢纽天然气交易价格的变化

数据来源：BP：《世界能源统计年鉴（2017）》。

表 3-5　2016 年各地区天然气交易价格

国家	交易价格
日本	6.94 美元/百万英热单位
中国	6.34 美元/百万英热单位
德国	4.93 美元/百万英热单位
欧洲（Heren NBP Index）	4.69 美元/百万英热单位
美国（Henry Hub）	2.46 美元/百万英热单位
加拿大	1.55 美元/百万英热单位

数据来源：BP：《世界能源统计年鉴（2017）》。

4. 加快基础设施建设进程，推动勘探开发技术进步

提高天然气基础设施建设的速度。"十二五"期间，中国天然气基础设施建设取得了令人瞩目的成就，"累计建成干线管道 2.14 万公里，累计建成液化天然气（LNG）接收站 9 座，新增 LNG 接收能力 2770 万吨/年，累计建成地下储气库 7 座，新增工作气量 37 亿立方米"[①]，2015 年，中国天然

①　数据引自《天然气发展"十三五"规划》。

气干线里程达到了 6.4 万公里，而美国在 2013 年天然气干线里程就已经达到了 42 万公里[①]，可见中国与美国之间的差距仍然较大。但从天然气管道长度与用气人口的变化趋势来看（见图 3 - 14），2006 年以来，中国天然气管道长度与用气人口均呈现出快速增长的态势，加之中国政府对天然气产业发展的重视以及《天然气发展"十三五"规划》目标的提出，未来天然气基础设施建设将迎来爆发式增长。天然气人民币将推动中、日、韩三国与俄罗斯、中亚地区天然气基础设施的互联互通，进而倒逼中国天然气管道和 LNG 储运设施建设工程提速。另外，天然气人民币将为中国天然气基础设施建设引来更多的国内外资本，进一步提高中国天然气基础设施建设的速度。

图 3 - 14　中国天然气管道长度与用气人口的变化

数据来源：中国国家统计局网站，http://www.stats.gov.cn。

促进天然气勘探与开发技术的进步。2006 年以来中国天然气进口量不断攀升（见图 3 - 15），2015 年，中国天然气进口量为 611 亿立方米，天然气对外依存度约为 31.6%。随着中国能源行业改革的深入，以及人民币国际化与天然气现货交易的不断推进，天然气人民币概念将逐步走向实践，随之而来的便是天然气交易价格与国际接轨，交易成本逐步下降，天然气进口量稳步提升。同时，天然气对外依存度也将不断提高，能源安全将受到极大的挑战，因而将势必激发国内各界重视对非常规天然气（页岩气、煤层气）

———————

① 来自 http://gas.in-en.com/html/gas-2460095.shtml。

的勘探，倒逼天然气相关部门加大对勘探与开发技术的研发投入，促进天然气勘探与开发技术的进步，提高国内天然气行业的供给水平，缓解进口压力。

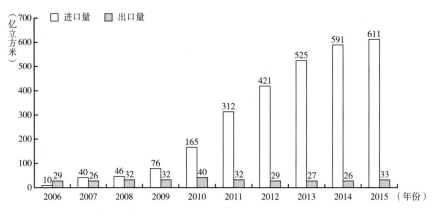

图 3 - 15　中国天然气进出口量的变化

数据来源：中国国家统计局网站，http：//www. stats. gov. cn。

5. 推进供给侧结构性改革，加快发电成本降低的速度

推进关联行业的供给侧结构性改革。经济发展进入新常态以后，中国政府一直致力于高污染、高耗能行业落后产能的淘汰工作，"十二五"期间，中国总共累计淘汰火电机组 2800 万千瓦，火电行业转型升级取得了显著的效果，但单机 5 万千瓦及以下的纯凝煤电机组、大电网覆盖范围内的单机 10 万千瓦及以下的纯凝煤电机组以及单机 20 万千瓦及以下设计寿命期满的纯凝煤电机组仍然大量存在（见表 3 - 6）。随着煤炭在一次能源消费中占比的逐渐减少，火电行业的落后产能将进一步被淘汰。此外，根据国家电网公司的统计，2016 年弃风弃光电量达 465 亿千瓦时。中国新能源行业的发展也面临着诸多困难。另外，随着天然气人民币概念的深入，中国天然气消费量将逐年增加，这为煤炭行业与新能源行业的发展带来了挑战。为了保障国内能源供给安全、高耗能行业转型升级，以及新能源行业的国际竞争力提升，中国政府势必将加大力度推动相关行业的供给侧结构性改革，实行落后产能淘汰、僵尸企业退出市场、小型低效企业兼并重组等政策。高耗能行业在转型升级的同时，也将对能源供给行业产生不容小视的影响，倒逼能源生产行业为维持生存、提高竞争力而进行一系列的改革。

表 3 – 6　2017 年中国煤炭落后产能淘汰计划

单位：千万瓦

地区	产能	地区	产能
北京	84.5	浙江	6.6
天津	86.2	安徽	40.8
河北	17.4	山东	2.7
山西	50.0	湖北	24.3
内蒙古	3.6	广东	27.6
辽宁	10.5	海南	27.6
黑龙江	15.0	重庆	2.4
上海	4.8	甘肃	10.0
江苏	27.8		

数据来源：国家能源局网站，http：//www.nea.gov.cn。

加快发电成本降低的速度。从中美两国以及各类能源新建发电厂发电成本的对比来看（见图 3 – 16），2015 年，中国各类能源的发电成本除风能与美国大致相当、煤炭低于美国以外，太阳能与天然气的发电成本均远远高于美国，这说明中国在太阳能与天然气发电成本方面的进步空间还很大。天然气人民币将进一步扩大中国天然气行业的国际影响力，促进国内天然气消费端的多样化，尤其是在发电领域的应用。为了降低发电成本，发电企业也必将加大相关发电技术的研发与投入。另外，从 2025 年与 2035 年的发电成本对比来看（见图 3 – 16），中国太阳能发电成本有所降低，而天然气发电成本并未降低。因此可以预见，在天然气发电成本降低不确定的情况下，发电企业必然也将投入一定的资金到太阳能等新能源领域，尤其是风力发电领域，以抵消天然气发电成本的居高不下与煤炭发电成本的上升。

6. 促进绿色低碳化发展，提高能源使用效率

加快相关行业向绿色低碳化方向发展。近年来，中国多地饱受雾霾问题的困扰，尤其是冬季集中供暖期间，北方的雾霾天气随之增多。引起雾霾的一个重要原因是煤炭的消费，另外，因汽车消费量不断增长，汽车尾气排放所产生的氮氧化物也成为大气污染的重要原因之一。虽然粉尘、氮氧化物等污染物的排放量在逐年减少（见图 3 – 17），但 2015 年中国大气污染物排放总量仍为 5248.1 万吨，并且污染物排放量的下降速度比较缓慢。而天然气作为一种清洁能源，尤其是未来天然气在一次能源消费中占比的不断提高，将降低煤炭与石油在一些高污染领域的使用，进而促进相关行业的发展方式向绿色低碳化方向转变。天然气人民币引起的天然气消费量的增长一定程度上将提高相关行业使用清洁能源的比例，加速实现经济的绿色低碳化发展。

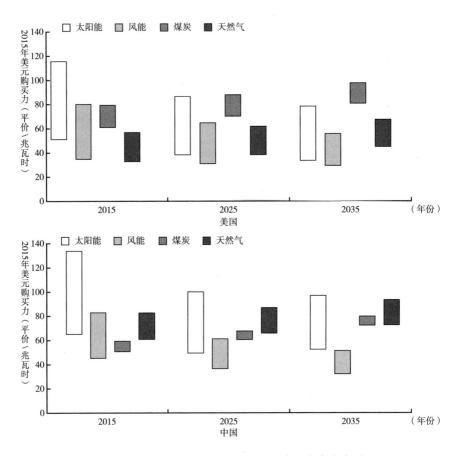

图 3 - 16　中国、美国各类能源新建发电厂发电成本对比

资料来源：BP：《世界能源展望（2017）》。

推进高效节能技术的研发与应用。在中国经济的发展方式从粗放型向节约型转变的大背景下，能源转型升级不断推进，能源供给呈现出多样化的趋势。随着环保标准的不断提高，各企业纷纷寻求发展方式上的突破，加大力度进行高效节能技术的研发与新能源技术的突破。从 2015 年中国分领域技术合同成交金额来看（见图 3 - 18），新能源与高效节能技术合同成交金额

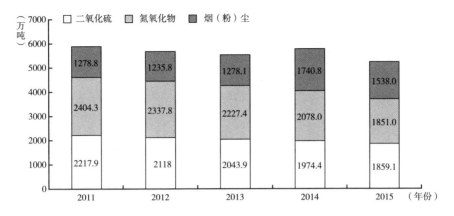

图 3 - 17 中国大气污染物排放量的变化

数据来源：中国国家统计局网站，http：//www.stats.gov.cn。

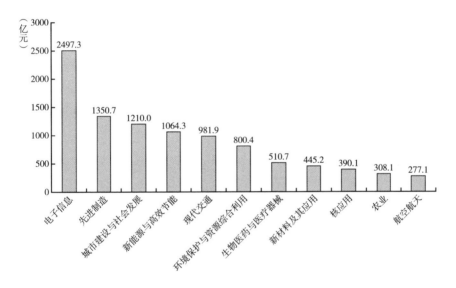

图 3 - 18 2015 年中国分领域技术合同成交金额

资料来源：中国科学技术部网站，http：//www.most.gov.cn。

为 1064.3 亿元人民币，虽然不到电子信息技术合同成交金额的一半，但在各领域技术合同成交额中排第四位，这说明企业等对新能源与高效节能技术十分重视。天然气人民币所带来的行业改革的诸多利好，如大力推进天然气消费量不断上升、降低用气成本等，都将对煤炭行业形成较大的冲击，为了改变依靠成本忽略环境的发展方式，相关企业必然加大力度进行高效节能技术的研发。另外，天然气行业为了提高自身的竞争力、参与国际市场竞争，必然也会加大对高效节能技术的研发，提高产品附加值。

四　改善能源结构，优化供给与消费

天然气人民币概念深化所带来的用气成本下降、技术革新等效果，必然增加国内天然气的供给与需求，推动能源供给与需求结构的改善。

1. 促进能源供给结构优化

推进能源供给总量下降。近年来，中国经济发展步入新常态，GDP 增速下滑，产业结构调整速度加快，各领域提质增效行动活跃。随着 GDP 增速的下降，能源生产总量的增速也有所放缓，2015 年，中国能源生产总量为 361476 万吨标准煤，比 2014 年少 390 万吨标准煤（见图 3-19）。未来随着中国经济结构的进一步优化，能源消费总量也将保持下降的趋势。另外，随着新能源、非常规油气、高效节能技术等的发展，中国能源消费总量将进一步下降。天然气人民币将助力于中国能源供给总量下降。因为节能技术发展，能用更少的能源生产更多的产品。产业结构调整也使得高耗能行业退出或转型，也会降低能源消费量。

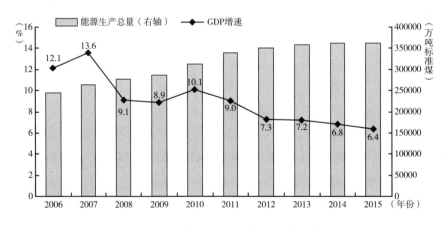

图 3-19　中国能源生产总量与经济增长的变化

数据来源：中国国家统计局网站，http://www.stats.gov.cn。

促进煤炭供给比例逐步合理化。从中国能源供给结构的变化来看（见图 3-20），2011 年以来，中国煤炭的供给比例持续下降，其中 2015 年煤炭的供给比例为 72.2%，而天然气及水电、核电、风电的供给比例持续上升，尤其是近年天然气供给呈现出大幅增长的趋势。天然气人民币所带来的天然气供给量的增加将进一步促进煤炭供给比例的下降，加速中国能源供给结构的变化，改变以煤炭为主体的单一能源供给结构，促进能源供给多样化的实现，保障能源供给的安全性。

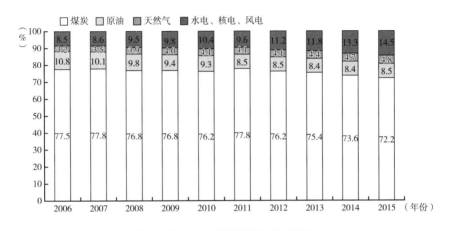

图 3-20 中国能源供给结构的变化

数据来源：中国国家统计局网站，http://www.stats.gov.cn。

2. 提高能源供给自给率

平衡各类能源的对外依存度。从 2015 年中国各类能源的进口依赖度来看（见图 3-21），进口依赖度最高的是原油，2015 年，原油进口依赖度达到 62%，其次是燃料油为 33%，天然气为 31.6%，其他能源的进口比例较小。与石油相比，天然气对外依存度只有石油的一半左右，可见随着天然气供给量的不断增加，部分行业对石油的依赖将抵消，从而平衡能源对外依存度。天然气人民币将大大提高天然气的国内外供给。

促进天然气储量持续提升。随着天然气对外依存度的不断提升，中国将加强对天然气勘探开发技术的研发，从而提高储量，减少对外依存度。尤其是美国"页岩气革命"的成功与实践证明，非常规天然气的发展前景一片大好。中国自 2006 年以来天然气储量不断增长（见图 3-22），2015 年达到 51939.5 亿立方米，比 2006 年增长了 73%，未来随着相关技术的成熟以及能源安全意识的增强，天然气储量将不断得到增长。

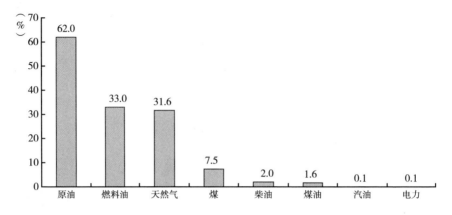

图 3 - 21　2015 年中国各种能源的进口依赖度

数据来源：中国国家统计局网站，http：//www. stats. gov. cn。

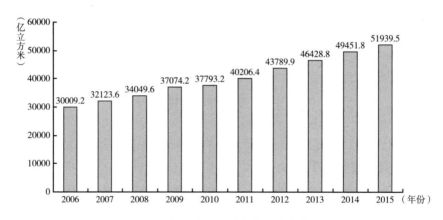

图 3 - 22　中国天然气储量的变化

数据来源：中国国家统计局网站，http：//www. stats. gov. cn。

3. 推进能源消费结构转型

加快天然气消费的增长。从 2015 年中国能源消费结构来看（见图 3 -
23），煤炭占能源消费总量的比例为 64%，石油为 18%，天然气为 6%，水
电、核电、风电为 12%，虽然与 2014 年相比，煤炭消费占比下降了 1 个百
分点，但煤炭仍然为中国消费的主要能源。天然气方面，中国与世界平均水
平的 28.3% 相比仍然有较大的差距。天然气人民币将使国际低气价红利更
多地惠及中国，加速国内天然气消费的增长，促进整体能源消费结构的
优化。

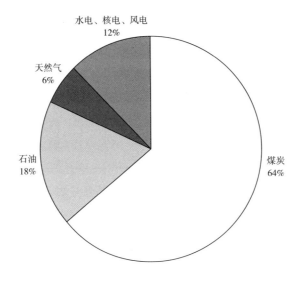

图 3 – 23　2015 年中国能源消费结构

数据来源：中国国家统计局网站，http：//www.stats.gov.cn。

促进能源消费结构的低碳化。根据 BP 的预测（见图 3 – 24），到 2035 年，中国一次能源消费中煤炭所占比例将大幅下降，非化石能源与天然气的比例将大幅提升，其中非化石能源的比例将达到 25%，天然气的比例也将达到 11%。从分燃料种类一次能源需求的增长来看，2015~2035 年，中国对煤炭的需求将呈现负向增长，天然气、核能、可再生能源的需求将大幅增长，可见未来中国能源消费结构将向着更加低碳化的方向发展。此外，按照《能源发展"十三五"规划》的目标，到 2020 年，中国天然气消费占比将达到 10%，超过 BP 预测的速度，天然气消费量的增加将进一步促进能源消费结构的低碳化。

4. 优化行业能源消费结构

促进行业能源消费结构的调整。从中国分行业天然气消费的变化来看（见图3 – 25），制造业与生活消费天然气的比例较大，2015 年占天然气消费总量的 50% 以上，其中制造业消费占比最大。中国天然气 2015 年在交通运输、仓储和邮政业的使用比例约为 12.3%，与成品油的价格相比，交通领域的天然气使用比例仍有进一步提升的空间。随着中国汽车消费量的不断增长，目前中国已成为世界第一汽车产销大国，汽车尾气也渐渐成为中国城市

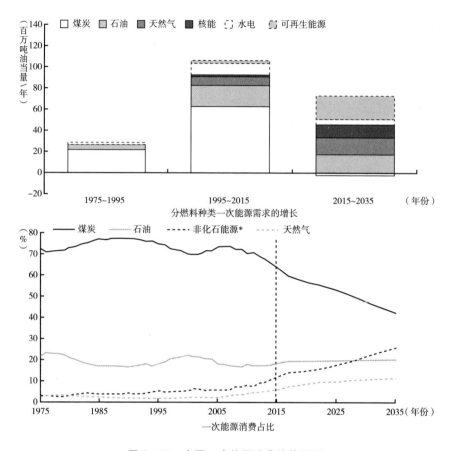

图3-24 中国一次能源消费结构预测

注：*包括生物燃料。

资料来源：BP：《世界能源展望（2017）》。

空气污染的主要来源。天然气作为一种清洁能源，恰好为城市治理汽车尾气污染提供了手段。天然气人民币将加快天然气进口价格及用气价格的下降，进一步促进天然气在各行业中的应用，尤其是在交通、电力等行业。

推进高耗能行业能源结构的低碳化。近年来，中国政府加大了对环境污染的治理力度，提出了"既要金山银山，也要绿水青山"的发展理念，对工业的绿色发展提出了更高的要求，尤其是高耗能行业在转型升级的同时，更加需要提高清洁能源的使用比例。从2015年中国主要制造业天然气的使用比例来看（见图3-26），天然气的使用主要集中于化学原料及化学制品业，石油加工、炼焦及核燃料加工业，以及非金属矿物制品业等高耗能行

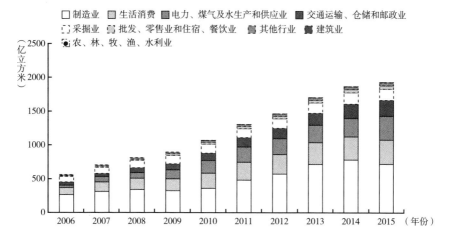

图 3 - 25　中国分行业天然气消费的变化

数据来源：中国国家统计局网站，http：//www.stats.gov.cn。

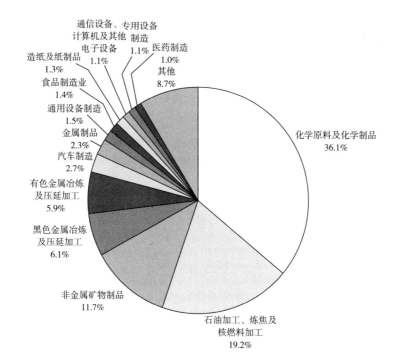

图 3 - 26　2015 年中国主要制造业天然气消费比例

数据来源：中国国家统计局网站，http：//www.stats.gov.cn。

业。在环境保护压力日益增加的背景下，高耗能、高污染的制造业对清洁能源的需求将进一步增长。目前，虽然天然气与煤炭相比还不具备相应的价格优势，但天然气人民币将推进天然气领域市场化改革的提速，进一步提高天然气行业的竞争力，激发高耗能行业使用天然气的积极性。

加速城市用气来源替代。中国城市用气来源（见图 3 - 27）主要为人工煤气、天然气与液化石油气。2010 年以来，天然气用气比例超过了液化石油气，并呈现出不断增长的趋势，而人工煤气则呈现出不断下降的趋势。未来随着中国天然气行业的市场化改革与天然气人民币的推进，天然气在城市用气结构中的比例将进一步提高，从而加速天然气对人工煤气与液化石油气的替代。

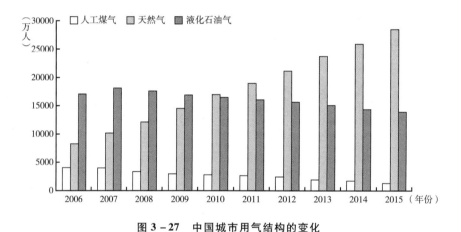

图 3 - 27　中国城市用气结构的变化

数据来源：中国国家统计局网站，http：//www.stats.gov.cn。

提高天然气发电的比例。从中国电力、热力生产和供应业天然气消费的变化来看（见图 3 - 28），2006 年以来，其消费占比持续增长，2015 年消费量达到 343.66 亿立方米。从增长率来看，天然气发电增长较为缓慢且增减幅度较大。"截至 2015 年底，燃气发电装机容量 6637 万 kW，但仅占全国发电装机容量的 4.4%。从世界范围看，1970 年至 2014 年，全世界天然气发电量的年均增长率在 5% 以上。天然气发电在总发电量中所占的份额从 1971年的 10.3% 增加到了目前 23% 左右。从发达国家的情况来看，目前天然气已成为美国最重要的电力供应来源之一。自美国引导页岩气革命以来，其天然气发电量不断上涨，2000 ~ 2014 年美国天然气发电量增长了 99%。此外，日本 70% 的天然气用于发电，占其国内发电总量的 28%；欧洲天然气发电比例也超过 20%。与世界欧美等主要国家相比，中国天然气发电还处在起步阶段，总装机容量远远落后于发达国家平均水平，理论上具有较大的发展空间。"① 天然气人民币将加快用气价格的下降，进一步提高天然气在发电行业中的比例。

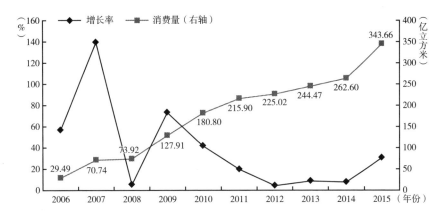

图 3−28 中国电力、热力生产和供应业天然气消费的变化

数据来源：中国国家统计局网站，http://www.stats.gov.cn。

---

① 史丹、王蕾：《中国天然气发电发展现状及国际经验借鉴》，《财经智库》2016 年第 4 期。

第四章 "亚洲溢价"与提升中国天然气定价权[*]

当前，亚洲国家在天然气价格谈判领域总体上处于弱势，定价话语权严重缺乏，致使"亚洲溢价"现象长期存在，亚洲国家被迫长期支付较高的天然气进口成本。作为一个现实的天然气需求大国和潜在的天然气供应大国，中国需要借助能源消费转型、能源体制改革和人民币国际化加快推进的契机，提升中国乃至亚洲的天然气定价话语权，压缩"亚洲溢价"。在梳理了全球三个主要天然气市场的特点和定价机制，以及目前亚洲所存在的溢价现象的基础上，本文对定价权的内涵做了界定，认为定价权的获得必须具备两大条件：一是市场化定价机制，这是基础，以准确反映市场的供需结构，构建一个被广泛认可的定价机制和交易市场；二是国家应当以适当的角色参与到市场交易中，并且依据规则，利用自身天然气需求量和潜在供应量影响市场，以促进市场高效运行并充分反映供需关系。为了满足这两个条件，中国应当把握当前低油气价格的机遇期，建立区域性天然气交易中心，发挥供应潜力，增加油气产量，开展国际化协调，推进天然气以人民币计价和结算，以助推中国天然气定价权的提升。

---

* 本章作者王永忠，中国社会科学院世界经济与政治研究所世界能源研究室主任，研究员。

一　全球天然气市场的分割状况

全球天然气市场存在区域分割的显著特点。北美、欧洲、亚太三个主要市场各自的特点不尽相同，供需形势有所差异。北美生产天然气的能力大幅提升，欧洲天然气需求整体下行，亚太虽然增速可观，但内部存在分化，中国、印度需求增长强劲，而日本、韩国却表现低迷。这种供需格局的差异造成各个市场之间存在价格差距。目前，全球市场采用三种不同的定价机制，北美与英国采用市场化程度较高的"气对气"定价；欧洲大陆的定价机制由油气挂钩逐步向"气对气的转变"，亚洲液化天然气采用与进口原油加权平均价格（JCC）挂钩的方式。天然气在不同区域供需关系的差异和定价机制的不同明显体现出世界天然气市场的地域分化特征，导致亚太地区在天然气定价中的话语权严重不足，致使"亚洲溢价"即亚洲的天然气价格显著高于北美和欧洲的现象长期存在。

（一）供需关系差异

近年来，受全球经济增长低迷和大宗商品价格大幅下跌影响，全球天然气消费和生产的增长速度趋缓。根据英国石油公司（BP）发布的《世界能源统计年鉴（2017）》，2016 年，全球天然气消费量为 35429 亿立方米，比上年增长近 1.5%，而全球天然气生产量与上年基本持平，增速仅为 0.3%。在世界三个主要天然气消费地区中，2016 年，北美地区天然气消费量为 9680 亿立方米，同比增长 0.5%，而其 2005～2015 年复合增长率为 2.1%，略低于世界平均水平；欧洲地区天然气消费量为 10299 亿立方米，同比增长 2.0%，但是其过去 10 年复合增长率为 -0.8%，处于缓慢负增长态势；亚太地区天然气消费量为 7225 亿立方米，同比增长 3.0%，增速最为强劲，但仍明显低于其 2005～2015 年复合增长率（5.6%）。值得注意的是，2016 年，中国天然气需求的表现十分突出，增速达 8.0%，远高于亚太地区的平均值，明显高于全球主要天然气消费国。因此，亚太地区仍然是世界天然气消费的增长引擎，而中国则在其中扮演着重要的消费驱动者角色。

虽然天然气总体需求增长不快，但是天然气贸易方兴未艾，增长迅速。2016 年，天然气总体贸易增长近 4.8%，高于需求增速。其中，液化天然气贸易增长最为迅猛，达 6.2%，高于天然气贸易增速的平均水平，并且全球天然气贸易量达到创纪录的 2.58 亿吨。从美国到澳大利亚，LNG 供应不断增长，LNG 在不同的国家找到了新的市场。LNG 作为清洁能源，越来越受到埃及、巴基斯坦、牙买加等新兴市场的欢迎，中国 LNG 进口量 2016 年也大幅上升了近 35%，同比增长 690 万吨。需要指出的是，2016 年，亚洲的 LNG 市场需求出现分化，在中国、印度需求增长强劲的同时，韩国与日本的 LNG 进口出现下降，分别同比下降了 0.4% 和 9.2%。事实上，阻碍亚洲天然气贸易尤其是 LNG 贸易的最大因素是天然气定价中的价格歧视现象，即所谓的"亚洲溢价"，这一现象反映出亚洲国家作为较大的天然气消费国却无法很好地参与全球天然气价格制定的窘境。总体上看，随着《巴黎协定》的达成和能源消费结构的转变，全球 LNG 需求快速增长的势头还会持续，预计未来 LNG 贸易仍有较大的增长空间，中国将充当更为重要的需求方。

（二）价格差异

天然气以管道或海运为主的运输方式、全球天然气生产地和消费地并不完全一致以及缺乏全球性的基准价格导致天然气区域贸易中存在市场分割和价格差异。目前，全球天然气市场可以分为北美、欧洲和亚太三大区域市场，与之对应，全球主要有三种相对具有代表性的天然气价格，分别为美国亨利枢纽价格、英国国家平衡点天然气价格和日本液化天然气价格。

纵观 1984 年至 2016 年的世界主要天然气价格走势（见图 4-1）可以较为明显地发现，第一，以日本为代表的亚洲市场的天然气价格远高于同期美国、欧洲市场的价格。2016 年，日本 LNG 进口价格为 6.94 美元/百万英热单位，而同期美国亨利枢纽（Henry Hub）价格仅为 2.46 美元/百万英热单位，英国 NBP 天然气价格为 4.69 美元/百万英热单位，日本价格相比于美国、英国分别高出约 182%、48%，溢价程度之高令人咋舌。笔者发现，1984 年至 2016 年，日本 LNG 到岸价格较德国进口价格高出了约 33%，较英国 NBP 天然气价格高出了约 55%，较美国 Henry Hub 价格高出了约 89%。

第二，亚洲与北美、欧洲的这种天然气价格差异长期存在。20 世纪 80 年代，天然气贸易刚刚兴起，日本 LNG 进口价格比德国进口价格高出约 1 美元/百万英热单位。在 2004 年以前，这一价格差异水平几乎一直保持着。

在当时较低的天然气价格背景下，这一价格差异已经高出同期北美、欧洲市场的 50% 以上。2010 年福岛核电站事故后，日本关停核电站并大量进口天然气作为替代能源，导致这一价格差异被持续放大。2010 年至今，日本 LNG 进口价格平均高出同期英国 NBP 天然气价格 70%，而与已经发生"页岩气革命"的北美市场相比，日本 LNG 进口价格平均高出 185% 左右。目前，亚洲与北美、欧洲的天然气价格差异仍然非常大。

第三，在"页岩气革命"的影响下，欧洲与北美市场的天然气价格近些年来也出现了一定的差异。在 2010 年以前，欧洲市场的天然气价格与北美市场并未存在显著差异，但此后二者的价格却出现了分化。2016 年，美国 Henry Hub 价格约为 2.46 美元/百万英热单位，而英国 NBP 天然气价格达 4.69 美元/百万英热单位，几乎是美国价格的两倍。"页岩气革命"以来，美国的天然气供应情况持续宽松，带动全球天然气价格下行，而美国本土是天然气价格下降最快的地区，从而导致长期以来价格水平接近的北美、欧洲市场出现了分化。

图 4 - 1 世界主要天然气价格走势

数据来源：BP：《世界能源统计年鉴（2017）》。

（三）定价机制差异

大宗商品的定价机制包括在国际贸易市场中买卖双方所确立的基准价格

和通过国际定价规则所形成的价格。由于期货市场具有商品价格发现功能和回避商品价格风险功能，因此期货市场被世界各国普遍接受为大宗商品定价的核心，也成为制定国际大宗商品价格最主要的依据。天然气价格在全球三个主要天然气消费地区形成，但这三个市场的定价机制存在明显的差异。

一般而言，天然气的定价方式主要有"气对气"定价、油价联动、政府管制定价、双向垄断定价、市场净回值定价法。具体而言，"气对气"定价直接由供需双方进行协商，是高度市场化且应用范围最广的一种模式。油价联动是指天然气价格与原油价格挂钩，是目前亚洲国家所广泛采用的定价方式。政府管制定价是指政府直接按某种公式或方法进行定价。双向垄断定价是指市场垄断主体以谈判的方式商定价格，以长期协议的形式确定价格。市场净回值定价法是指在政府一定的管制价格下，市场主体在价格范围内进行价格协商。

从定价机制来看，北美与英国采用市场化程度较高的"气对气"定价；欧洲大陆曾采用天然气与油价挂钩的方式，但正在逐步转向"气对气"定价；日本液化天然气采用与进口原油加权平均价格挂钩的方式，亚洲部分地区仍采用垄断定价。

1. 北美市场

北美市场主要以美国、加拿大为代表。北美市场天然气供应充足，已经建设完成完备的输运管网，形成了对全区域天然气的有效供应。北美天然气主要采取市场化的"气对气"定价模式，建立天然气生产者与消费者的直接联系，构建完全开放的市场。根据国际天然气联盟（IGU）的数据，2010年，北美市场天然气交易合约所占数量几乎为100%，远高于同期欧洲和日本的水平。在实际交易过程中，交易双方主要通过短期合同进行现货交易，交易价格直接通过交易中心众多买卖双方的竞争确定。北美的天然气交易价格以美国亨利枢纽的交易价格为基准。亨利枢纽是北美最为重要的天然气交易中心，是美国9条州际管道、4条州内管道的交互点，自身天然气流通量巨大，因此可以扮演北美天然气交易中枢的角色。由于该地区美国、加拿大的天然气供应都较为充足，而且2010年以来的"页岩气革命"使美国的天然气生产能力大幅提升，因此北美市场的天然气价格水平为全球最低水平。

2. 欧洲市场

欧洲虽然自身也生产一定的天然气，但其天然气产量远远满足不了自身的需求，因此需要从外部大量进口。欧洲的天然气进口主要来自管道天然气，约有 3/4 通过欧亚大陆的管道进口，其余则以 LNG 的形式进口。2011 年以前，欧洲市场长期采用油气联动的定价模式，将天然气价格与反映外部市场环境变化的原油价格挂钩，使天然气价格可以随着外部市场环境的变化而相应调整。在实际交易过程中，交易双方通过长期合同进行交易。但在 2011 年以后，欧洲天然气的定价模式逐步转为市场化的"气对气"定价，有 40% 以上的天然气供应已经通过现货进行交易，到 2015 年已经超过 50%，在部分地区则达到了 70%，因此形成了英国 NBP、比利时 Zeebrugge 和荷兰 TTF 等多个枢纽价格。其中，英国 NBP 扮演着欧洲天然气交易枢纽的角色，其依托于英国的金融中心地位，进行大量的天然气期货、现货交易，而比利时 Zeebrugge 和荷兰 TTF 作为重要的天然气交易中心，其地位近些年来也有所上升。

3. 亚洲市场

亚洲市场较为分散，主要的代表国是日本和韩国。由于这两个国家经济体量大，对天然气的需求大，而本国并不生产天然气，天然气几乎完全需要进口，并且特殊的地理和政治因素造成两国都难以使用管道运输天然气，因此 LNG 成为日本、韩国主要的天然气获取方式。

以日本这一代表性国家为例，其进口的 LNG 定价机制经历了成本加成定价方法（1995 年以前）、与中东国家石油销售价挂钩定价、与"日本原油清关价格"（JCC）指数关联定价等几个阶段。目前，日本市场仍然采用油气联动的定价方式进行天然气交易，LNG 价格与 JCC 指数挂钩。其他亚洲国家如韩国和中国从澳大利亚进口的 LNG 也采用类似的油气联动定价方式。这种机制几乎主导了东亚的天然气定价。但是，这种油气联动的定价机制使以 JCC 指数为基础的 LNG 价格成为全球最高的 LNG 价格。亚洲市场与北美、欧洲市场长期存在的价差被称为"亚洲溢价"。

二 "亚洲溢价"与亚洲天然气定价权的缺失

定价权是天然气市场化的结果。要提升天然气定价话语权，一要构建市场规则，二要运用自身的供给和需求体量影响市场价格。目前，造成亚洲国家在天然气定价领域缺乏话语权的原因主要有：一是亚洲市场彼此分割，没有统一的市场化定价规则，无法正确反映亚洲的供求关系，在天然气定价规则层面缺乏话语权；二是亚洲主要天然气需求国各自为政，无法发挥出需求方体量大的优势，难以在需求侧发力影响价格，而且未形成足够的供应能力影响价格。这二者共同作用导致亚洲在天然气谈判领域处于整体弱势地位，致使"亚洲溢价"现象长期存在。

（一）何为天然气定价权

由于市场定价机制不同，三大市场天然气价格差异明显，天然气在亚洲市场的价格明显高于欧洲和美国。这种价格差异被称为"亚洲溢价"。部分分析人士指出，造成这种溢价现象的主要原因是亚洲缺乏定价权，他们将"亚洲溢价"归咎于买家没有定价权，甚至认为这是欧美主导的市场蓄意抬高价格以损害亚洲的利益。事实上，这种观点并不符合经济学逻辑。这种观点将定价权视作控制市场、决定价格的力量，假设一国可以决定价格，这种逻辑是与市场化背道而驰的。无论是英国还是美国，其定价权均建立在市场化的基础之上，通过市场规则尽可能让本地区的市场反映供求关系，并且以其生产量或者需求量影响市场，价格并不是一国说了算。如果一种定价机制确实反映了供求关系，那么那些作为定价机制的基准价格本身就是公平的市场价格，不存在对买方不公平的问题。即便存在溢价，那也可能是区域市场供求影响的结果，而非所谓的定价权缺失。

事实上，笔者认为，定价权应当具有更多更丰富的含义，应当将其视作影响市场的力量，而非单纯的决定、控制价格的能力。也就是说，一国可以在制定本地区价格形成规则上具有一定的话语权，甚至主导本地区价格形成规则的建立，这是定价权的一种表现。更关键的是，一国如何以天然气的生产量或者需求量影响这一价格的能力才是更为广义的话语权。

总而言之，定价权是天然气价格市场化的结果。鉴于中国天然气市场规模巨大，只要中国构建好竞争性的市场机制，中国天然气价格自然会成为亚太地区重要的基准价格，这对中国甚至东亚地区的天然气贸易有指导作用。因此，要提升天然气定价话语权，其一在于构建市场规则，其二在于运用自身的供给与需求影响价格的能力。

（二）亚洲天然气定价权缺失的根本成因：定价机制

亚洲天然气定价机制以日本为主，各国的结算价格以日本到岸价格作为参考，并且亚洲没有一个统一的可供市场上的供需双方进行交易的交易中心。第一，以日本到岸价格为主要参考价格本身也会带来"溢价"，这是因为日本的能源依赖程度更高，而且福岛核电站事故以后，日本关停核电站，由于核电站在日本发电中占比近22%，因此日本必须大量进口天然气以满足其发电需要，这进一步推高了日本 LNG 进口价格。这导致亚太天然气市场总是处于卖方市场，价格始终居高不下。[①] 因此，目前以日本为中心的亚洲天然气定价机制并不可取，这一机制使亚洲其他国家"被溢价"。事实上，应当选择一个适当的国家作为亚洲区域定价的核心，建立类似于美国 Henry Hub、英国 NBP 的交易枢纽，而中国就是十分合适的定价中心国。

第二，目前日本这种油气联动的定价机制不利于天然气价格的理顺。东亚地区国家内缺乏替代能源，原油依赖程度极高。2015 年，中国石油的对外依存度高达 65%，日本、韩国则完全依赖进口，原油的情况相对于天然气更加严重，而目前亚洲这种天然气价格与石油价格挂钩的定价机制并不可取。这一油气联动的定价机制基本上不能反映中国以及其他亚洲国家天然气市场的基本面，一定程度上导致了亚洲市场天然气价格高企，因此，亚洲地区应建立起市场基准价格，以更好地反映市场基本面的情况。[②] 欧洲天然气定价机制从油气联动向目前的"气对气"定价模式转变的经验值得亚洲国家借鉴。

第三，亚洲地区缺乏本地区的天然气期货和现货交易平台。各消费国天然气市场之间相对独立，市场流动性很低，没有一个能够反映本地区供求关系的参考价格。虽然中国、新加坡都试图建立自己的天然气交易中心，形成自己的天然气价格，但是由于受到本国天然气定价非市场化的拖累，外国投资者往往不愿意在这些国家的交易中心进行交易。市场化程度不高和各自为政，导致这些国家的天然气交易价格难以变为基准价格，并且很难比日本价格更好地反映市场供求关系。

---

① 邰峰、耿长波、马宝玲、王曦：《液化天然气国际贸易现状及发展新格局》，《国际经济合作》2014 年第 2 期，第 25～30 页。

② 段盈：《聚焦亚洲溢价，审视全球液化天然气定价机制》，《现代经济信息》2015 年第 15 期，第 358～359 页；施训鹏：《中国天然气基准价格形成中的若干问题》，《天然气工业》2017 年第 4 期，第 143～149 页。

（三）亚洲天然气定价权缺失的具体原因

1. 能源需求价格弹性低

由于亚洲主要国家的能源需求价格弹性普遍低于欧美国家，因此中东等油气供应方可以采取一定的价格歧视定价策略，从而形成"亚洲溢价"。[①] 从天然气消费量来看，中、日、韩三个亚洲主要天然气消费国的消费需求增长较快（见图 4-2），2016 年天然气消费量分别达 2103 亿立方米、1112 亿立方米、455 亿立方米，三国天然气消费总量占全球天然气消费总量的份额合计为 10.3%，占亚洲地区天然气消费总量的一半左右。与如此巨额的消费量不相匹配的是，三国的天然气产量很低，其中仅中国生产天然气。2016 年，中国的天然气产量约为 1246 亿立方米，而日、韩的产量几乎为零。中国 2016 年天然气的对外依存为 40%，而日、韩则完全依赖外部供应。需求的高速扩张与内部供应的不足导致了较高的对外依存度和较低的能源需求价格弹性，如此高的对外依存度势必导致油气供给方在制定价格时具有强势地位，并针对亚洲这一低能源需求价格弹性的市场实施三级价格歧视策略。这导致出口到亚洲地区的天然气价格长期居高不下，形成了所谓的"亚洲溢价"。

2. 以 LNG 为主的天然气贸易模式

欧洲市场的天然气供应往往以管道运输为主，而在亚洲市场，除了中国可以从中亚、俄罗斯获取管道天然气以外，日本、韩国都必须依赖于 LNG 交易的形式。而 LNG 运输成本较高，一般而言高出管道运输 30% 左右，运输成本的高企也推动了最终天然气价格的高昂。日、韩等国家因受地理和政治因素限制，难以使用管道运输。俄罗斯曾提议向韩国、日本建设天然气管道，但通往韩国的管道途经朝鲜，这是韩国所不能接受的；通往日本的管道为海底管道，不仅建设成本高昂，而且途经日俄的争议领土，这造成日俄管道也难以建设。此外，美国与俄罗斯的关系也影响着日韩与俄罗斯的合作。反观天然气供应稳定且价格相对较低的欧洲市场，其主要依靠管道运输，成本低廉，并且更易于与资源国进行长期协定的谈判，保证供应安全

---

① 张宝成、马宝玲、郜峰：《LNG 市场的"亚洲溢价"问题分析及对策》，《天然气工业》2015 年第 7 期。

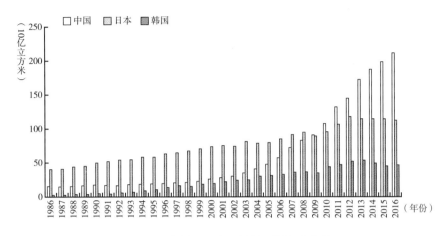

图 4 - 2 中国、日本、韩国天然气消费量

数据来源：BP:《世界能源统计年鉴（2017）》。

和可以接受的交易价格，从而规避了 LNG 供应带来的不确定性和高成本。

3. 能源安全溢价

由于亚洲国家普遍存在一定的能源安全担忧，因此它们往往愿意支付一定的额外价格来保证供应安全，这就形成了所谓的"能源安全溢价"。日本、韩国的能源供应高度依赖进口，一旦能源供应发生问题，就会严重影响其经济甚至社会稳定。更为重要的是，亚洲的地缘政治形势不容乐观，如朝鲜半岛核问题、中日韩的领土争端、错综复杂的南海问题等，一旦发生严重事端，日韩等国的能源供应渠道就有可能被切断。而亚洲国家普遍缺少足够的能源储备，难以有效应对能源供应中断所造成的负面冲击。为了缓解不确定性问题，保证能源安全供应，亚洲国家被迫支付一笔"安全溢价"。

4. 管制的能源市场价格

亚洲国家的能源市场普遍存在浓重的政府管制色彩，各国对进口价格不敏感，并且往往将价格风险转移给消费者，缺乏降低进口价格的动力。例如，日本 LNG 进口企业多数为政府经营的电力、供气公用事业公司，并且日本政府在国内实施以成本加成定价为主的政府管制定价，LNG 进口企业无论进口成本多高，总可以获取一部分收益，而这对日本社会却造成了福利损失。中国的天然气定价机制也存在类似的情况，即便在市场净回值定价法之下，政府指导价规定了可以议价的范围，企业也没有动力与供应商协商价格。显然，这种管制的市场价格削弱了进口商消除"亚洲溢价"的积极性。

三 中国的议价地位与国内天然气定价机制

（一）中国在天然气定价中的尴尬地位

目前，中国在亚洲天然气定价机制中的地位仍然十分尴尬，虽然国内建立了天然气交易中心，但价格仍然主要参照日本，溢价现象也长期存在。此外，作为世界上主要的天然气消费国，中国缺乏与供应国议价的能力，尤其是在 LNG 领域。相对于管道天然气，中国在 LNG 上的议价能力更为薄弱。在当前低油价的情况下，全球天然气供给较为宽松，进口 LNG 溢价问题虽然得到了一定程度的缓解，但仍然明显存在。造成这一现象的原因是多方面的，其中一个重要原因是，中国的天然气定价机制市场化程度较低，价格难以反映国内天然气的供需状况。在非市场化的成本加成定价机制下，中国政府难以依靠市场机制约束天然气生产成本的不合理上升，而只有在市场净回值定价法之下，才能形成以中心市场为基准的全国性天然气统一市场价格，并通过建立枢纽市场形成中心价格，推动天然气价格下降。① 此外，中国的天然气定价机制错综复杂，无法适应天然气国际定价的发展，导致中国难以建立起一个市场化的国际天然气国际交易中心。

（二）中国的天然气定价机制：市场化程度低

目前，中国仍然对天然气实施一定程度的价格管制，在天然气的生产、运输、配送环节中均实行国家指导价。中国国内的天然气定价涉及三个部分，即出厂价、门站价、零售价。具体的定价方法为：门站价 = 出厂价 + 管道运输价，零售价 = 门站价 + 配气价，其中出厂、管道运输价、门站价均由国家发展和改革委员会（以下简称"国家发改委"）统一管理，配气价则由省级价格主管部门管理。另外，中国对工业用气、居民用气等实行不同的

---

① 汪锋、刘辛：《中国天然气价格形成机制改革的经济分析——从"成本加成"定价法到"市场净回值"定价法》，《天然气工业》2014 年第 9 期，第 135 ~ 142 页。

价格，工业用气的气价相对于居民用气更为昂贵。

中国国内的天然气资源可以大致分为国产陆上气、国产海上气、进口LNG和进口管道气。这四类资源采取的也是不同的定价方法。国产陆上气是中国天然气市场的主要部分，在2011年以前采用政府管制定价模式，并且定价公式为成本加成法，即综合考虑天然气开采、运输成本等因素，在总成本的基础之上按一定的利润比例制定销售价格，保证天然气企业在各环节的一定利润空间，维持企业生存。2011年，中国开始在广东、广西试点采用市场净回值定价法进行天然气定价，一定程度上反映天然气市场的供求关系，并且赋予市场一定的自主权。在市场净回值定价法下，天然气门站及以上价格由国家价格主管部门管理，门站价格不再分类，在实行统一政府指导价的同时，供需双方可在不超过价格范围的条件下协商确定具体价格，但这一定价方法仍然保留了一定的政府管制色彩。2013年7月起，市场净回值定价法在全国范围内使用。此外，这一定价机制还保留了双轨制特征，即将天然气消费分为存量气和增量气，增量气以市场净回值定价法定价，存量气则仍然以管制定价。2015年2月，国家发改委发布了《关于理顺非居民用天然气价格的通知》，宣布自2015年4月起，中国天然气存量气与增量气价格正式并轨，国产陆上气全部采用市场净回值定价法确定门站价。2015年11月，国家发改委根据《中共中央 国务院关于推进价格机制改革的若干意见》，决定降低非居民用天然气门站价格，将非居民用气由最高门站价格管理改为基准门站价格管理。降低后的最高门站价格水平作为基准门站价格，供需双方可以基准门站价格为基础，在上浮20%、下浮不限的范围内协商确定具体门站价格。相对于国产陆上气，国产海上气价格的市场化程度较高，由供需双方自主协商确定。然而，目前国产海上气产量较少，占国产气的比重较低，不具有系统重要性，难以显著提升国产气的市场化定价程度。不过，随着未来海上天然气资源的不断被勘探和产量的不断增加，国产海上气在中国天然气供给中的地位将日益重要，市场化程度高的国产海上气将有力提升中国天然气定价机制的市场化程度。

进口天然气的定价模式与国产气迥然不同，其中进口LNG已基本实现市场化定价。中国主要从澳大利亚、中东等国家或地区进口LNG，进口价格主要采用与油价挂钩的方式确定，同样受到日本LNG到岸价格的影响，而终端销售价格由供需双方协商确定。中国进口管道气主要来自中亚国家和俄罗斯，进口价格采用双边垄断定价模式，直接由双方政府谈判确定，并由主要供应商签订长期协议。进口后，管道气纳入国产陆上气体系，输往各地定价销售。由于各地的定价与进口管道气价格存在差异，这就可能导致进口管道气呈现出"价格倒挂"，即进口管道气价格有可能高于国内天然气价格从而产生亏损。目前，亏损部分由管道气进口商承担。不过，进口管道气的"价格倒挂"现象也不是绝对的，其可能与国内偏高的管道运输成本密切相关，若降低管道运输成本，进口管道气的"价格倒挂"现象则可能会得到消除。

事实上，不论是进口气还是国产气，最终都要进入国内各地区的销售渠道，均受到政府指导定价方式的限制，总体上均不属于竞争性的定价机制。因此，中国各个阶段的天然气定价机制中均不同程度地存在着政府监管，政府对天然气价格的监管体现在天然气的生产、运输、配气等各个环节。

四 消除"亚洲溢价"与中国的策略选择

定价权的强弱及其归属是天然气市场化的结果。鉴于中国天然气市场规模巨大，其需求空间和供给潜力是其他亚洲国家所无法比拟的，只要中国能建立起供求双方充分竞争的天然气市场机制，中国的天然气市场价格自然会成为亚太地区的重要基准价格，并对东亚地区的天然气价格走势产生风向标作用。提升中国天然气定价话语权必须满足两大前提条件，一是构建充分竞争的市场竞争机制，二是运用自身巨大的供给和需求体量对区域乃至全球的交易价格施加影响。因此，中国需要建立反映本地区市场供求关系的天然气交易市场，这个市场应能发现天然气的真实价格。真实的价格有利于减少价格"扭曲"，避免效率损失，从而使天然气被合理利用。这种公平合理的天然气价格应该由供给和需求的基本面决定，而不是卖方或者买方左右价格的非市场能力。如果这个市场是可信且相关的，那价格自然能够被认可。此外，天然气定价权的提升根本上仍取决于基于市场规模的议价能力。因此，充分利用自身巨大的天然气消费需求以及非常规天然气、可燃冰的潜在储量，对东亚乃至全球的天然气市场施加影响，是中国的必然选择。

（一）把握油气价格低的战略机遇期

低油气价格的市场环境为建立天然气枢纽价格提供了有利的时间窗口。

在油气价格处于高位的时期，卖家由于担心利益受损，往往不愿意接受新的定价机制，而在油气价格较低的时期，即便修改定价机制，合同价格也可能变化不大，更容易被买卖双方接受。

从 2015 年开始，全球 LNG 市场迎来了一轮供应增长大潮，并将持续到 2020 年左右，未来数年，低气价状态继续维持将是一个大概率事件。根据目前的规划项目进度，预计到 2020 年，全球年度天然气液化能力将接近 8 亿吨；若 1/3 的项目能按时按量投产，2020 年全球年度天然气液化能力将达 4.4 亿吨。随着全球 LNG 供给的趋于宽松，卖家对消费市场的争夺将日益激烈。除了中东、澳大利亚、东南亚等传统的 LNG 供应方之外，受益于"页岩气革命"的美国也在积极推动 LNG 出口。美国"页岩气革命"急剧提高了北美天然气的市场供应量，改变了大西洋两岸乃至全球的天然气贸易格局。从理论上讲，北美和全球天然气供应上升所带来的价格下降效应会外溢至亚太地区。在这一市场供需环境下，天然气买家的话语权将会得到明显提升。目前，亚太地区天然气需求的诱人增长前景已吸引西非、拉美、北海和北美等地区的油气供应商在此聚集。中东也不愿意放弃天然气需求增长旺盛的亚洲市场。因此，以中国为代表的亚太地区在提升定价权方面越来越有优势。

（二）建立天然气市场化定价机制

"亚洲溢价"的具体成因涉及能源安全、地理、政治等多个维度，并且这些因素彼此之间往往相互交织，从而形成了一个解不开的死结，进而造成"亚洲溢价"现象长期存在。而造成"亚洲溢价"的根源仍然是亚洲能源供应的不确定性，这致使亚洲国家普遍愿意支付安全溢价以规避不确定性。供应国也借机采取价格歧视策略，向亚洲买家索要高价，由此形成了一种有利于供应商、高度差异化的天然气均衡价格状态。显然，"亚洲溢价"现象对于亚洲地区的能源需求国而言无疑是巨大的福利损失。依靠供需两端的体量优势，中国可以在消除天然气的"亚洲溢价"、提升亚洲地区的天然气定价话语权上发挥重要作用。

要尽快实现天然气的市场化定价，即"气对气"定价机制。要想促使亚洲各国均参考中国的天然气价格，必须让中国的价格尽可能地反映天然气市场的供求状况。目前，日本的天然气价格仍参考 JCC，实行油气联动的定价机制，并且日本油气对外依赖程度很高，其价格水平事实上不能反映亚洲天然气市场的实际供求状况，造成了较高的溢价。亚洲现行以日本为参考的天然气价格体系事实上给亚洲国家带来了不必要的天然气溢价和额外的天然气进口支出。相比于欧美已经运作成熟的美国亨利枢纽、英国NBP，亚洲仍然缺乏统一、活跃的天然气交易中心。一个统一、活跃的天然气交易中心可以发挥基准价格的作用，并通过市场竞争和金融服务降低不确定性，削减"亚洲溢价"。以欧美国家的成熟经验来看，天然气交易中心应当建立在天然气管网枢纽（美国亨利枢纽）或金融高度发达的地区（英国NBP）。事实上，上海完全有条件扮演天然气交易中心的角色，其具有诸多便利条件，具体体现在：其一，上海是在岸人民币金融中心和亚洲金融中心；其二，上海处于"西气东输""川气东送"多个管网的节点上，是中国天然气的重要交易中心；其三，上海是港口城市，具有天然的LNG接驳条件。

2015年7月1日，中国上海石油天然气交易中心开始试运行，开展LNG和管道天然气交易。该交易中心计划发挥平台资源优势，利用交易中心平台产生的价格编制和发布中国天然气价格指数、中国LNG价格指数、中国LNG运输价格指数、中国天然气消费景气指数等一系列指数产品，并力图使这些价格指数成为今后中国乃至亚太地区油气贸易合同的定价基准。不过，上海石油天然气交易中心目前仍处于建设发展之中，与期望的目标尚有不短的距离。该交易中心面临的挑战主要有：（1）交易中心的交易功能仍然不够健全，目前不具备形成天然气中国价格的必要条件；（2）培育天然气基准枢纽的一个基础条件是成为多个重要骨干管网的交汇地，或者是管道运输能力充足的主要市场，[①] 在这方面，上海也面临着亚洲其他城市（如新加坡）的竞争。

（三）增强天然气供应能力

第一，加大非常规天然气的开发。根据国际能源署（IEA）的数据，中国的煤层气储量丰富，位居世界第三，仅次于俄罗斯、加拿大，并且全部储量与国内常规天然气相当。目前，中国各级政府已制定多项优惠政策鼓励开发煤层气，在可预见的未来，中国将形成巨大的非常规天然气供应量。同

---

① 施训鹏：《中国天然气基准价格形成中的若干问题》，《天然气工业》2017年第4期，第143~149页。

时，中国页岩气储藏量大，尽管在页岩气开采上面临着地质、水源和技术等方面的诸多障碍，但是具有广阔的发展前景。此外，中国的天然气水合物（可燃冰）资源丰富，发展潜力大。2017年5月，中国成功试采可燃冰，计划在2030年前实现可燃冰的商业化开采。可燃冰不仅清洁高效，而且在中国储量巨大，一旦其实现大规模商业化开采，无疑将迅速增加中国天然气的产量，显著增强中国的天然气供应能力，甚至对其他国家形成出口。因此，中国加快煤层气、页岩气和可燃冰的开发速度将增强亚洲整体的天然气供应能力，进一步削减天然气供应的不确定性，有利于提升亚洲国家与外国天然气供应商的谈判能力，从而压缩"亚洲溢价"的水平。

第二，加大管道运输的建设力度，可考虑与亚洲国家协调建立以中国为中心的管道运输网络。目前，日、韩等国因为在天然气管道建设上面临着难以克服的障碍，所以主要采用LNG的运输形式，不仅成本较高，而且不确定性巨大。当前，中亚、俄罗斯已与中国建设完成多条重要的天然气管道，中国国内的天然气网络覆盖面较广，"西气东输""川气东送"等工程已建设完成。因此，可以考虑建设以中国为中心的东亚管道运输网络，将中国作为中亚、俄罗斯向韩国、日本供应天然气的中转站，这既可以消除管道经过朝鲜对韩国造成的不确定性，又避免了从俄罗斯直接输往日本的天然气必须经过日俄争议领土的窘境。当然，这一构想必须建立在各国增强战略互信、克服诸多矛盾且协商一致的基础之上。

第三，拓展天然气的进口渠道，实现多元化进口。除了卡塔尔、俄罗斯等传统的天然气出口国外，目前美国、澳大利亚等亚太区域内国家也开始在天然气供应上发挥越来越大的作用。根据IEA的预测数据，2020年，美国的天然气出口能力将达到2000亿立方米。同时，美国的LNG产能近年来也实现了迅猛增长，截至2014年底，美国已批准43个LNG出口项目。此外，莫桑比克等东非国家陆续发现大量天然气资源，并制订了LNG出口计划。对于亚洲国家而言，这无疑是一个实现进口渠道多元化的难得机遇，将有助于削减"亚洲溢价"。中国应充分利用油气价格低这一难得的市场契机，继续完善现有进口通道，并开辟新的进口通道，推动供给来源多元化。目前，亚洲国家中已有部分国家开始从美国进口LNG。例如，韩国三星工程建设公司与美国德州天然气公司签订了供气协议，韩国将从美国进口约200万吨LNG，这有利于韩国减少对俄罗斯和中东国家LNG的进口依赖度。同时，中国应继续鼓励国内企业"走出去"，积极参与海外资源开发，建设中亚、俄罗斯、澳大利亚、卡塔尔、加拿大等稳定可靠的天然气供应基地。在配套基础设施建设方面，中国在持续优化天然气配送管网的同时，也应加快储气库设施的建设节奏，加大建设规模，提高应急储备调峰能力。

（四）加强区域内国家之间的协调沟通

要消除天然气价格"亚洲溢价"现象，一个关键问题是如何协调亚洲国家之间的利益冲突和地缘政治矛盾。目前，中、日、韩三国难以寻求一种共同的利益协调机制，致使亚洲统一的区域性管道运输网络、区域性交易中心、区域性定价机制均难以形成，同时，能源供应安全问题持续突出也使供应不确定性的阴影始终笼罩在亚洲国家的心头。虽然寻求多元化的外部供应、需求放缓等因素有助于削减"亚洲溢价"，但是这并非釜底抽薪之策，关键仍在于亚洲国家消除分歧，早日建立起如欧美市场一样的统一天然气交易市场。

毋庸讳言，要使某一个国家的天然气价格得到区域内其他国家的认可并接受为基准价格绝非易事。中国要提升自身在天然气定价领域的话语权，促使国内的天然气价格成为区域基准价格，必须具备两个基础性条件：第一，市场化定价机制是基础，并且这一机制应能准确反映市场的供求关系，如果中国价格无法充分反映市场的供求状况，那么这一价格将仍然与目前的日本价格一样，既可能存在过高的溢价，又无法得到区域内国家的认可和使用；第二，在拥有一个受到广泛认可的定价机制和交易市场后，中国应依据市场规则，利用本国巨大的天然气需求量和潜在供应量的优势，参与区域性天然气市场交易，对天然气市场施加影响，以确保天然气市场能实现高效运行并且充分反映供求关系的变动状况。以上两个条件缺一不可。

五　天然气人民币与提升中国天然气定价话语权

如前所述，实行市场化定价机制和利用自身的供需体量对市场施加影响是中国提升天然气定价话语权的两个必要条件。在当前人民币国际化进程有所迟滞的情形下，推进天然气贸易的人民币计价和结算无疑是中国提升天然气定价话语权的一条重要途径。天然气人民币是指在天然气贸易中以人民币进行计价和结算。相对于石油美元，天然气人民币更需要依托于中国自身的规模优势。事实上，天然气以人民币计价和结算与定价权提升是相辅相成、互相促进的。如果使用人民币计价和结算天然气，那么人民币的自由流动或国际化就可以促进中国的天然气交易。另外，由于中国天然气的贸易体量巨大，因此可以吸引投资者用人民币计价和结算天然气，这将助推人民币国际化。这种相互促进的正反馈机制不仅能促进人民币在国际上广泛使用，也会吸引投资者到中国进行天然气交易。

若中国建立起市场化的定价机制和完善的天然气交易平台，中国则可有效利用天然气人民币提升其在定价领域的话语权。中国可利用自身需求量大的优势，对每年进口的大量天然气使用人民币进行计价和结算。同时，中国可利用其位于亚洲天然气管道枢纽的地位，如作为中亚、俄罗斯向韩国、日本供应天然气的中转站，建设以中国为中心的东亚管道运输网络，并且发挥自身非常规天然气的供应能力，推动过境气乃至出口气以人民币计价和结算。显然，这两者的结合可显著增大可用人民币进行计价和结算的天然气贸易量，大大助推人民币国际化，促进天然气贸易与人民币计价和结算挂钩。在这一过程中，中国在亚洲天然气贸易中的权重将明显增大，在亚洲天然气定价领域的话语权将得到提升，中国天然气市场的地位将进一步增强。因此，构建天然气人民币体系对于中国提升天然气定价话语权而言是一个十分重要的战略选择。

要推动在天然气贸易中以人民币计价和结算，中国需要做好以下几个方面的工作：首先，要建设一个体量巨大的人民币在岸和离岸市场。鉴于中国的经济规模和天然气需求量，建设一个大规模的人民币市场并不是难事。其次，要推进外汇体制改革。人民币自由兑换是开展以人民币计价和结算的天然气贸易所必须具备的条件之一。要允许外资参与中国国内的商品期货交易，并在外汇管理上为其提供相应的便利。最后，要推动建立发达的、多层次的离岸人民币金融市场，特别是推进离岸人民币债券市场的发展。中国需要为天然气出口国通过天然气贸易顺差获得的人民币提供多途径的投资和保值增值渠道。人民币回流机制的拓展和健全可以提升外国天然气出口商使用人民币进行计价和结算的积极性，进而可以实现天然气人民币运行机制的可持续性。

目前，中国在促进天然气人民币的计价和结算方面仍面临着诸多困难与障碍。首先，天然气人民币的计价和结算要求中国建设一个庞大和活跃的天然气交易市场，这将对国内天然气市场、产业的已有利益构成较大的冲击。其次，未来全球天然气市场区域分割的状况将继续维持，北美、欧洲和亚太三个市场相对独立，区域内的天然气各自结算，因此，天然气人民币的计价和结算规模受到中国和亚洲天然气贸易规模的限制。最后，打破现有的交易结算格局困难重重，市场的惯性力量很强大，要说服投资者使用人民币而非美元进行计价和结算、前往中国交易并非易事，这需要大量的努力，尤其是时间。在短期内，这恐怕难以取得实效。

从长期角度看，中国在天然气定价方面的话语权将处于上升态势，天然气人民币的计价和结算是提升中国的谈判能力的重要助推剂。然而，天然气人民币的计价和结算在短期内存在较大的不确定性，需要满足诸多条件，短期内恐怕难获成功。要实现天然气人民币的计价和结算，一个基本的前提条件是建立一个市场化的天然气定价机制和交易中心，实现天然气市场化定价是推进天然气贸易以人民币计价和结算的第一步。因此，尽快推动中国国内的天然气价格机制改革是当务之急，在此基础之上，还要建立可以反映市场供求关系的国际天然气交易市场。唯有如此，中国才有机会真正实施天然气人民币的计价和结算，才能充分实现天然气人民币的计价和结算与天然气定价权话语提升。

第五章　助推人民币国际化[*]

　　中国正加速迈向全球性强国。西方人通常基于军事层面描绘强国，而中国的强国含义则更为广泛，是包括政治、经济、军事、文化以及环境领域的综合能力。历史上，英美霸权分别构造了以煤炭和石油为基础的经济结构，以及以英镑和美元为核心的国际货币体系。基于中国权力的特殊性，将未来30年有可能成为全球能源消费主要内容的天然气与人民币国际化关联起来是一种值得深入思考的强国发展方向。

　　在党的十九大报告中，习近平总书记描绘了中国面向2050年的发展蓝图。这一蓝图分成两步走，第一步是从2020年至2035年，目标是基本实现现代化；第二步是从2035年至2050年，目标是建成社会主义现代化强国。以上战略目标的确立与中国社会主要矛盾的转变是一致的，即人民日益增长的美好生活需要和不平衡不充分的发展之间的矛盾。从国际和国内两个大局来看，第一步的落脚点主要是在国内，除了继续坚持国家层面的目标外，也充分考虑了个体的需求，特别是中等收入群体比例明显提高。而且，与以往相比，新时代的战略目标还强调了生态环境与美丽中国这一点。第二步的主要目标是国际性的，即成为"综合国力和国际影响力领先的国家"，这是"强国"的中国定义。

　　实现这两步走的发展战略目标需要一些新的战略构想。按照十九大的总

　　* 本章作者钟飞腾，中国社会科学院亚太与全球战略研究院大国关系室主任，研究员。

体部署，在经济上是要建立现代化经济体系，包括形成全面开放新格局；在生态上是要建立美丽中国，包括推进绿色发展。二者的一个共同内容是通过致力于形成开放型经济，使资源、能源消耗达到人们的需求。从强国目标来看，这些分列于各个板块讨论的内容都可能发生复杂的相互影响。有些目标可能提前实现，并对其他行业的发展以及地区关系产生外溢效应。例如，先有国内目标美丽中国的建立，然后才能实现强国目标。从战略审慎的必要性来看，我们也要估计到中国进一步发展给全球体系造成的冲击可能是前所未有的，比如中国的能源革命对全球天然气格局的影响。中国的国际目标除了需要更为坚实的国内基础之外，也不能自动假设国内建设会自动转化为国际能力。因此，我们也有必要思考这些目标之间的先后顺序和可能发生的复杂的相互影响。

就未来 30 年中国的强国发展目标而言，能源革命与人民币国际化都属于强国的必要支柱，二者也是相互影响的。本文主要讨论了在人民币国际化进程征途中位居前列的国家的基本政经特征及其对外经贸关系，以及采用天然气这样一种大宗商品加速人民币国际化进程的广阔前景，特别是考虑到资源全球分布的地理属性，本文也深入研讨了人民币国际化和伊斯兰金融全球化的关系。

一　现代经济增长的两大特性——能源与货币

人们对货币重要性的认识是随着经济结构的变迁，特别是现代经济增长的到来而逐渐深化的。在农业时代，货币尽管也很重要，但作用并不那么明显。宋代中国曾是全球最富裕的国家，也被认为是最早的纸币使用者。中国宋史研究方面的权威学者邓广铭曾从全球视角比较宋朝的发展程度，他从中得出一个重要论断："不论从物质文明或精神文明发展的水平来说，当时的中国（以宋政权为代表）实际上全是居于领先地位的……从两宋与亚、欧、非诸州的海上贸易来说，从中国运出的，大都为瓷器、丝绸以至铜钱之类，亦即大多为手工业制造品，而从那些地区与国家交换来的，则多为香料、药材、象牙、玛瑙、车渠、苏木等物，亦即大多为从自然界采集而得者。"[1]

---

① 邓广铭：《宋史十讲》，中华书局，2015，第 9～10 页。

由此可以推断，当时中国的海外贸易并不是通过中国主导的货币实现的，而仍旧主要是易货贸易，宋代的货币未曾发挥现今我们熟悉的计价、结算和储藏等功能。根据相关经济史学家的研究，宋代中国矿产硬币的通货数量不够多，无法应付日益增多的经济交易的需求，往往闹"钱荒"。[①] 因而，在农业经济时代，宋代中国就成为经济发展的顶峰，且没有办法突破这种限制。而欧亚大陆另一端的西欧社会之所以能突破这种农业经济的限制，主要是靠从海外获取矿产通货，支撑或者说刺激经济进一步升级。西欧向外征服，从美洲带回金银，产生了十分复杂的效应。对于当时欧洲的商人、政治家和学者而言，处理好外生货币所带来的冲击成为推动商业革命、税收改革和治国理政的必要课题。

　　自英国工业革命以来，世界经济迈入了现代经济增长时代。这个时代一个突出的表现是经济持续增长，由此带来全球经济规模快速增大。这是与以往的农业时代很不同的现象。按照英国著名经济学家安格斯·麦迪森（Angus Maddison）的统计，如表 5-1 所示，公元 1 年时，人类经济总量为 1000 多亿国际元（这是按照 1990 年国际购买力核定的一个财富度量单位），公元 1000 年时，人类经济总量为 1200 多亿国际元。也就是说，在 1000 年的时间里，人类经济总量增长了不到 15%，年均增速几乎为零。到 1500 年，这一规模扩大至约 2500 亿国际元，人类社会将经济总量翻一番花费了 500 年的时间。但在接下的发展历程中，人类经济总量再度实现翻一番的时间只用了不到 300 年。1820 年，人类经济总量已经接近 7000 亿国际元。再过 50 年，人类经济总量已经增长至约 11100 亿国际元。进入 20 世纪后，人类继续行走在经济持续增长的轨道上。人类经济总量到 1900 年时接近 2 万亿国际元，1950 年则发展到 5.3 万多亿国际元。从 1820 年到 1950 年的 130 年里，人类经济总量增长了 6 倍多。自 1820 年以来的时代是一个经济高速增长的时代，但经济增长主要是由西方世界实现的。西欧加上美国、加拿大、澳大利亚等国家和地区占世界经济的比重从 1820 年的 22.4% 增长至 1950 年的 54.8%，而中印所占比重却从 1820 年的 49.1% 下降至 1950 年的 8.8%，这是一次巨大的经济重心的转移。

---

① 　参见全汉昇《略论宋代经济的进步》，载全汉昇《中国经济史研究二》，中华书局，2011，第 69 页。

表 5-1　历史上主要经济体占比与世界经济规模（1990 年国际元）

	1 年	1000 年	1500 年	1600 年	1700 年	1820 年	1870 年	1900 年	1950 年
西欧	10.6%	6.9%	15.4%	17.1%	19.1%	20.4%	30.4%	31.7%	24.1%
美国、澳大利亚、加拿大	0.4%	0.6%	0.5%	0.3%	0.2%	2.0%	10.0%	17.6%	30.7%
西亚	9.6%	10.2%	4.2%	3.8%	3.3%	2.2%	2.0%	0	2.0%
中国	25.4%	22.7%	24.9%	29.0%	22.3%	33.0%	17.1%	11.1%	4.6%
印度	32.0%	27.8%	24.4%	22.4%	24.5%	16.1%	12.2%	8.6%	4.2%
世界（亿国际元）	1054	1212	2483	3313	3711	6935	11097	19719	53359

资料来源：Angus Maddison, *Historical Statistics of the World Economy*, 1-2008 AD。

与西方世界大规模崛起相匹配的是能源结构的变化以及货币体系的改造。绝大多数经济史学家都认识到，英国工业革命的发生与煤炭密切相关。而世界其他地区比如中国尽管也消费煤炭，但由于煤炭距离工业生产基地较远，加上因人口众多而不易发展出效率替代型工业，因此并没有根本性地改变能源结构。从英国方面来说，其煤炭消费占比从 1619 年首次超过木材（木材和煤炭占比分别为 24.4% 和 24.7%）到 1971 年被石油超过（煤炭和石油占比分别为 42.8% 和 47.4%），煤炭的突出地位保持了 350 年。[①] 就全球层面而言，石油占据主导地位出现于 20 世纪 30 年代。但这种量上的转变主要源于工业化世界的消费占比上升，而占人类人口绝对多数的亚非拉地区仍然生活在木材时代。在亚非拉地区，木材、煤炭这样的生物燃料占到1/3，而中国和印度则超过 90%。[②] 长期以来，在能源消费领域，发达国家的主导地位不言而喻。据统计，1992 年时，发达国家的能源消费量远高于发展中国家，发展中国家以 76% 的全球人口占比消费了全球能源的 26%。以人均能源消费量来看，北方国家是南方国家的 9 倍。[③]

能源结构的改变与经济结构的改变是一脉相承的。使用木材的时代主要是农业社会，因而经济规律普遍是收益递减的，人们的收成取决于土地的数

[①]　Paul Warde, *Energy Consumption in England & Wales: 1560 - 2000*, Rome, Italy: Consiglio Nazionale delle Ricerche, 2007, Appendix I.

[②]　Vaclav Smill, "The Last Eighty Years: Continuities and Change", *Population and Development Review*, Vol. 38, 2012, pp. 268 - 269.

[③]　Joshua S. Goldstein, Xiaoming Huang and Burcu Akan, "Energy in the World Economy, 1950 - 1992", *International Studies Quarterly*, Vol. 41, No. 2, 1997, p. 247.

量和肥沃程度。但在迈入煤炭时代后，人们的收益与土地的多寡变得不再像以前那么紧密，由此开启了工业化和城市化，人口大规模聚集，经济交易日渐复杂，利用金融手段盈利的可能性大大增加。等进入石油时代，随着现代化工业的发展，一般的发展中国家已难以理解工业化的程度和复杂性，在金融发展上更是与发达国家差距甚大。为此，世界银行于 20 世纪 80 年代后期以收入水平划分，将世界各国区分为低收入国家、中等收入国家和高收入国家。从股票交易总额占经济总量的比例来看，高收入国家显著地强于其他国家，其该比例则从 1975 年的 6.2% 增长到 2016 年的 147.6%，而中等收入国家的该比例从 1993 年的 12.1% 增长到 2014 年的 58.5%，只是在近两年才有一个飞速的发展，接近 92%。[1]

因此，考察西方世界进入现代经济增长阶段的一个重要视角是主导性货币和货币体系的演变。世界经济规模从 1820 年到 1950 年增长了 6 倍，这是人类历史上从未发生过的重大进展，因此毫无疑问成为全球性纸货币诞生并发展乃至国际货币体系演进的重要背景。一个庞大的经济交易量显然不能由贵金属支撑，而必须由可携带、便捷的纸货币乃至信用和金融体系支撑。例如，在英国崛起的进程中，英国对外贸易占世界贸易的比重十分庞大。据美国经济学家罗斯托（W. W. Rostow）的计算，1780 年英国对外贸易占世界贸易的 12%，1800 年增长到 22%，英国成为世界第一大贸易国，英国的这一占比几乎是处于第二位的德国的两倍，1820 年，英国继续保持在这一份额。[2] 在英美霸权建立的过程中产生了两个影响广泛的货币体系以及主导货币，分别是金本位制下的英镑与美元本位制下的美元。即便不是专业人士，普通人对这两个体系的内容、性质以及影响也都有所了解。

由于本章讨论的主要是天然气人民币的发展前景和路径，因此很有必要重新论述一下石油美元的故事。为了维持和推进经济高速增长，海外原材料的供给是十分重要的，这一点美国也不能例外。第二次世界大战之前，美国政府通过经济外交支持美国公司到海外获取原材料，以确保原材料供应安全以及以较低廉的价格供应给美国的消费者，这在加勒比海地区尤为突出。但

---

[1] 世界银行的数据，https://data.worldbank.org.cn/indicator/CM.MKT.TRAD.GD.ZS。
[2] 〔美〕W. W. 罗斯托：《这一切是怎么开始的——现代经济的起源》，黄其祥、纪坚博译，商务印书馆，2014，第 200 页。

第二次世界大战后，美国成为世界霸主，其海外扩张有了更宽广的目标，通过跨国公司的运作维护开放性世界秩序有了意识形态上的含义，且其提升国家实力的手段也变多了。1948年，美国政府出台了经济合作法，设定了一些投资保障项目，以保障美国公司海外投资面临的货币兑换和国有化等风险。通过马歇尔计划，美国成功打入了欧洲市场，在海外积累了很多美元的消费需求，逐步形成了欧洲美元市场。

美国霸权的基础除了因为其军事实力之外，也得益于第二次世界大战后的世界格局。当时，美国巨量的黄金储备、巨大的过剩产能以及国内的稳定都使美国有基础重构国际秩序。1956年，因为借用英法在苏伊士运河的斗争打击英镑，美元很快替代英镑成为主导性国际储备货币，而纽约也成为继伦敦之后新的全球金融中心，以降低关税为目标的关税及贸易总协定（GATT）大肆宣扬自由主义经济政策理念，加之美国人均收入高涨推动了产品的创新，美国成为全球最大的消费市场。其他国家由此加深了对美国的依赖，出于交易方便和安全的考虑，美元的影响力自然就大大提升了。

如果故事只是发展到这儿，那美元与石油的关系还不够深入，其内部构造也还不清晰。20世纪50年代以后，美国社会进入了经济学家罗斯托定义的消费主义时代，货币政策对西方世界越来越重要。在一个选举社会中，选民对价格的敏感度特别强烈，尤其是通胀带来的生活压力足以改变他的投票倾向，进而决定谁能上台执政。而且，从20世纪50年代初起，美国即成为全球第一个服务业主导的国家，这对美国政府管理社会经济构成了相当大的挑战。凯恩斯主义的宏观经济政策不足以解决美国面临的社会多元化问题。从国际层面来看，美国缔造的国际开放体系将一批发展中国家变成了发达国家的低端劳动力生产基地，推动了欧洲的复苏以及日本经济的快速崛起，也导致了国际经济交易规模的巨量增长，贸易额的增幅令人震惊，由此，美元本位的国际货币体制不可避免地面临了"特里芬困境"。在经济理论层面，20世纪60年代，自由派领军人物米尔顿·弗里德曼（Milton Friedman）从货币角度重新解释了美国经济的兴衰，奠定了反击凯恩斯主义经济学的重要学理基础。到20世纪70年代，美国决策者关于货币的知识积累有了较大的进展。而在技术水平上，当时电脑的开发也已经起步，这为构建广泛、即时的交易网络开辟了新的道路。

最终促使美元与石油直接挂钩的是在中东地区发起的反霸权主义运动。

美苏在中东地区的争霸给中东国家谋求自身利益带来了重大的机遇。20 世纪 70 年代，当中东国家拿起石油作为武器发出"不"的声音时，生活在第二次世界大战后消费模式中的西方社会深受震动，西方政治家由此见识到了石油武器的威力。例如，美国发起了能源独立革命，以应对油价的波动。而日本则第一次表达了和美国不一样的中东政策，毕竟日本的能源进口绝大多数依赖于中东地区。不过，作为发展中国家的中东石油生产国尽管可以通过提高油价打压西方霸权，但是等到尘埃落定，手里的美元赚得盆满钵满时，它们必然要考虑的一个问题就是如何让这些美元保值甚至增值。这个时候，美国市场和美元体系开始发挥重大的作用，这些流入中东国家的美元最终又回到了美国市场，也就是进入全球金融市场，进行一场更大范围的循环。中东地区爆发的战争、跨国石油公司的投资与定价能力、美国国内市场在货币增值方面的稳定器作用等因素推动了石油美元的最终形成。对于美国而言，石油这种战略性物质可以极大地影响发达国家的内政外交。尽管石油生产国绝大多数是美国的重要盟友和经济合作伙伴，但是在国际舞台上，美国政府有多种手段操控这些盟友和伙伴，石油成为一种非常好的选择。

美国支撑美元体系主要依赖于其庞大的国内经济规模，特别是进口能力，包括对能源的进口。这一点与英国的英镑地位、英国的贸易占全球贸易的比重在历史上的发展轨迹是一样的。发达国家突出的工业发展水平使全球能源贸易流向呈现出非常典型的南方出口、北方进口这种传统模式。如图5-1所示，尽管从趋势上看，发达国家的原油进口占比自 20 世纪 80 年代以来基本呈下降态势，但是其占据绝对份额的地位仍未有根本改变。1980~1990 年，欧洲地区国家、美国、日本的原油进口总量占全球原油进口的比重均在 70% 以上。进入 90 年代以后，发达国家占比显著下降，至 2006 年时跌破 60%。2006~2016 年，发达国家占比再度下降 15 个百分点。作为发展中国家的代表，中国和印度的原油进口总量占全球原油进口的比重自 20 世纪 90 年代以来一直呈上升态势。即便如此，两国 2016 年合计占比也未超过 22%，大体上只相当于美国、日本、欧洲总量的一半。图 5-1 还表明，美国的原油进口模式不同于欧洲和日本，在欧洲和日本为应对石油危机，减少石油进口，推动能源消费结构转型时，美国却长期保持了石油进口占比的稳定。在这背后不难看到金融利益集团的身影。图 5-1 显示的另一个趋势是，中国的原油进口占比已经十分接近于美国。如果全球进行一场石油美元的变革，那么最有力的替代者将是中国。

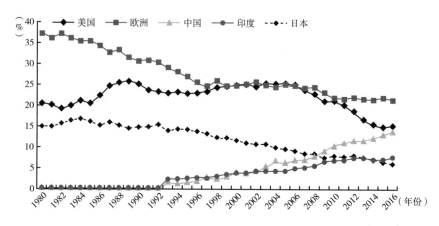

图 5 – 1　世界主要原油进口国的占比

资料来源：BP:《世界能源统计年鉴（2017）》。

因此，除去军事（保障国际交易的稳定）和国际政治能力（推动更深的依赖关系）外，某一种货币的国际地位与该国的全球市场地位也存在很强的联系。英镑、美元以及欧元都牵涉到巨量的国际交易。这一点也可以从当前全球交易的主要货币中观察到。根据环球银行金融电信协会（SWIFT）公布的数据，2017 年 9 月，人民币国际支付占比回落至1.85%，排名下滑至第六位，而上个月排名是第五位。与 2015 年 8 月相比，2017 年 8 月，人民币国际支付占比从 2.79% 下降至 1.94%。美元、英镑的占比变化也是同样的趋势。2017 年 8 月，美元国际支付占比为40.72%，比两年前下降了 4.1 个百分点，英镑国际支付占比则从两年前的 8.45% 下降至 7.05%。唯一上升的是欧元！欧元国际支付占比从 2015年 8 月的 27.2% 上升至 2017 年 8 月的 32.91%，上涨幅度非常显著。[①] 人民币国际支付占比与美元、欧元的差距仍然非常大，与英镑也有较大的距离，但与日元和加拿大元很接近。从经济总量来看，美国经济总量约占全球经济总量的 1/4，而中国约占 1/6，显然，这与两国的货币在全球支付系统

---

① 数据来自 SWIFT 网站的"人民币追踪"系列。

中的差距十分不匹配。对于中国而言，改变这种状况绝对是中国强国目标的重要组成部分。

SWIFT 在 2017 年 7 月的一份报告中指出，尽管人民币作为国际支付货币的使用量有所减少，但仍有若干积极因素正在中远期内推进人民币继续国际化。① 按照该报告的分析，在这些积极因素中，首先就是"一带一路"倡议，这一致力于推进软硬基础设施互联互通的战略性构想将带动以人民币为核心的支付服务增长。在"一带一路"建设中，中国香港对于推动人民币国际化起到核心作用，将近 50% 的人民币国际支付是通过中国香港中转的。中国香港吸收的大陆对外投资额占绝对多数，大量的上市中资公司在中国香港营业，加上转口贸易，中国香港作为金融市场的地位带动了人民币的国际交易。此外，靠近中国香港的是与中国经贸关系密切的东南亚。该报告推断，人民币业务在东南亚地区增长前景良好，而且中国台湾地区的人民币支付额达到了 15%。在中东欧地区，中国与德国、波兰和捷克的人民币转账支付额强劲增长。近两年的一个积极信号是，全球有超过 1900 家金融机构使用人民币作为支付货币，其中有将近 1300 家机构以人民币为币种进行与中国内地和香港的国际支付。与 2015 年 6 月相比，2017 年 7 月这一数字增长了 16%。

中国人民银行新近发布的《2017 年人民币国际化报告》也看好人民币的国际化。具体而言，中国人民银行认为人民币的使用范围会进一步扩大，使用渠道也将进一步拓宽，人民币的投资货币功能将继续深化，储备功能将有所显现。人民币目前已被 60 个国家纳入外汇储备。特别是，未来人民币将在服务实体经济、促进贸易投资便利化方面发挥更加积极的作用。② 显然，该报告认为，就人民币国际化的若干层面而言，近期最能取得进展的是使用范围和使用渠道，而且其发展方向是拉近与实体经济的联系，强化人民币的贸易能力。就此而言，进一步认识天然气的作用和地位有其必要性。

---

① 美通社：《"一带一路"重振人民币国际化》，2017 年 7 月 28 日，http：//www.prnasia.com/story/183905－1.shtml。

② 中国人民银行：《2017 年人民币国际化报告》，2017 年 10 月 19 日，http：//www.pbc.gov.cn/huobizhengceersi/214481/214511/214695/3398597/2017101710035015721.pdf。

二 天然气作为大宗商品的地理、权力与金融特性

大宗商品在当前全球市场中的地位仍然十分特殊。2017 年 10 月，联合国贸易和发展会议在《大宗商品依赖状况报告》中指出，按照一国所有商品出口价值超过 60% 为大宗商品则该国属于大宗商品依赖型国家（CDDC）的标准，2010 ~ 2015 年，对大宗商品出口依赖度上升的发展中国家又进一步增多，总数量达到 91 个，约占 135 个国家的 67.4%。在这些国家中，41% 的国家依赖于农产品（主要在非洲），30% 的国家依赖于燃料出口（主要在亚洲和澳大利亚，特别是西亚，包括巴林、伊拉克、科威特、阿曼、卡塔尔、沙特阿拉伯、叙利亚、阿联酋和也门等），23% 的国家依赖于矿物、矿石和金属。而从出口目的地来看，则主要是欧盟（占 28%）和中国（占 25%）。[1]

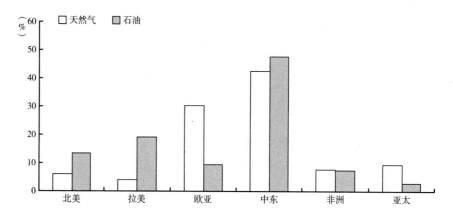

图 5 - 2　全球主要地区的天然气和原油储量占比

资料来源：BP:《世界能源统计年鉴（2017）》。

中东地区聚集着全球燃料出口依赖型国家，这里的燃料既包括原油，也有令人瞩目的天然气。英国石油公司（BP）的统计数据显示，天然气的地理分布呈现出与石油不同的格局。如图 5 - 2 所示，中东地区的天然气和原

---

① United Nations Conference on Trade and Development, *State of Commodity Dependence 2016*, UNCTAD, 2017, pp. 19 - 20.

油已探明储量占全球已探明储量的比重最高，分别达到 42.5% 和 47.7%。
北美和拉美的原油储量占比明显高于天然气储量占比。而亚太地区正好颠
倒，天然气储量占比达到 9.4%，是石油储量占比的 3 倍多。非洲的天然气
和原油储量占比较为均衡。天然气储量占比仅次于中东地区的是欧亚地区，
主要是俄罗斯和哈萨克斯坦。从天然气储量的临近性角度衡量，与之最接近
的消费大市场是欧洲、印度和中国。因此，比较石油和天然气储量的地理特
性，中国背靠两大储量盆地，无疑比美国更具发展出天然气金融交易工具的
地缘优势。若以主要宗教信仰划分油气资源的储藏，那么伊斯兰世界（中
亚、西亚和东南亚的印度尼西亚、马来西亚、文莱等）可以说占有绝对
优势。

在全球贸易中，按照《联合国国际贸易标准分类》，第三类为"矿物
燃料、润滑油及有关原料"。燃料类货物贸易占全球货物贸易的比重非常
高，就单项而言，原油居全球第一大货物贸易品之列。如表 5 - 2 所示，
2008 年时，原油出口额占全球货物出口额的比重曾高达 9.2%，出口额最
高时曾达到 16547 亿美元；天然气出口额占比最高的年份是 2013 年，达到
2.1%，金额为 3994 亿美元。也就是说，原油出口额是天然气出口额的 4
倍。煤炭出口额占比则要低得多，最高时也不过才 0.8%。如果考虑到成
品油出口额占比，那么最高的年份是 2012 年，原油与成品油出口额合计
占全球货物出口额的 14.5%，其次是 2008 年的 14.1%。因此，石油贸易
显然要比天然气贸易来得重要，这可能就是美元与石油挂钩的重要原因所
在。而天然气出口额在十几年前仅占全球货物出口额的 1.4%，不足以引
起金融控制。

表 5 - 2　矿物燃料类货物出口额在全球货物出口额中所占的比重

单位：%

	2005 年	2006 年	2007 年	2008 年	2009 年	2010 年	2011 年	2012 年	2013 年	2014 年	2015 年
原油	7.4	7.9	7.6	9.2	6.9	7.5	8.7	9	8.3	7.5	4.8
成品油	3.7	3.9	3.9	4.9	4.1	4.5	5.1	5.5	5.4	5.1	3.7
天然气	1.4	1.5	1.3	1.8	1.5	1.6	1.9	2	2.1	2	1.6
煤炭	0.4	0.4	0.4	0.6	0.7	0.7	0.8	0.7	0.6	0.5	0.5

资料来源：UN Comtrade。

就出口集中度而言，天然气略高于原油。根据联合国商品贸易统计数据库中的数据，2015年，天然气前15个国家的出口总额占全球天然气出口额的86%，而前十五大原油出口国占比80.6%。前三大天然气出口国分别为卡塔尔（18.9%）、俄罗斯（17.3%）和挪威（10.3%），而前三大原油出口国分别为沙特阿拉伯（16.5%）、俄罗斯（11.4%）和阿联酋（6.4%）。前十五大原油出口国中没有东南亚国家。而天然气出口方面则相对集中于中国提倡的"21世纪海上丝绸之路"上，如印度尼西亚（5.5%）、澳大利亚（4.6%）、马来西亚（4.5%）、阿联酋（2.9%）以及缅甸（1.6%），五国合计为19.1%。

前文已经指出，中国早就超过日本成为亚洲最大的原油进口国。然而在天然气进口领域，中国却落后于日本、德国和韩国。按照联合国的数据，2015年，中国进口天然气占全球的7.1%，而日本和韩国分别占17.4%和7.2%。如图5-3所示，日本一直是亚洲最大的天然气进口国，中国于2014年超过韩国成为亚洲第二大天然气进口国。因此，如果认可前文所提到的进口能力是某一种大宗商品与货币挂钩的前提，那么就必须思考一个问题，即为什么日本没有提出日元天然气概念？其实，20世纪80年代，日本也曾提出过构建以日元为核心的东亚货币区，不过被美国所不容。这与美日经济结构趋同造成市场竞争白热化、政治同盟带来的安全压力等因素有关，同时也与日本是围绕石油而不是天然气展开有一定关系。

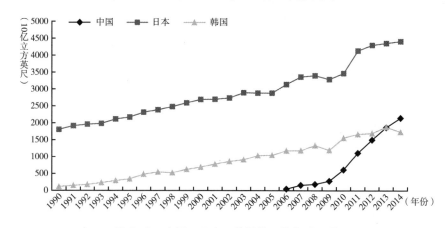

图5-3 中国、日本、韩国的天然气进口量

资料来源：美国能源信息署网站，http://www.eia.gov。

有必要比较一下中日两国的天然气进口模式。首先，中日两国的天然气进口阶段不同，与美国的关系也不同。日本原油进口早于中国很多年，因此在价格上与美元挂钩是历史上形成的，其天然气远期合约多年来都以美元计价和结算。日本 1969 年开始从美国阿拉斯加进口 LNG，规模大约为 0.6 亿立方英尺，不算很多。对于美国而言，日本是其最主要的天然气出口目的地，曾长达 10 年维持 85% 以上的出口比重。不过，进入 20 世纪 90 年代以后，随着北美自由贸易区的谈判和达成，美国的天然气开始以管道运输的方式出口至加拿大和墨西哥。日本在美国天然气出口中的地位迅速下降，从 1988 年的 70% 直降至 1989 年的 40%，进入 21 世纪之后占比不足 20%，近年来更是下降至不足 3%，大幅度落后于美国对金砖国家和韩国的出口。相比于美日之间较为长期的 LNG 交易，中国则刚刚开始从美国获取天然气。2016 年 8 月，中国首次接受来自美国德克萨斯州和路易斯安那州的非常规天然气。因此，在天然气价格呈地区分布后，中国才开始进入全球天然气市场，这对中国来说是一种劣势，但在价格形成机制上可能是一种优势。

其次，从进口来源地和形式看，中国与日本也不同。中国从 2010 年起开始大规模进口管道天然气，而日本一直是进口 LNG。BP 的统计数据显示，日本的前三大 LNG 进口来源地分别是澳大利亚、卡塔尔和马来西亚，2016 年分别占其进口总量的 26.9%、18.6% 和 14.6%。中国的 LNG 进口来源地中，前三大分别是澳大利亚、卡塔尔和印度尼西亚，马来西亚占比接近印度尼西亚。2016 年，中国 LNG 进口量达到 343 亿立方米，管道天然气进口量高达 380 亿立方米。中国进口自土库曼斯坦的管道天然气为 294 亿立方米，这一数量甚至超过日本从澳大利亚的进口量。据估计，中国自 2019 年起将从俄罗斯进口天然气。显然，中国的天然气进口布局与全球天然气储量布局是一致的，具有相对充足的地缘优势。在美俄关系趋冷时，加强以人民币计价和结算的天然气贸易是有良好的发展前景的。

最后，从未来的发展态势看，中国的天然气消费和进口速度居全球第一位。美国能源信息署（EIA）估计，中国天然气消费量将从 2015 年的每天 3400 亿立方英尺增加至 2040 年的每天 4850 亿立方英尺。2015 ~ 2040 年，中国天然气消费量将占全球的 1/4。尤其是中国政府通过了《能源生产和消费革命战略（2016 ~ 2030 年）》，将天然气消费量占比从 2015 年的 5.9% 提升至 2030 年的 15%。到 2040 年，中国将成为仅次于美国的天然气消费大国。届时，中国的 LNG 进口量将和日本持平。[①] 按照 EIA 的预测，2015～2050 年，中国天然气消费量年均增速将达到 4.1%，经济合作与发展组织（OECD）国家的年均增速为 1.0%，非 OECD 国家的年均增速为 1.9%，届时中国将超过美国成为头号天然气消费国。EIA 在 2017 年 3 月的一份报告中指出，亚洲 LNG 市场定价机制正在涌现，特别是在发展可靠的价格指数和市场枢纽方面需求十分迫切。按照北美和欧洲市场的经验，发展出这样一种机制需要花费 10 年至 15 年时间。目前，日本、中国和新加坡都各自致力于发展出 LNG 市场枢纽。[②] 但从未来的发展趋势看，鉴于第三方介入基础设施建设以及管道天然气的发展前景，中国的空间更大。

三 伊斯兰金融与天然气人民币

中国推进人民币国际化战略是一项长期考虑，因此需要从多个角度讨论这一战略的发展前景。市场对人民币国际化的关注多数是从交易规模、储备量等方面出发，但是也不能忘记中国经济发展的战略目标，特别是中国对外关系以及世界格局的转变。按照党的十九大的前景展望，到 2050 年时，中国应当成为一个有国际影响力的领先国家，届时中国在天然气消费领域至少应与美国持平，并且在 LNG 进口量方面赶超日本。中国正在进一步形成全方位对外开放新格局，特别是以"一带一路"为重大战略性倡议，重构欧亚大陆的互联互通。与此同时，西方世界进入动荡期，短期内难以像第二次世界大战结束后那样形成整体、长远的战略考虑，特别是英国脱欧对金融市场造成了深远的影响。

在此背景下，需要充分考虑到天然气地理储备集中于中东和欧亚大陆，要注意这两个地区和英国、美国在地缘政治方面的复杂关系。因此，有必要介绍伊斯兰金融与能源的关系，以及天然气人民币借助这种特殊关系的发展前景。

第一，伊斯兰金融的崛起与 20 世纪 70 年代的石油美元密切相关。前文

---

① EIA, "China Leads the Growth in Projected Global Natural Gas Consumption", October 25, 2017, https://www.eia.gov/todayinenergy/detail.php? id = 33472.

② U. S. Energy Information Administration, *Perspectives on the Development of LNG Market Hubs in the Asia Pacific Region*, Washington, D. C. : U. S. Department of Energy, March 2017.

提及中东国家售卖石油获得的大量美元重新回流到西方，但是西方的金融机构给予这些美元的利率较低。对于穆斯林产油国而言，资金的回报率并不高。为此，穆斯林产油国开始从金融方面考虑如何发展有利于本国利益的金融机制，这也是伊斯兰金融蓬勃发展的国际背景。从这个意义上说，伊斯兰世界对大宗商品与美元之间的利弊关系了解得相对深入。

第二，伊斯兰金融在全球金融资产中已经成为一支重要力量。截至2013年，伊斯兰金融资产约占全球金融总资产的1%。[①] 按照2017年版的《伊斯兰金融稳定报告》，如表5-3所示，目前世界各地区的伊斯兰金融资产总额接近1.9万亿美元，其中伊斯兰银行资产接近1.5万亿美元，伊斯兰债券资产接近3200亿美元。各地区中，中东地区伊斯兰金融资产的占比为72.2%，亚洲地区（不包括西亚）占22.5%，欧美和澳大利亚约占3.7%，撒哈拉以南的非洲约占1.6%。

表5-3 2016年世界各地区的伊斯兰金融资产及占比

单位：亿美元

地区	伊斯兰银行	伊斯兰债券	伊斯兰投资基金	伊斯兰保险	合计	占比（%）
亚洲	2186	1827	198	44	4255	22.5
海合会国家	6508	1152	234	117	8011	42.3
中东（不包括海合会）	5405	166	2	84	5657	29.9
撒哈拉以南的非洲	266	19	15	6	306	1.6
其他	569	21	112	—	702	3.7
合计	14934	3185	561	251	18931	100

资料来源：Islamic Financial Services Board, *Islamic Financial Services Industry Stability Report 2017*, May 2017, p. 7。

第三，英国是非伊斯兰世界中主要的金融中心。英国金融机构自20世纪70年代后期起就开始提供伊斯兰金融服务，英国政府也提供政策支

[①] Middle East Economics Digest-MEED, "Size of Islamic Finance Sector 'Trivial'", MEED, 7-13, June 2013, p. 6. 转引自姜英梅《伊斯兰金融全球化发展及其在中国的发展前景》，《西亚非洲》2014年第2期，第46页。

持。近年英国政府尤其重视伊斯兰金融服务，如 2006 年时任英国财政大臣布朗就曾提出要将伦敦打造成全球最大的伊斯兰金融中心。2013 年 10 月，世界伊斯兰经济论坛（WIFE，前身为成立于 2003 年的伊斯兰会议组织经济论坛，总部位于马来西亚吉隆坡）在伦敦举办了第九届大会，这是该论坛第一次走进欧洲，首次来到非伊斯兰世界。会议宣布全球高效物流联盟（GCEL）与伊斯兰合作组织（OIC）之间签署合作谅解备忘录，推进贸易便利化；同时，伦敦证券交易所也将发布全球首个"伊斯兰指数"，以支持在英国的伊斯兰银行业的发展。截至 2013 年底，在英国的伊斯兰金融资产占伊斯兰世界金融资本总额的 1.5%。[①] 而在天然气定价机制上，英国是欧洲的基准价所在地。利用英国加入亚洲基础设施投资银行（AIIB）的契机，重视在法律制度方面沿袭英国的中国香港，加速推进中国香港作为超级联系人的地位，也是未来中国在推进天然气人民币方面可以考虑的内容。

第四，天然气出口国马来西亚和卡塔尔在伊斯兰金融市场中占有重要位置。尽管近两年以美元计价的伊斯兰金融资产有所下降，但是伊斯兰金融在所在国国内市场中的占比却有所上升。其中，伊朗和苏丹两个产油国占比增长 100%，卡塔尔和马来西亚占比增长超过 30%。[②] 卡塔尔目前是中国主要的天然气进口来源地，其与美国的关系也正在经历较大的变革。1989 年，马来西亚政府出台了《银行和金融机构法案》，开始并行发展传统银行和伊斯兰银行。目前，马来西亚已成为世界上第一个执行双重银行体系的国家。[③] 马来西亚的伊斯兰债券市场已经成为世界上最大的伊斯兰债券市场之一，在全球近 10 年发行的 500 多亿美元伊斯兰债券中，约有 300 亿美元是在马来西亚发行的。马来西亚的伊斯兰债券市场规模约占伊斯兰世界债券总量的 2/3，居全球之首。[④]

第五，伊斯兰金融的全球化趋势也在强化。尽管伊斯兰世界与西方的关

① 王勇辉、余珍艳：《伊斯兰资本与英国经济的复苏》，《阿拉伯世界研究》2014 年第 2 期，第 98 页。

② Islamic Financial Services Board, *Islamic Financial Services Industry Stability Report 2017*, May 2017, p. 8.

③ 马玉秀：《全球化背景下伊斯兰金融的实践与挑战》，《阿拉伯世界研究》2012 年第 2 期，第 104 页。

④ 李翠萍：《伊斯兰金融发展综述》，《对外经贸》2015 年第 6 期，第 105 页。

系趋于冷淡，伊斯兰金融的发展也不是西方金融发展的主要方向，但是伊斯兰世界仍然鼓励融入国际社会主流。按照美国芝加哥大学法学院教授罗伯特·R. 比安奇（Robert R. Bianchi）的论述，伊斯兰金融变得越来越遵循国际经济规则，现代伊斯兰金融的核心已从过去的石油美元巨富转变为正在崛起的中产阶级客户。[①] 由此可见，在美国主导的美元体系之外寻求新的增长点方面，伊斯兰金融的新发展取向也是有利因素。

四　初步结论

"一带一路"倡议的推进需要深化中国与沿线国家中众多的伊斯兰国家的关系。中国致力于推进新型国际关系建设，这一全球性战略需要摆脱西方国际政治思维的窠臼，挖掘当地政经关系的资源。而中国独特的地缘优势——可以连接海上和陆上丝绸之路，包括管道天然气和液化天然气进口，以及到 2050 年第一大天然气进口国的发展前景，使中国在思考利用天然气推进人民币计价和结算方面具有很强的竞争力。

某一种货币与大宗商品之间的紧密联系首先是发起国经济结构变迁的结果，对能源的利用——从煤炭到石油，再到天然气主导是这种经济结构变迁的基础和表现，控制某一阶段经济结构变迁进程中的战略性物质既是现代战略的基本原则之一，也是古代丝绸之路的本质所在。中国从宋代便开始推进海外贸易，尽管我们掌握着当时最先进的制造品生产，但仍没有让中国发生较为深层次的转型，原因之一可能是货币层面的，特别是国际货币层面的。其次，将本国货币与大宗商品交易挂钩可以有效减缓突发因素所造成的冲击。20 世纪 70 年代，石油美元的最终生成与中东地区的巨变相关，但也给发达国家造成了深远的影响。美国一方面推行能源独立战略，另一方面也从金融方面控制石油波动的影响，由此大大强化了远期合约与纽约市场定价机制形成。作为一种反对力量，伊斯兰世界也开始探索伊斯兰金融的发展，以便掌握更多的利益。

从亚洲的视角来看，日韩两国的能源金融和能源安全经验可资借鉴。中

---

① 〔美〕罗伯特·R. 比安奇：《"伊斯兰全球化"对中国未来的影响》，忻华译，《阿拉伯世界研究》2015 年第 5 期，第 28 页。

国、日本、韩国、印度是全球前四大能源进口国，尤其是韩国、日本在经济迈入工业化阶段后，长期依赖于海外能源进口，特别是相对清洁的天然气进口。除了卡塔尔、澳大利亚之外，马来西亚和印度尼西亚在本地区的天然气贸易中也占有重要位置。未来，中国和印度将成为最大的能源进口国。印度是全球穆斯林人口最多的国家之一。目前，新加坡、中国和日本都在积极探索天然气定价机制和致力于发展出枢纽市场。在此进程中，中国可以考虑与马来西亚加强合作，进一步推进天然气人民币战略。

第三篇　实施路径

第六章　建立区域性天然气交易中心[*]

天然气市场的不断发展对传统的与油价挂钩的天然气定价机制提出了质疑和挑战。随着能源转型和"页岩气革命"的爆发，"气对气"枢纽定价机制逐渐成为区域和国际天然气定价的必然，而建立天然气交易中心（枢纽）是形成可靠的天然气价格和枢纽定价机制的前提。然而，世界天然气资源分布的不均匀性、供需结构不平衡及地缘政治经济的复杂性等，使天然气市场可能在很长一段时间内难以实现全球一体化，而是呈现出区域性特点。目前，亚洲天然气市场面临的"亚洲溢价"问题一直是业界、学界关注的焦点问题之一。"亚洲溢价"存在的一个重要原因在于亚洲至今仍未建立和形成一个区域性的天然气交易中心（枢纽）。为此，中国、日本、韩国及新加坡等国家都在着力打造天然气区域交易中心。建立亚洲区域性天然气交易中心乃至形成新的定价机制，将成为亚洲地区未来天然气市场发展的方向。

一　国际天然气交易中心经验借鉴

（一）国际成熟的天然气交易中心

所谓天然气交易中心，即为国产天然气、进口管道气和液化天然气（LNG）提供实物交易的场所，也是为天然气期货合约提供电子化交易的平

---

* 本章作者刘媛媛，中国社会科学院研究生院博士后，研究方向为能源经济、产业经济。

台。一般来说，天然气交易中心由现货市场和期货市场组成。现货市场一般由合同双方直接达成协议，交易价格取决于市场的短期供需；期货市场因交割期限较长，交易双方一般会按照约定的协议价格，在未来约定的某个时间完成交割。这种实体现货市场与金融期货市场的充分结合，构成了天然气交易市场。继美国之后，加拿大、英国及西欧部分国家也逐步建立了天然气交易市场。北美是建立天然气交易市场最多的地区，其次是西欧。

目前，全球天然气交易中心主要分为两种类型，即以美国亨利枢纽（Henry Hub）为代表的实体天然气交易中心和以英国国家平衡点（NBP）为代表的虚拟天然气交易中心。这两种模式的天然气交易中心的形成有其各自的特点与形成机理。

1. 美国亨利枢纽（Henry Hub）

美国亨利枢纽是世界上建立时间最早、规模最大的天然气交易中心，属于实体天然气交易中心模式，是以天然气管网中一个具体地点的价格为依据确定提供给其他地点的天然气价格的交易中心。1989 年末，纽约商业交易所（New York Mercantile Exchange，NYMEX）选择美国亨利枢纽（Henry Hub）作为天然气期货合同的交割地点；第二年 4 月，NYMEX 天然气期货合同开始启动交易；同年 6 月，NYMEX 天然气期货合同的第一单在 Henry Hub 完成现货交割。目前，在 Henry Hub 进行天然气交易的参与者主要包括天然气生产商、管道公司、区域分销商、独立交易商、大型终端用户等超过 200 家法人交易主体。经过近 30 年的发展，亨利港指数已然成为国际天然气交易市场的最重要指数之一。美国能源信息署（EIA）数据显示，截至 2017 年 12 月，Henry Hub 的天然气现货价格为 2.81 美元/百万英热单位，是全球天然气定价最低的交易中心。

Henry Hub 的形成与美国逐步放开的天然气市场管制有着密不可分的联系。进一步说，美国 Henry Hub 形成的过程也是美国竞争性天然气市场自由化的过程。针对竞争性天然气市场的形成过程，美国主要采取了以下几个方面的措施。

第一，出台《1978 年天然气政策法案》（NGPA），让天然气市场发挥应有的功能。1978 年，美国出台了《1978 年天然气政策法案》，通过解除价格管制和设立新的天然气市场监管机构（联邦能源管理委员会，FERC），令天然气市场发挥应有的功能。为了避免天然气遭遇石油价格波动的冲击，该法案鼓励民营企业投资国内天然气的生产，逐步放开管制天然气上游井口价和州际管道输送价，进而提高天然气供给的安全性。该法案的另一个主要目标在于建立全国性单一天然气市场，允许生产商和参与主体通过供需平衡等方式决定天然气井口价格。新的监管制度实施后，美国天然气市场不仅竞争性得到了增强，其天然气基础设施的使用效率也在不断提高。

第二，管道基础设施不断完善，加速市场竞争。亨利枢纽是路易斯安那州南部的一个实体贸易中心，现已发展成美国规模最大的天然气交易中心。亨利枢纽于 1989 年由雪佛龙旗下的 Sabine 管道公司设立；1990 年，因 Henry Hub 处于有利的位置和拥有良好的流动性，NYMEX 选择该地的报价作为其天然气合同价格的定价依据。到目前为止，Henry Hub 天然气现货价格已成为整个北美市场贸易区设置天然气价格的基准。[①]

第三，极具竞争力的开采技术推动了页岩气生产和"页岩气革命"。自 2004 年以来，解除管制后的美国天然气市场因受到积极价格信号的影响，页岩气生产速度大大提高。页岩气钻探和压裂技术的发展使许多企业采用这些技术并进行大面积的勘探。

第四，研发补贴和环境政策等配套政策是促进美国天然气市场和交易中心迅速发展的另一个重要因素。天然气市场的发展和自由竞争性的实现不仅得益于直接管制市场的监管制度，更受益于各项配套政策，如研发补贴和环境政策等。从供应侧看，美国 1980 年颁布的《原油暴利税法》中所规定的税收减免政策等一系列经济激励政策，进一步提高了美国页岩气的开采量。从需求侧看，天然气可以更大程度上替代煤炭和石油这一竞争优势是推动天然气需求不断扩大的主要因素。例如，美国 1990 年出台的《清洁空气法修正案》要求实施燃料排放标准，这在很大程度上提升了天然气相对于其他燃料的竞争力。

综合而言，美国亨利枢纽的形成是美国天然气行业国内外政策综合作用的结果。美国国内方面主要包括对天然气行业的逐步放松管制、天然气行业体制改革、不断提高的天然气勘探技术和稳健的生产供给能力；国际方面主要包括不断完善的天然气管网建设、不断扩大的天然气国际贸易、能源转型

---

① 国务院发展研究中心、壳牌国际有限公司：《中国天然气发展战略研究》，中国发展出版社，2015，第 416 页。

和"页岩气革命"。

2. 英国国家平衡点（NBP）

英国国家平衡点于 1996 年正式挂牌，是欧洲最大且流动性最强的天然气交易中心。目前，NBP 被英国洲际交易所（Intercontinental Exchange, ICE）指定为天然气期货交割地，其天然气价格被认为是欧洲天然气现货市场的风向标。NBP 自成立以来，对英国的天然气供需平衡、稳定能源供给发挥了重要作用。与美国 Henry Hub 的实体模式不同，NBP 是一个虚拟的点或者交易位置，是基于《天然气网络规程》（Network Code）的相关规定而建立起来的，其建立的目的在于促进天然气市场供需结构的平衡。

NBP 另一个突出的特点是机制灵活。NBP 的主管部门英国国家电力供应公司（National Grid Transco）要求所有参与使用运输系统的托运商保证通过管网的天然气总量保持不变，以确保高效安全地履行天然气运输合同。一旦不平衡总量超过规定标准并造成运输系统不平衡，管道经营者就必须输入或输出一定数量的天然气，以使整个管道系统重新恢复平衡，同时，为了恢复管道系统平衡而支出的成本由造成不平衡的托运商承担，不遵守管网准则的托运商要为超过允许误差水平的天然气付款。NBP 的交易规则规定通过竞标方式确定的平衡气价高于一般性生产企业的售气价格，但又低于用户的购气价格，这会给违规的托运商带来实际的经济损失，因而可以有效防止托运商的故意违规行为。

NBP 的形成也离不开天然气领域的市场化改革和政策推进。英国 1980 ~ 2002 年的天然气市场化改革促成了 20 世纪 90 年代在电力部门发起的"向天然气冲刺"政策，英国天然气政策的演进主要依赖于以下条件：第一，市场化和私有化。1986 年英国《天然气法案》的实施加速了英国天然气公司的私有化进程，强化了第三方准入网络、建立天然气管理机构及供气格局。在第三方准入协议背景下，英国私有化天然气公司被迫放弃现存天然气供应合同的部分内容、拆解公司业务给独立子公司，以为竞争者进入市场提供空间。之后，英国颁布的《天然气法案》《天然气管网准则》及 2002 年新建立的结算机制，为英国天然气市场化及高效运营提供了良好的环境。第二，强化竞争标志着天然气市场化进程进入最终阶段。1995 年英国《天然气法》引入了零售竞争，即将天然气市场引入包括零售市场在内的充分竞争中，并在零售竞争中建立健全的供应商选择机制。该机制建立了一种新的且可以用于确定管道运营商、批发公司或运输商及零售公司的授权系统。第三，制定保证天然气供给安全的法规和条例。尤其是 2007 年以后，针对天然气供给安全，英国先后制定了《燃料安全法》、天然气与电力的国家应急计划、运输网络计划准则等，根据监管机构的批准，明确安全边际及其中的不确定性。第四，"向天然气冲刺"政策和透明且开放使用权原则加大了天然气的消费力度和勘探力度。英国石油公司（BP）的数据显示，截至 2016 年，英国已探明天然气储存量为 2000 亿立方米①。

综合以上两种模式可以看出，美国亨利枢纽（Henry Hub）的交易规则是以输气管道的开放准入作为市场定价的基础，而基于市场的定价源于市场自由化条件下的 5～10 年内的长期合同。此种交易规则简便易行。英国 NBP 的交易规则是基于市场管理建设和适应市场需求发展的结果，这促进了交易市场的良性竞争，完善并创建了规范化的 NBP，标准化合同对英国天然气交易中心的成功运作起到了关键作用。

（二）国际天然气交易中心的形成条件

从国际能源署（IEA）的相关研究和国际成熟的天然气交易中心的发展经验来看，一个天然气市场是否具备建成区域性天然气交易中心的基本条件，主要基于以下六项基本指标。

第一，天然气行业的放松管制及市场监管。政府放松管制，不过度介入天然气行业，是天然气交易中心成立的前提条件。以美国为例。从美国天然气市场形成的国际经验来看，Henry Hub 形成的一个重要条件是美国逐步放松的政府管制和严格的市场监管。20 世纪 70 年代，为了解决美国天然气供给短缺问题，美国国会于 1978 年颁布了《1978 年天然气政策法案》。作为美国国家能源法规的一部分，该法案主要包括三个目标，即：建立国家一体化天然气市场、平衡天然气市场的供需结构及允许天然气井口价格由市场决定。另外，该法案特别明确的一项标准是要开始逐步放开对天然气市场的管制，尤其是价格管制。合理的天然气法规政策在保护消费者利益的同时，也为生产者提供激励。长期来看，放松对天然气市场及价格的管制不仅鼓励了

---

① 数据来源：BP Statistical Review of World Energy June 2017，具体参见：https://www.bp.com/en/global/corporate/energy-economics/statistical-review-of-world-energy.html。

竞争，更激励了生产者，增加了天然气供给量，将天然气价格维持在了相对较低的水平上。

第二，管道输送（管输）与终端销售业务分离。管道输送服务与天然气销售分开，即管道公司不再介入天然气商品的销售，或者以捆绑的价格提供销售服务。任何用户都可以自由地选择天然气的销售商、管道运营商以及天然气的储存商。美国天然气市场监管机构联邦能源管理委员会于 1985 年和 1992 年分别出台了第 436 号法令和第 636 号法令，要求拆分管道输送和销售业务（包括州际管道），允许第三方自愿介入。管输与终端销售业务的分离促成了新天然气销售模式的形成，也标志着美国天然气跨入了市场化阶段。这两个法令确保了其他天然气供应商可以享受与以往管道运输公司和销售机构一样的服务。这不仅削弱了管道运输公司的市场地位，更促进了天然气销售企业之间的竞争。对于这一改革，中国在《天然气发展"十三五"规划》中明确指出，推动天然气管网运输和销售分离，大力推进天然气基础设施向第三方市场主体开放。

第三，天然气定价日益趋向于市场定价。2014 年，国际天然气联盟（IGU）发布的报告显示，全球天然气交易中的 43% 是基于竞争性天然气定价，即"气对气"定价（gas-on-gas pricing），不再与石油（原油）价格直接挂钩，天然气定价更多是基于天然气供应方之间的竞争以及基于枢纽或现货市场的定价。目前，全球天然气价格正在转向由竞争性天然气市场决定的价格，北美地区的天然气几乎全部是竞争性定价，而欧洲地区的天然气一半以上是竞争性定价。随着天然气市场化的深入推进，天然气枢纽是天然气定价机制中的重要因素之一，其核心功能是在天然气系统内提供实物联系和进行竞争性定价。天然气枢纽打破了天然气定价与石油（原油）价格挂钩的机制，其形成带动了竞争性定价的出现，成为市场化定价的重要中间载体。

第四，天然气管网等基础设施的完备性。完善的基础设施是确保天然气供需平衡和实现天然气市场化的重要前提。从天然气市场化的国际经验来看，天然气供需具有"准实时平衡"特征，市场交易也呈现出明显的区域性，这对天然气管网等基础设施具有很强的依赖性，对其发展的完备性也有很高的要求。1993 ~ 1998 年，美国天然气管网的覆盖范围内共建立了 36 个天然气交易中心。到 2003 年，其中的 13 个交易中心却因交易的基础条件不够完备而被迫关闭。以 LNG 市场的发展为例。随着近年来 LNG 生产技术的进步，虽然天然气交易对管网建设的依赖程度有所下降，但管网建设对天然气终端市场和接收站来说仍十分重要。所以，完善且开放的天然气输送网络、连接国内和国外天然气供应商的开放性输气渠道网络等完备性基础设施是建立天然气交易中心的基本必要条件。

第五，市场参与主体的多元化。市场参与主体的多元化是建立竞争性天然气市场的前提。一个有竞争力的天然气市场必须拥有一定规模的参与者，如美国和欧洲天然气市场就是典型的竞争性天然气市场。不论是天然气勘探开发、储存运输、批发零售，还是交易中心，竞争性天然气市场/交易中心的各个环节都体现出了多元化主体参与及充分竞争的特性。具体来说，即：市场主体的数量超过临界规模，数量众多的市场主体参与天然气上游和中游的业务竞争，进而可以为消费者提供多元化服务，也可以向投资者寻求更多的融资。

第六，金融市场体系和外汇管理体制的开放程度是实现天然气对外自由贸易的重要部分。一般来说，天然气交易中心是天然气市场自由化改革的直接产物。以欧洲天然气交易中心为例。近年来，欧洲天然气现货贸易迅速发展，占天然气总贸易的比重持续增长，欧洲天然气定价机制也从以与原油价格挂钩为主逐步转向以市场定价为主，这与欧洲/欧盟拥有发达的金融市场体系和外汇管理体制有着密不可分的联系。

二　亚洲区域性天然气市场的现状

长久以来，随着天然气市场的不断成熟和发展壮大，全球天然气市场主要由三大区域性市场组成，即北美市场、欧洲市场和亚洲市场。但是，随着北美及欧洲天然气市场的扩张、现货贸易的发展以及天然气定价趋于市场化，亚洲天然气市场越发呈现出实际发展状态与理想需求不平衡的趋势，而"亚洲溢价"问题也是长期困扰亚洲各国及学界的重要问题。在天然气市场发展的过程中，随着新供应商的不断涌现和市场化定价趋势的日渐明显，亚洲地区建立区域性天然气交易中心的条件也日趋成熟，尤其是新加坡、日本、中国等国家都在争相创立区域性天然气交易中心。为了争取天然气定价话语权、抢占地区性基准价格先机，亚洲国家纷纷提出了建立天然气交易中心的战略计划。其中，新加坡将打造全球天然气贸易中心作为其未来的重要发展战略；日本政府积极支持与鼓励个体和企业等各类市场主体共同参与上游进口天然气市场的竞争，同时也在积极调整能源消费市场的结构；中国在加速推进天然气交易中心的构建。

（一）亚洲地区最具潜力的天然气交易中心

在全球主要的天然气区域市场中，相较于北美和欧洲地区，具有强大市场发展潜力的亚洲地区至今仍未形成一个区域性天然气交易中心。为此，中国、日本、韩国及新加坡等国家都在着力打造天然气区域交易中心。从欧美地区形成天然气交易中心的国际经验来看，形成天然气交易中心的两个重要的着力点在于对天然气行业产业链各个环节的管制和具备成熟的金融市场体系。美国亨利枢纽和英国国家平衡点这两个天然气交易中心的构建成功以及所形成的天然气市场定价机制都离不开以上两大着力点的综合作用。综合而言，亚洲地区目前最具潜力的天然气交易中心主要存在于中国、日本和新加坡，相较于亚洲其他国家和地区，这三个国家构建区域性天然气交易中心的可能性更大。

1. 新加坡交易所（SGX）

从天然气交易中心形成的国际经验来看，新加坡是着手建立亚洲区域性天然气交易中心的国家中极具竞争力的一个。新加坡构建区域性天然气交易中心的优势主要包括以下三点。

第一，为了建立亚洲地区真正具有主导作用的天然气交易中心，新加坡交易所推出了价格指数 SLlnG[①]，即 Singapore Sling 和 North Asia Sling。Singapore Sling 指数是在新加坡液化天然气离岸价（FOB）价格基础上形成的，开始于 2015 年 10 月；North Asia Sling 指数开始于 2016 年 9 月，是在向中国、日本、韩国等国家供应 LNG 的基础上形成的。2016 年，新加坡交易所推出了与 Singapore Sling 挂钩的天然气期货和现货，目前正在计划以 North Asia Sling 为基准定价的类似项目。

第二，拥有发达的金融体系、优良的投资环境和自由化的天然气市场。

---

① SLlnG，即新加坡液化天然气指数集团，是新加坡交易所推出的天然气价格指数，主要确定天然气期货和现货价格。

新加坡的"轻资产优势"① 是推动其构建区域性天然气交易中心的重要因素。不论是美国亨利枢纽，还是英国国家平衡点，在全球形成的天然气市场化定价机制中，都离不开对天然气市场逐步放松监管和成熟的金融市场体系这两大要素。相较于中、日、韩等国，新加坡所具有的竞争力优势在于其国际化的资本市场和大宗商品市场。虽然新加坡天然气市场的规模较小且硬件条件存在一些不足，但其"轻资产运营"模式为新加坡天然气交易中心的构建提供了极大的动力。为了实现天然气市场化及自由化，2001 年，新加坡通过了《天然气法》，明确输配和销售分离，并由新加坡能源市场监管局（EMA）介入监管。另外，新加坡正在扩建的裕廊 LNG 接收站在实现所有权和运营权分离的同时，也将成为亚洲首个开放的 LNG 接收站，而这一接收站的建成会在一定程度上动摇天然气定价与原油价格挂钩的计价方式，天然气定价方式将更加趋向市场化。

第三，独特的地理位置和经济发展史。BP 数据显示，2016 年，亚洲 LNG 消费量占全球天然气总供应量的 70% 以上。新加坡作为全球航运枢纽，拥有得天独厚的地理优势和市场竞争优势。从新加坡的天然气贸易网络结构看，新加坡液化天然气进口主要来源于澳大利亚、马来西亚、卡塔尔、阿尔及利亚及几内亚等国家；同时，在亚洲地区，由于占据优越的地理位置，新加坡作为亚洲 LNG 贸易路线的中心，也作为亚洲地区的天然气贸易枢纽，将 LNG 运往日本、韩国等国。

第四，不断完善的天然气基础设施推动天然气交易中心的构建进程。到目前为止，新加坡拥有一个具有接收、存储、装载和再气化完备功能的液化天然气终端②，具备一根跨国天然气管道，未来将建设拥有更大的液化天然气存储容量的储气库，争取未来扩容后的 LNG 接收能力达到 1100 万吨/年，建成 LNG 灌装生产线。在此基础上，未来新加坡将有很大规模的 LNG 和管

① 所谓"轻资产优势"，或称之为"轻资产运营"模式，是指从赚取资产升值收益走向赚取增值服务收益，包括代工品牌溢价、物业管理、商业运营、其他衍生收益以及地产基金等多元地产金融服务过程中的提成收益。这种运营模式所具有的最显著特点是可以降低生产成本，在运营过程中不仅可以节约大量的基建、设备投资，而且可以节约大量的人工费用，进而可以大大降低生产成本。同时，该运营模式大大缩短了企业被市场接受的过程，也减少了资金占用。

② 目前新加坡共有三个液化天然气终端，第四个液化天然气终端即将于 2018 年上半年建成，届时，四个终端储备库的储存能力将会增加 26 万 ~ 80 万立方米。

道气用于贸易，进而使新加坡拥有"气对气"竞争的条件。

综合而言，新加坡建立亚洲主导的天然气交易中心的优势主要在于其发达的金融市场体系、良好的投资环境、自由化的天然气市场、得天独厚的地理位置及对外贸易局势。另外，新加坡政府也在努力将新加坡打造成全球大宗商品贸易中心，通过"全球交易商项目"给予新加坡交易柜台的交易商税收优惠。在此条件下，新加坡天然气贸易所需要的金融服务等能够在更大程度上得到满足。

当然，新加坡在构建区域性天然气交易中心方面也存在许多不足或短板。新加坡国内天然气市场规模十分有限。新加坡不产天然气、国内需求有限（2016 年共进口管道气和 LNG 129 亿立方米①）及管网等基础设施不足，是制约新加坡构建区域性天然气交易中心的重要影响因素。

2. 日本场外交易公司（JOE）

日本是亚洲天然气消费领头国，拥有发达的液化天然气基础设施，建立亚洲区域性天然气交易中心是日本一直在探讨的事情。同时，日本经济产业省也从政策视角和液化天然气市场发展战略方面分析了日本设立天然气交易中心的意愿。根据日本液化天然气市场发展战略，日本将于 2020 年之前在本国建成国际天然气交易中心，且向第三方开放液化天然气终端。就日本天然气交易中心的设立进程而言，2014 年，日本在日本场外交易公司（JOE）推出了无本金交割远期液化天然气交易，其定价指数以 Daily Pricing Index 为基础，不断发展天然气业务。

对于日本而言，其设立亚洲区域性乃至全球性天然气交易中心的优势在于：第一，强大的天然气消费能力。BP 数据显示，日本一直是亚洲天然气消费第一大国，庞大的天然气交易规模优势成为日本构建天然气交易中心的比较优势。第二，发达的天然气基础设施。截至目前，日本已经拥有功能各异的液化天然气终端 30 个以上，未来规划将建立更多的液化天然气和管道天然气基础设施。不断完善的天然气基础设施和努力开放第三方液化天然气终端是构建天然气交易中心的基本条件。第三，不断推进国内天然气价格机制改革。从定价机制看，日本天然气交易一般采用 LNG 价格与原油清关价格（JCC）挂钩的定价方式。为了应对国际天然气贸易定价机制的缺陷问

---

① 数据来源于 BP Statistical Review of World Energy June 2017。

题，日本大力推进国内天然气和电力改革，以定价机制改革降低发电成本，同时，通过能源金融手段，为天然气用户提供价格保障。

但是，日本在构建天然气交易中心方面的缺陷也十分明显。第一，能源供应或是天然气供给安全对于日本构建区域性天然气交易中心来说是不小的挑战。能源安全正日益成为国家衡量能源发展方式和路径的首要考虑因素之一。但日本国内资源和能源极度匮乏，其进口依存度近乎100%。鉴于此，日本也在不断调整本国的能源政策，提升本国的能源安全。第二，日本天然气对外开放程度十分有限。虽然日本天然气消费程度高、规模大且基础设施较为成熟，但是开放程度相比之下仍十分有限，其开放的价格层面也只限于国内市场。到目前为止，日本仍缺乏具有广泛参与度的能源金融交易平台和天然气金融衍生产品，在很大程度上仍是国际价格的被动接受者。第三，区位条件和地缘政治问题成为障碍因素。作为亚洲岛国，日本所处的地理位置决定了日本单一LNG的进口来源。同时，也因复杂的地缘政治因素，日本与亚洲其他国家联合起来进口天然气的可能性相对较低。

3. 中国上海石油天然气交易中心

上海石油天然气交易中心2015年成立，旨在进行国有企业的管道天然气和液化天然气的现货交易。为了提高天然气定价的透明度、自由化及市场化程度，国家发展和改革委员会（以下简称"国家发改委"）建议所有的批发商在交易所进行天然气交易。2016年11月26日，上海石油天然气交易中心正式运行，并推出了中国华南LNG交易价格指数、中国LNG出厂价格全国指数和中国LNG出厂价格分省指数。中国华南LNG交易价格指数是将国内LNG销售价格与国产管道气、进口LNG和进口原油等价格挂钩，同时考虑华南地区的燃料油、LPG、柴油、电力等替代能源的价格，综合测算形成的，主要反映无成交情况下华南地区LNG的市场评估价值。在天然气产业基础设施方面，目前中国具有功能各异的液化天然气终端十多个，而且正在大规模建设更多便利的液化天然气和管道气基础设施，以逐步为第三方开放液化天然气终端。由此可以看出，中国正在努力推动区域性天然气交易中心的构建，同时也在推动国内天然气市场化改革。

中国在成立天然气交易中心方面也存在其他亚洲国家无法比拟的优势。第一，中国具有现货市场所需要的流动性和供应量。从本国天然气的需求角度看，中国是亚洲地区最有发展前景的天然气消费国。BP数据显示，2016

年，中国天然气消费量为 2103 亿立方米，占全球天然气总消费的比重为 5.9%。中国也是亚洲地区天然气消费量最大及消费量增长最快的国家。随着中国向清洁能源经济转型，中国对天然气的需求仍会不断扩大。第二，中国具有很强的天然气生产能力。第三，天然气供给来源多元化。中国不仅具有很强的天然气生产能力，进口气来源也更加多元化。第四，基本具备"气对气"竞争的基础设施条件。

（二）成立亚洲天然气交易中心的必要性

目前，亚洲地区的天然气价格仍是最高的，溢价明显，天然气价格一般会随着石油价格的波动而不断波动。相较之下，欧美气价则相对低廉且平稳。BP 数据显示，2016 年，亚洲天然气平均价格［与日本原油清关价格（JCC）挂钩］为 6.94 美元/百万英热单位，美国亨利枢纽天然气价格为 2.46 美元/百万英热单位，英国国家平衡点天然价格为 4.69 美元/百万英热单位。由此可以看出，亚洲进口 LNG 价格与原油价格挂钩，而国产气，如中国，其价格多采用市场净回值定价法，加之天然气交易多因签订中长期合同而难以适应供需形势的变化，导致亚洲地区的天然气价格偏高，或者说"亚洲溢价"现象明显。为了构建亚洲区域性天然气交易中心，明确其必要性十分必要。

第一，市场化定价可以降低"亚洲溢价"[①]。

相较于目前欧美自由化程度较高的天然气市场，亚洲地区对天然气的需求价格弹性仍弱于欧美地区，具体的定价情况详见图 6-1。图 6-1 展示了中国、日本、韩国、新加坡及美国的天然气价格，从图中可以看出，美国亨利枢纽的天然气现货市场定价是最低的，中国、新加坡、韩国和日本的天然气价格和美国的较大差距。官方数据显示，2017 年，美国天然气平均现货价格为 2.74 美元/百万英热单位，中国 LNG 进口平均价格为 6.54 美元/百万英热单位，新加坡 LNG 平均价格为 7.24 美元/百万英热单位，而亚洲地区天然气平均价格为 7.02 美元/百万英热单位。[②] 亚洲地区的天然气平均价

---

① 亚洲溢价是指中东一些石油输出国对出口到不同地区的原油采用不同的计价公式，导致亚洲石油进口国的支付价格高于欧美国家的现象。而就天然气而言，亚洲地区因进口管道气和液化天然气（LNG）的价格长期与原油价格挂钩，导致亚洲地区的天然气出现"亚洲溢价"现象。

② 数据来源于 Asian LNG Prices 及各国官网。

格较美国亨利枢纽天然气定价高出近 4.3 美元/百万英热单位。尤其是 2017年以来，美国天然气价格基本保持稳定状态，而亚洲地区的天然气价格因与油价等因素挂钩却不断上涨，导致亚洲地区"溢价"现象更为明显。

亚洲天然气市场的进口溢价可以通过构建区域性天然气交易中心得以降低乃至消除。现货市场形成的交易价格是根据国际市场需求及现实天然气价值而做出的公允判断，期货市场形成的交易价格体现了市场对天然气价值与中长期预测。现货市场和期货市场即期与中长期预测的相互作用，共同决定了天然气贸易价格和市场走势，形成了中国乃至亚洲地区的天然气基准价格。因此，亚洲区域性天然气交易中心的构建对于平衡天然气市场价格、降低天然气进口溢价及获得天然气定价主动权具有重要的作用和意义。

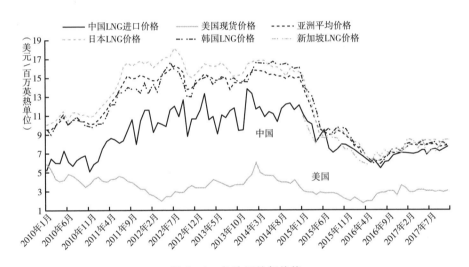

图 6 - 1　各地天然气价格

数据来源：Offical Statistics，China Customs，EIA。

第二，推进亚洲地区天然气定价机制改革。

就亚洲地区而言，因为亚洲国家天然气具有高度对外依赖性，所以基本上亚洲国家的天然气价格和定价都处于相对被动的状态，甚至被天然气输出国进行价格垄断。例如，中国不同来源的天然气采用不同的定价机制，国产气采用市场净回值定价法，与燃料油和液化石油气价格挂钩，进口 LNG 价格则与日本原油清关价格（JCC）挂钩，进口管道气则更加依赖于政府谈判定价。① 日本需要的所有天然气几乎都来源于进口，为了保证本国天然气供给的稳定性和安全性，日本与天然气输出国一般都会签订长期供应合同，天然气价格一直与原油价格挂钩。亚洲地区不同的天然气定价机制导致天然气本国定价与进口价直接衔接不畅。

欧洲天然气交易中心的建立和发展是推动欧洲天然气定价机制改革的催化剂。欧洲传统的天然气定价机制也是与原油价格挂钩，但随着欧洲各国天然气交易中心的设立，如英国国家平衡点、荷兰天然气交易中心（TTF）、德国 NCG 和 GPL 等，各国天然气定价更加能够反映其市场供求变动情况及市场需求。近些年来，欧洲天然气价格与原油价格挂钩的长期合同受到越来越多的竞争性定价的挑战，形成了与油价挂钩和与现货气价挂钩的混合定价机制。数据显示，近年来欧洲天然气价格与现货气价挂钩的消费比重已经达到 50% 左右，且比重仍在不断提高。可以说，欧洲天然气交易中心的构建和发展是欧洲天然气定价机制改革的核心要素，也是重要的推动力。因此，构建天然气交易中心可以在很大程度上深入推进天然气定价机制改革，将不同来源的天然气价格进行关联，进而形成有效联动的统一定价机制。

第三，有效解决中国天然气行业面临的购销价格倒挂难题。

所谓购销价格倒挂，主要是指国内管道气销售价格低于 LNG 进口价格。进口 LNG 经过气化后进入管网，且按照管道气价格统一销售，因销售价格低于进口价格，导致 LNG 购销价格倒挂。产生 LNG 购销价格倒挂问题的根本原因在于进口气定价与国产气定价之间存在差异。鉴于此，构建亚洲区域性天然气交易中心，引导亚洲地区天然气进口价格与现货气价挂钩，进而推动天然气定价与市场供需结构挂钩，理顺进口气与国产气的价格关系，可以破解 LNG 购销价格倒挂问题。

第四，充分反映国际天然气市场需求，调整消费需求，维持供需平衡。

随着能源逐渐向清洁化转型和"页岩气革命"的爆发，世界对构建充分反映天然气供需结构的天然气交易中心的呼声不断增强，这一方面需要反映市场化及自由化的天然气定价，另一方面需要强化参与主体间的竞争力，提高天然气市场的运营效率。同时，天然气交易中心的构建可以促使天然气

---

① 童晓光、郑炯、方波：《对我国构建天然气交易中心的战略思考》，《天然气工业》2014 年第 9 期。

供应商与终端消费者根据现货或期货市场价格预估未来天然气的供需状态，进而引导天然气的生产与进口，充分调节终端消费需求，维持市场供需平衡。再者，长期交易合同的签署模式和供气稳定性程度已然不能很好地满足当下全球或者亚洲市场对天然气快速增长的需求和用户的急剧增长。因输气国或供气方供气不稳定，所以无法保证天然气进口国的天然气稳定供给，无法满足天然气进口国如中国在不同季节、不同气候及不同状态下的突发性需求变化。鉴于此，构建亚洲区域性天然气交易中心，一方面可以推动政府及参与的企业等市场主体参与储气库的投资，充分保证天然气供给基础设施建设，进而实现灵活调峰；另一方面可以助推亚洲的能源结构优化调整，建立起以气为主的清洁能源消费体系，深入调整能源供需平衡结构，进而充分保证天然气的供给。

（三）亚洲天然气市场存在的问题

第一，天然气市场过度依赖于 LNG 进口贸易，缺乏"气对气"竞争。亚洲地区是全球天然气主要消费区域，除了中国具备天然气生产能力外，日本、韩国、新加坡等国家几乎全部依赖于天然气进口，尤其是对 LNG 的进口贸易。同时，对 LNG 进口的长期依赖导致天然气价格及市场缺乏灵活性，进而导致"气对气"竞争缺失，不能反映 LNG 供求情况的真实性。

第二，天然气定价模式的单一性是"亚洲溢价"问题产生的原因之一。历史因素和路径依赖决定了亚洲进口天然气尤其是 LNG 计价模式的单一性。亚洲对 LNG 的进口始于 20 世纪 60 年代。日本在进口 LNG 之初，以固定价格从文莱和美国阿拉斯加进口 LNG，价格固定在 0.5 美元/百万英热单位。但 20 世纪 70 年代石油危机爆发后，油价暴涨。为了保障能源供给的安全性和充足性，日本与 LNG 供应商商定进口 LNG 价格要与日本原油清关价格（JCC）挂钩。虽然日本天然气定价公式几经变更，但与日本原油清关价格挂钩的总模式一直延续至今。随着能源消费向清洁能源的逐渐转型和天然气应用的普及，日本天然气定价模式逐渐成为亚洲国家进口 LNG 共同采用的定价方式。[①] 但是存在的问题在于，随着天然气市场发展的日益成熟，自由竞争的天然气市场化定价模式越来越成为主流，而与原油价格挂钩的定价方

---

① 张卫华：《中新竞争亚洲天然气中心》，《中国能源》2014 年第 3 期。

式日趋脱离天然气供需的基本面。另外，签订天然气长期供应协议和目的地条款也制约了市场的灵活性。

第三，亚洲天然气消费市场的严格管控抑制了成熟的区域性天然气市场的形成。相较于中国，尽管日本天然气市场相对成熟，但其局限也十分明显，即日本对天然气市场存在众多的管制。一方面，日本一直将本国的能源安全因素放在首位，通过国有企业、政府及财团等控制天然气产业。尽管日本的天然气市场经过多年改革，但仍未从本质上进行改变。另一方面，亚洲各国天然气的对外依赖程度与其市场开放程度不匹配。以中国和日本为例。中国和日本是亚洲地区天然气消费大国，也是全球主要天然气进口国。尽管两国的天然气市场气源在外，市场规模不小，基础设施不断完善，但国内市场发展环节仍十分薄弱。天然气开放程度有限和对天然气价格的严格管控抑制了天然气竞争性市场的发展以及天然气金融交易平台和金融衍生产品的发展。具体的发展情况可参见表6-1。

表 6-1 世界主要国家和地区天然气市场情况

天然气指标	类型	美国	欧盟	英国	中国	日本	韩国
供应量 (亿立方米)	国产	749.2	118.2	41	138.4	2.7	1.6
	净进口	0	310.6	44.6	72.3	108.5	43.9
消费(占总量比重,%)	电力	40	30	30	15	65	50
	工业	20	20	10	45	5	20
批发竞争		√	部分受限	√	×	受限	×
开放获取	上游	√	√	√	×	√	×
	运输	√	√	√	×	√	×
	分配	多样	多样	√	×	×	×
运输和销售所有权拆分		√	多样	√	×	×	×
独立市场权利		√	√	√	×	×	×
流动性市场中心		√	√	√	×	×	×

资料来源：表中各国供应量数据来源于BP《世界能源展望（2016）》，电力和工业部门消费天然气数据来源于国务院发展研究中心、壳牌国际有限公司《中国天然气发展战略研究》，世界发展出版社，2015，第297页。

第四，复杂的地缘政治使亚洲国家间进行天然气合作的概率大大降低。事实上，亚洲区域性天然气交易中心的形成、发展和成熟壮大与亚洲各国的团结协作密不可分。由于各种历史因素和复杂的地缘政治因素，亚洲国家在进口天然气方面的合作困难重重。尽管亚洲国家天然气进口量占世界 LNG 总进口量的 70% 左右，但相比于欧美地区，亚洲国家的组织性、团结性和价值观一致性较低。这也是亚洲地区至今未能建立一个具有组织性、协调性和权威性的区域乃至全球能源/天然气代表机构，更不能就各国的立场及利益安全等方面达成一致意见的原因。亚洲各国天然气市场合作不顺利的另一个重要因素在于美俄等因各自的利益给亚洲国家造成的阻碍。随着"页岩气革命"的爆发，美国正逐渐加大对世界各国天然气的出口，其中包括对中国、日本等亚洲国家的出口。另外，俄罗斯围绕东北亚地区的天然气管道建设也在一定程度上加大了亚洲国家之间的天然气市场竞争。

综上所述，亚洲地区建立区域性天然气交易中心未来仍会面临较大的挑战，但是，建立区域性天然气交易中心的必要性和需求性又表明了亚洲地区建立区域性天然气交易中心的必然性。

三　构建区域性天然气交易中心：中国是否最佳选择？

（一）中国天然气市场现状

自 2006 年起，中国成为天然气净进口国，天然气的进口不断增长，对外依存度也在不断提高。BP 数据显示，2016 年中国共进口管道气和 LNG 723 亿立方米，较 2015 年增长了近 21.7 个百分点。在中国进口的天然气中，2016 年进口管道气 380 亿立方米，较 2015 年增长了 13%，LNG 较 2015 年增长了 33%。从中国天然气进口占世界的份额来看，2016 年中国进口管道气和 LNG 总量占世界的比重为 6.7%，中国天然气的消费需求和进口程度随着中国宏观经济的稳中向好和环保政策的影响，将会呈现出快速增长的趋势。而从中国进口 LNG 的情况来看，中国对 LNG 的进口呈现出不断增长的趋势。另外，随着能源转型和"页岩气革命"的爆发，LNG 定价整体呈现出相对下降的局面。虽然中国 LNG 定价较美国亨利枢纽定价要高，但中国天然气市场改革对未来 LNG 市场化定价起到了良好的推动作用。具体详见图 6 - 2。

从天然气市场的消费情况来看，目前中国的天然气消费正呈现出快速增

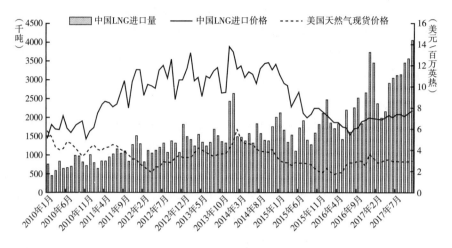

图 6 – 2   中国 LNG 进口量与价格

数据来源：中国海关和美国能源信息署（EIA）。

长的态势。BP 数据显示，中国 2005～2016 年的天然气消费平均增速为
11.5%，是目前东亚地区天然气消费增速最大的国家。相比之下，2017 年
中国天然气消费量约为 2352 亿立方米，同比增长 17%，占一次能源消费总
量的 7%。从天然气消费增量来看，2017 年中国天然气消费量较 2016 年增
加了超过 340 亿立方米，刷新了中国天然气消费增量的历史（具体详见图
6 – 3）。另外，从 2017 年中国冬季部分地区出现的"气荒"现象和天然气
限供情况来看，若未来中国天然气供给充足，那么中国的天然气消费市场会
继续扩大。而从天然气用途来看，天然气在各行业的普及率在不断提高。随
着环保政策的不断强化和宏观经济的稳中向好，天然气在工业、城市燃气及
交通运输和仓储等领域的消费量也在快速增长。根据国家统计局的数据，截
至 2015 年，中国工业领域的天然气消费占比约为 64%，民众生活消费天然
气占比为 19%，交通运输和仓储领域的天然气消费占比为 12.3%，这三大
领域占据天然气消费的主要部分。同时，随着国家环保政策、"煤改气"政
策的实施以及天然气价格的下降，中国全国的天然气消费量会呈现出快速增
长的趋势。

中国天然气市场的生产及勘探能力也在不断提升。天然气生产方面，
2016 年，中国生产天然气 1384 亿立方米，较 2015 年增长 1.4%，BP 数据

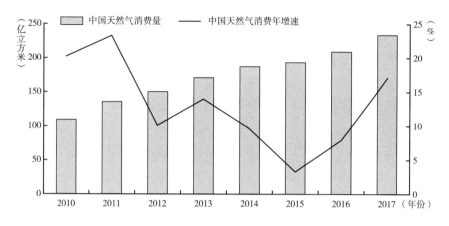

图 6 - 3 中国 2010 ~ 2017 年天然气消费量与消费年增速

数据来源：BP, *BP Statistical Review of World Energy 2017*。

显示，中国 2005 ~ 2015 年天然气生产量平均增速高达 10.3%，而 2016 年天然气生产量占全球天然气生产总量的比重为 3.9%，是仅次于美国、俄罗斯、伊朗、卡塔尔和加拿大的世界第六大天然气生产国。从目前中国天然气可探明储量来看，截至 2016 年，中国天然气探明储量为 5.4 万亿立方米，居世界第九位，占世界总探明储量的 2.9%。同时，中国天然气勘探技术也在不断提高。尤其是自 2008 年以来，中国海洋深层天然气勘探开发技术已取得实质性突破，发现并建成了一批大型气田，致密砂岩气、页岩气等非常规天然气勘探与开发技术也取得了重大突破。中国页岩气开发技术的不断提升，可能会降低中国未来天然气的成本。

中国天然气管网建设日益完善。2004 年时，中国油气管道总里程还不足 3 万公里，但截至 2016 年底，中国油气管道总里程已达到 11.64 万公里，其中天然气管道 6.8 万公里。也就是说，中国在过去的十余年间，天然气管网建设发展迅速。到目前为止，中国已经形成了由西气东输一线和二线、陕京线、川气东送管道为主干线的贯穿东西南北乃至海外的庞大供气网络，主要呈现出"西气东输、海气登陆、就近外供"的供气格局，这也为中国在亚洲（尤其是东北亚地区）形成较为完善的区域性天然气管网打下了坚实的基础。2017 年 7 月 12 日，国家发改委、国家能源局发布了《中长期油气管网规划》。规划指出，到 2020 年，中国油气管网规模将达到 16.9 万公里；到 2025 年，中国油气管网规模预计将达到 24 万公里。

国家政府政策大力支持。为了尽快实现向清洁能源的转型，2017年6月23日，国家十三部委联合发布了《加快推进天然气利用的意见》，坚决遵循国家在《能源发展"十三五"规划》和《天然气发展"十三五"规划》中的有关精神，明确指出，要加快推进天然气发展，提高天然气在一次能源消费中的比重，把天然气发展为中国的主体能源之一。该《意见》的发布不仅凸显了国家对天然气行业的重视力度，更体现出了国家对天然气行业体制改革的决心。十九大报告中也明确表达了加快生态文明体制改革、建设美丽中国的思想，指出建立健全绿色低碳循环发展的经济发展体系、构建市场导向的绿色技术创新体系、壮大节能环保产业及清洁能源产业等是推动生态文明建设的重要因素。

（二）中国构建区域性天然气交易中心的可行性

对于中国来说，构建区域性天然气交易中心或将其发展为成熟的天然气交易中心需要满足三方面的要求，即内在条件、外部配备条件及软实力。内在条件主要包括拥有成熟的天然气现货和期货市场、充足的天然气供给；外部配备条件主要包括完善的基础设施、占据优势的国际地理位置及国际天然气能源与金融公司；软实力主要包括自由开放的金融市场及健全的法律法规等。对于中国构建区域性天然气交易中心的可行性，主要从内部自身优势和对外竞争力两个层面分析。

1. 内在自身优势

第一，整体基本条件正在满足。

首先，上海石油天然气交易中心的成立标志着中国天然气市场向国际化迈进了一大步。上海石油天然气交易中心于2015年3月在上海自由贸易区注册成立，于2016年11月26日正式运行。该交易中心的成立和运行不仅是中国能源或天然气现货交易市场发展的里程碑，也是推动中国快速形成更具亚洲区域代表性和影响力的交易价格或天然气定价体系的重要抓手。上海石油天然气交易中心的主要优点包括：通过现代化的交易系统和交易模式设计，用尽可能的市场化模式保障上下游企业的平稳运营和用气需求；实现更加公平、公正且透明化的交易环境，为天然气参与主体和用户等创造一个供需便利、交易自由且风险可控的完整天然气采购体系；逐步实现天然气市场的灵活性和流动性；妥善解决管道气与LNG长期存在的热值差问题、液态气与气态气之间的流通转换问题，进而有效实现与国际天然气市场的对接。

其次，快速增长的天然气供给量。中国天然气供给主要来源于国产天然气、进口管道气和 LNG。就国产天然气而言，BP 数据显示，中国天然气生产量从 2005 年的 510 亿立方米增长到 2016 年的 1384 亿立方米，共增长了 171%，年平均增长率高达 10.3%。2016 年，中国国产天然气份额居世界第六位。而就天然气进口情况而言，中国 2016 年进口管道气和 LNG 较 2015 年增长了 21.7%，进口天然气总量为 723 亿立方米。从中国天然气进口依赖程度看，中国对天然气的进口依赖程度约为 34.2%[①]，相较于日本、新加坡等亚洲其他国家，中国国产天然气能力及总供给速度正处于快速增长态势，这为中国天然气交易中心的发展及国际化进程打下了坚实的基础。

第二，外部配备条件不断完善。

首先，天然气基础设施不断完善，储运和协同保障能力进一步提高。截至目前，中国建成了西气东输三线东段、港清三线、广西液化天然气接收站、陕京四线等天然气管网，中俄东线、文 23 储气库等重大工程加快建设。跨国管道方面，中国已投入使用或正在建设中的中哈管道、中亚天然气管道、中俄管道和中缅油气管道等形成了中国天然气多元化供气格局。截至 2016 年底，中国已建成投产天然气管道 6.8 万公里，干线管网总输气能力超过 2800 亿立方米/年；累计建成投产地下储气库 18 座，总工作气量 64 亿立方米；累计建成投产液化天然气接收站 13 座，总接收能力 5130 万吨/年。在中亚管线进口气量不足或供给不充分的突发情况下，中国石油天然气股份有限公司、中国石油化工集团公司及中国海洋石油总公司通过增供和串换等方式实现互相扶持。[②]

其次，国际地理位置的优势和金融环境的不断优化为天然气交易中心的构建和发展提供了良好的硬性条件。一方面，上海石油天然气交易中心地处上海，地理位置得天独厚，航运范围可覆盖或辐射到全球主要的 LNG 市场，如美国、欧洲等地区，是亚洲乃至亚太地区重要的天然气枢纽城市；另一方面，上海的金融环境更有利于天然气市场化发展。一直以来，上海致力于建

---

① 基本数据来源于 BP《2017 年世界能源展望》，文中数据由笔者计算所得。
② 国家能源局石油天然气司、国务院发展研究中心资源与环境政策研究所、国土资源部油气与战略研究中心：《中国天然气发展报告（2017）》，石油工业出版社，2017，第 3 页。

设国际金融中心，金融市场配套齐全，金融人才资源和管理经验丰富，有助于构建金融期货市场；上海 LNG 接收站设备较为完善，便于国际买家和国内买家交割。同时，上海是目前国内唯一一个能够实现西气东输、川气东送及进口 LNG 互联互通的城市，天然气运输十分便捷，其良好的环境及绝佳的地理区位优势在很大程度上推动着天然气交易中心的发展和运行。①

第三，软实力不断增强。

首先，市场化改革不断深入。自 2016 年开始，天然气市场化改革已取得积极进展，特别是在天然气规划、上游准入、天然气管网改革、高效利用、市场化定价和市场监管方面，政府相继出台了一系列政策，为油气行业体制改革方案的顺利出台奠定了坚实的基础。2017 年 11 月，上海石油天然气交易中心正式开展竞价交易。竞价交易委托函明确表示，进入交易中心的天然气价格将由市场形成。虽然此次竞价设置了价格上限，但其定价仍会体现出有涨有跌的竞价局面，交易市场能在很大程度上及时反映出真实的市场供需结构，为市场参与者提供更为准确的决策信息。具体来说，天然气竞价是国内天然气市场化改革的一次重要尝试，在反映了市场供需结构的同时，也实现了不同区域资源要素的优化配置，从而可以更有效地打破局部失衡局势。

其次，多政策多措施确保民生用气。中国天然气规划体系的不断完善促进天然气交易体制快速改革。十八大以来，中国秉承"管住中间，放开两头"的整体改革思路，坚持改革与监管并重，在推进天然气价格市场化改革的同时，也实现了对管网和基础设施开放建设的一系列监管。目前来看，天然气价格改革要领先于体制改革，交易中心建设和发展、竞争性价格的开放程度及管输配气等制度框架已基本建立。同时，政策体系不断完善。2016年以来，《能源发展"十三五"规划》、《天然气发展"十三五"规划》、《页岩气发展规划（2016～2020 年）》及十三部委联合印发的《加快推进天然气利用的意见》等政策举措的联合出台在很大程度上完善了天然气改革发展机制。

最后，上中下游改革推进了市场化进程。上游领域在市场资源配置中发

---

① 童晓光、郑炯、方波：《对我国构建天然气交易中心的战略思考》，《天然气工业》2014 年第 9 期。

挥着决定性作用。国土资源部、国家能源局及地方政府联合积极推进油气资源勘探开采机制改革，努力开展页岩气示范区建设，深入探索页岩气勘探开采新机制和合作开发模式，扩大和推进页岩气开发规模和进程。中游管输价格控制、成本监管等有效降低了天然气价格成本。国家发改委 2016 年 8 月出台了《关于加强地方天然气输配价格监管降低企业用气成本的通知》，整顿规范供气环节及收费行为，降低用户用气成本；2017 年 6 月出台了《关于加强配气价格监管的指导意见》，进一步指导地方加强配气价格监管，降低偏高的配气价格。[①] 推进下游天然气利用和价格市场化。2016 年，国家发改委发布了《关于明确储气设施相关价格政策的通知》，明确放开储气服务价格和储气设施天然气购销价格；发布了加快推进天然气利用的政策，积极引导天然气在民用燃气、工业燃气及交通运输等重要领域的引领和应用。

2. 对外竞争力

第一，中国具备较强的天然气生产能力。

BP 数据显示，2016 年，中国天然气生产量为 1384 亿立方米，占全球天然气总生产量的 3.9%，年均增长率为 10.3%，居世界第五位，自产能力达到 65.8%。从未来天然气的探明储量看，2016 年，中国天然气探明储量 5.4 万亿立方米，居世界第八位[②]，占全球天然气总探明储量的 2.6%，年均增长率高达 11.7%，增长率居世界第一位。相比于亚洲其他国家，如日本、韩国、新加坡及印度等对天然气的需求几乎完全依赖进口，中国具备较强的天然气生产能力和未来发展潜力。

第二，中国天然气贸易区位优势明显。

从亚洲区域乃至全球区域看，中国设立天然气交易中心具备绝佳的地理区位优势。首先，中国地处中亚天然气供应和东北亚天然气消费枢纽位置，在中亚和东北亚区域通过管道进行天然气交易具备绝对优势。目前，随着中亚天然气管道、中缅油气管道和中俄天然气管道等管道设施的完工或相继竣

---

① 国家能源局石油天然气司：《中国天然气发展报告（2017）》，石油工业出版社，2017，第 8 ~ 9 页。

② 数据来源于 BP《2017 年世界能源展望》，除去未知国家天然气探明储量的数据，中国 2016 年天然气探明储量居世界第八位。

工，中国将具备 2000 亿立方米/年的进口输气能力。[①] 就管道天然气贸易而言，中国与哈萨克斯坦、乌兹别克斯坦和土库曼斯坦等中亚国家都有合作。BP 数据显示，2016 年，中国分别从这三个中亚国家进口管道天然气 4 亿立方米、43 亿立方米和 294 亿立方米，这是中国天然气进口消费的主要部分，具体如图 6 - 4 所示。其次，良好的基础设施和与周边国家的互联互通可以成为亚洲国家进口管道气的载体。中国为日本、韩国等亚洲主要天然气消费国提供管道气进口来源，是重要的载体。随着世界能源向清洁化转型，亚洲国家如日本、韩国、新加坡等消费天然气的能力也在不断提升。值得一提的是，日本、韩国等国家因地理位置的限制，只能进口 LNG，而进口来源也相对受到限制。中国作为重要的中间载体，将来可以为亚洲国家提供相对充足的管道气。根据协议，未来 30 年内，土库曼斯坦逐渐增加对中国的供气量，预计到 2020 年可达每年 650 亿立方米以上。同时，若中俄天然气管道东西线建成，俄罗斯将向中国每年输出约 380 亿立方米天然气。也就是说，中国未来会有强大的供气能力为亚洲其他国家提供天然气支持。最后，优越的地理位置决定了中国具备便利的交易体系和日益低廉的交易成本。天然气本身的属性决定了其较高的运输成本和储存成本，所以天然气交易中心的选择更为严格，选择余地也更少。根据国际经验，一般来说，天然气交易中心需要具备接收、存储、装载和再气化能力，即具备管道、自然储备库和海上气体输入交汇处等功能，然后在此基础上形成交易体系。与日本、韩国、新加坡等亚洲国家相比，中国具备更大的天然气市场、交易规模以及日益完备的基础设施，这使中国有更大的概率在亚洲地区建设成区域性乃至全球性天然气交易中心。

第三，消费能力。BP 数据表明，截至 2016 年底，中国是世界上最大的能源消费国，中国能源消耗占全球的比重为 23%。近些年来，中国天然气表观消费量增长强劲，2016 年天然气消费量达到 2103 亿立方米，年平均消费增长 7.7%。从中国天然气消费供需情况来看，中国已逐渐成为世界能源消费增长最重要的贡献国。同时，随着中国经济结构和能源向清洁化转型，中国对能源及天然气的需求绝对值仍在稳步提升。根据《BP 2035 世界能源

---

① 黄晓勇：《推进天然气人民币战略的路径探析》，《中国社会科学院研究生院学报》2017 年第 1 期。

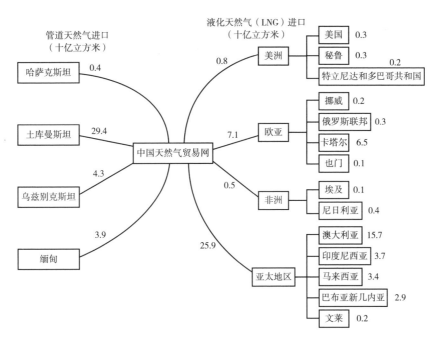

图 6 - 4　中国天然气贸易结构

数据来源：基本数据来源于 BP《2017 年世界能源展望》，图为笔者自制。

展望》，中国天然气消费量在 2035 年预计会翻一番，其在能源消费中的占比将达到 11%。中国能源结构的调整和天然气在中国能源中重要地位的不断凸显，强化了中国天然气市场的对外竞争力。

第四，政府的强力支持和监督是天然气交易中心健康运行的重要保障。政府发挥着调节市场和监管市场健康运行的作用。欧美国家天然气交易中心发展的经验表明，天然气交易市场的发展往往伴随着市场结构、合同模式、定价方式和监管机构的演进。一般来说，从天然气市场化改革到市场化定价方式的确定，中间必不可少的重要环节在于政府管制和政府政策的支持。市场化定价从与原油价格挂钩逐步演进过渡到与气价挂钩，而合同模式从"长期合同"逐渐发展为"短期合同—现货交易—期货交易"模式，这些都与政府的力量密不可分。同时，发达国家天然气市场化改革的经验表明，尽管市场是实现天然气行业体制改革和资源有效配置的主要力量，但市场运行中一定程度的"失灵"会直接导致资源的浪费和不公平配置。政府适当的调节和监管是修正市场制度缺陷的有力手段。政府的监管作用还在于对天然气价格的适当保护和控制，以防止天然气价格的过度涨跌导致其丧失竞争优势。政府政策对天然气市场的开放具有推动作用。相比于煤炭和石油开放市场的形成，天然气开放市场的形成更需要政府制定相应的政策加以推动。建立监管制度、设立独立的监管机构几乎成为欧美等发达国家通行的体制特征。

（三）中国构建区域性天然气交易中心的实施路径

截至目前，中国已建立上海石油天然气交易中心，这是中国天然气市场化改革的重大突破。天然气交易中心的建立离不开内外部因素的共同推动作用。从内部因素来看，中国具备充足的天然气供给能力和日益强大的生产能力、不断完善的天然气基础设施、绝佳的国际地理区位优势、已经起步发展的天然气现货和期货市场及强有力的政府监管和政府政策；从外部因素来看，中国不断开放的金融市场环境和日益健全的法律法规推动中国天然气更加趋向市场化。虽然中国已就建立区域性天然气交易中心做出许多努力，但与欧美已存在的成熟的天然气交易中心相比，中国仍需要进一步完善机制体制及发展战略。对于天然气交易中心及市场的发展，中国应该保持"改革持续推进、突破关键环节、保证政策及配套措施同步推进"的原则，按照上中下游领域协调发展的方式，稳步向前推进。

第一，天然气行业放松管制。国际经验表明，有竞争力的天然气市场需要一套贯穿各个市场基本要素的核心监管措施。从天然气本身的属性及天然气的地域分布来看，开放的天然气市场无法自然形成，需要政府制定相应的政策及一定程度的监管措施加以推动。而对于天然气管道的建设和管理，政府需要建立监管制度，特别是对管输价格、技术标准和公平开放程度实行监管。针对中国的具体情况，中国天然气产业仍处于改革发展阶段，解决好天然气管道的建设和管理问题且促进适度竞争和监管制度建设会对天然气交易中心的建设起到积极的推动作用。

第二，竞争性天然气定价体系的制定。中国天然气市场的巨大供需规模、迅猛发展及大宗商品交易发展的经验表明，中国天然气行业的体制改革及政策调整成为中国乃至全球天然气行业发展的必然。拥有竞争性的天然气定价体系是中国构建和发展区域性天然气交易中心的重要一环。目前，中国正在着力进行天然气市场化定价改革。从北美及欧洲的经验来看，进口管道天然气和 LNG 的价格可以基于一个反映接收地区或国家的供需情况的天然气指数。只有形成流动、透明和广泛使用的天然气枢纽所需要的参与方、基础设施和制度全部到位，相关天然气指数才有可能存在。对于中国来说，天然气指数的形成仍需要政策的支持和时间过渡。对于天然气指数，基于竞争燃料的价格确定天然气终端用户价格是长期可持续的做法。这对于中国而言，不仅要受到全球供需情况的推动，而且要与市场的其他参与主体展开激烈的竞争。同时，美国亨利枢纽的价格竞争也是对中国天然气竞争性定价体系改革的重要挑战。但是对于中国来说，只有允许这个市场进一步市场化和竞争化，缩小进口天然气价格与终端用户价格之间的差距，才能更加深入地促进区域性天然气交易中心的发展壮大。

第三，突破管输瓶颈，深化天然气管网监管改革。首先，重点推进天然气管网建设运营体制改革，明确管网的功能和定位，逐步建立公平、以供需为导向且可靠灵活的天然气输送网络。其次，尽可能实现管网互联互通及向第三方提供接入服务，为培育竞争性市场创造条件。在输气和 LNG 接收站完备的情况下，逐步推行长输管网和 LNG 接收站的"第三方准备"以及许可证管理制度，允许任何有条件、有资质的天然气业务企业和 LNG 接收站经营者签订运输或代储合同。最后，深化监管领域改革，分阶段逐步建立完善天然气体制专业化监管体系及加强监督管理能力。虽然世界发达国家的天然气发展阶段不同，但拥有独立的监管机构及监管政策是一致的。成立独立的监管机构、明确监管责任、完善监管职能、强化监管能力建设等，可以为天然气管网建设提供良好的保障和依托。

第七章　加快国内天然气行业改革，
　　培育多元化市场主体*

一　天然气行业改革的国际经验

（一）美国

美国是天然气工业发展最早的国家之一，其天然气市场化改革比较早，并且改革比较成熟。早在 20 世纪 70 年代，美国就开始了天然气市场化改革，首先将天然气井口价格管制解除，然后拆分销售业务和管输业务，引入第三方准入环节，促进市场竞争，形成良好的天然气市场机制和竞争格局，促进天然气市场的发展。美国的天然气市场化改革可以分为四个阶段。

第一阶段，1938 年以前，美国的天然气市场处于自由发展阶段。20 世纪初期，美国的天然气工业开始起步，早期并没有专门的政府管制管理垄断问题。政府根据宪法中的贸易条款，对天然气行业进行监管，其中联邦政府监管跨州的天然气贸易，而对于天然气的运输和生产并不干预；州内的天然气贸易由州政府负责。但是对于跨州的天然气管道监管，联邦政府和州政府都没有监管职责，因此在跨州的天然气管道监管中出现了监管空白的局面。在自由发展时期，美国的天然气管道公司实行垄断定价，具有明显的垄断地位。

---

* 本章作者梁灵俊，中国社会科学院研究生院博士后，研究方向为能源经济、产业经济。

第二阶段，美国全面监管天然气市场，主要从 1938 年到 1977 年。从 1935 年起，美国开始对天然气市场进行调查，公布在天然气产业链中存在高度的市场集中以及滥用市场支配力问题。为了促进天然气市场健康发展，美国国会通过了《天然气法》，开始对天然气行业进行全面监管。在《天然气法》中，联邦政府的管辖范围包括采购天然气的州际转售、涉及州际贸易的天然气运输，以及从事此类销售或者运输的天然气公司。联邦能源监管委员会监管天然气管道，州监管机构负责监管州内的天然气管道。

第三阶段，1978 年到 1991 年，由于严重的天然气短缺问题，美国开始放松对天然气的管制，并出台相关政策，统一天然气市场价格，解除价格控制，刺激生产。同时，为了保证居民用气的供应，美国政府也制定措施，限制新电厂和新工业锅炉的天然气使用。但由于各种因素的影响，美国的天然气市场出现了混乱的局面，20 世纪 80 年代，美国联邦能源监管委员会制定了一系列措施引导天然气市场，包括分离管道公司的运输业务和贸易、开放不便于更换燃料的用户的管道使用权、给予一些愿意提供开放运输服务的天然气管道公司管道设施许可和新的服务许可。

第四阶段，从 1992 年开始，美国的天然气市场不断完善，解决了阻碍市场自由竞争的问题。美国强制性地解除了管道公司的运输业务和销售业务，并且明确禁止管道公司从事天然气销售业务。美国实施了为所有卖方提供开放的运输服务等措施，并不断修改完善，将天然气管道作为促进产业竞争的突破口。美国通过强制性要求管道第三方准入、解除管道公司的运输业务和销售业务、解除井口价格管制等，完成了天然气行业的市场化改革，建立了现代天然气市场运行机制。

（二）英国

在欧洲推行市场开放前，英国就已经开始了天然气市场化改革，并对之后的欧洲市场有一定的借鉴。1964 年到 1979 年，英国的天然气市场实行政府直接控制以及国有企业经营垄断，天然气实行低价策略，以培育天然气消费市场，减少环境污染。民用的天然气价格比原油和煤的价格低很多。这一时期，英国的天然气消费虽然迅速增长，但是影响了天然气生产商的积极性。

1982 年到 1994 年，由于国有企业经营垄断的弊端不断凸显，影响了天然气市场的发展，英国政府开始对天然气市场进行改革，促进天然气市场自由竞争，实现了天然气的跨越式发展。英国在 1982 年、1986 年分别制定了《石油和天然气法》《天然气法》，以推进天然气市场的自由竞争。英国通过引入管网准入机制、放开天然气市场供应的部分管制、设立专门的行业监管机构等措施，推动了天然气市场化改革，同时也促进了英国天然气行业的发展。

从 1995 年开始，英国政府继续推行一系列改革措施，促进天然气市场形成全面竞争格局。1995 年，英国颁布了新的天然气法，引入竞争，提高零售市场的竞争性。1997 年，英国天然气集团（BG GROUP）顺应发展趋势，对公司进行重组改革，分离天然气零售、交易等业务，将其重新划归为新的公司，并重组内部财务，更改公司名称。1999 年，英国提出即日商品市场，促进贸易平衡，降低总体均衡成本，明确天然气灌输能力机制和平衡机制。2000 年，英国继续补充和完善关于天然气的相关法律法规。2000 年，BG 公司将技术服务、运输等业务重新划分，归为新成立的 Centrica 公司。2002 年，Centrica 公司与英国国家电网公司（National Grid）合并，开启了天然气运输网络所有者、市场运营商独立经营的格局。英国的天然气行业实现了零售收费市场、合同市场、批发市场的全面竞争。

（三）欧盟

1. 改革概况

欧盟是全球三大天然气消费地区之一，2009 年经济危机前，欧盟的天然气市场得到了长足发展，经济危机后，其天然气市场发展速度放缓。欧洲各国天然气行业的发展历程不同，市场差异也比较大，法国和德国已经进入成熟发展阶段，基础设施完善，市场需求稳定，并且气源有明显的多元化特征。总体来看，欧洲国家的天然气消费进口依赖性强，主要进口国包括俄罗斯、挪威、荷兰等，也从卡塔尔、尼日利亚、阿尔及利亚等国家进口部分液化天然气（LNG）。欧盟从 1998 年即开始了对天然气行业的改革，欧盟发布指令，要求加快建立欧盟内部天然气市场，并且欧盟各国在天然气配送、储存、输送等领域有义务维持市场的公平竞争，保障欧盟内部天然气市场的建立和运营；同时，各国要及时修订相关的法律法规。2003 年，欧盟要求成员国根据规定调整相关法令，从法律上拆分一体化企业的管输和营销业务，向欧洲各国非居民用户开放天然气市场，最终使消费者能够自由选择天然气供应商。欧盟的天然气市场化改革主要有三个目标，第一，改革市场，促进天然气市场的竞争，为消费者提供低价、优质的服务；第二，保障天然气供应，推进清洁能源的使用，增加清洁能源的供应；第三，推动建立统一的能源市场。

2. 改革重点措施

推进天然气行业的市场化进程，是欧盟天然气行业改革的一个重点。2003 年，欧盟发布相关改革指令，明确提出要实现欧洲天然气行业的市场化，并且规划了天然气市场化的时间表，指导天然气行业改革的进程。在改革中，欧盟要求将天然气市场的供应链进行拆分，提供公平的环境，使天然气供应商能够接入管网，促进多家管网运营商的竞争，引入上游竞争，使供应商之间、管网输配商之间充分竞争，打破上下游一体化的垄断情况，使天然气市场更加规范化，促进天然气市场的交易。

管网输配商不仅需要在监管机构获得运营许可证，同时还需要获得国家和城市的管网经营权，然后才能提供天然气给消费者。随着天然气市场的不断开放，原有的市场垄断不断减少。在天然气市场化改革进程中，管网独立和第三方准入是关键环节。

欧盟委员会在 2007 年提出了相关立法，要求强制拆分大型能源企业的供应和管网输出，防止一家公司同时控制天然气上下游产业链，从而形成垄断。经过强制拆分，欧盟将原本的全能型大型能源企业分成了若干家独立经营能源供应或者运输的企业。这可以为第三方提供公平的管网准入条件，保证市场的公平开放，形成充分竞争的市场局面，提高天然气服务的质量，丰富消费者的选择。

根据欧洲议会的改革方案，大型能源企业有三种选择：第一是建立完全独立的管网输送管理公司；第二是设立独立的管网机构，将管网管理外包出去；第三是拆分所有权，彻底分离管网和销售，将输送网络出售出去。为了保证产供分离的有效实行，欧盟建立了独立的监管机构，真正落实能源市场自由竞争的政策。

德国的天然气运输局面是多个运输商竞争。德国有超过 700 家企业从事天然气配送、运输、进口、生产等业务，并且都是私营公司。德国的 RWE、E. ON 等私营大公司呈分区统治又相互竞争的格局，各个公司分别控制着不同的区域。在法国,法国燃气集团是天然气上中游一体化公司,法国燃气子公司单独经营储气、配气、输气等业务,并且在财务上母公司保持分离的状态。法国的输气网络运营商有道达尔、法国燃气集团,二者有明显的区别,道达尔管理 1 个区域中心,有 14 个承运商;法国燃气集团,管理 4 个区域中心,有 50 个承运商。

欧盟天然气市场化改革的另一个重点是价格监管,即在天然气产业链的各环节进行价格监管。欧盟天然气市场的上游价格已经完全开放,供应商和用户可通过谈判商议确定价格。欧盟各国严格监管天然气的管道运输、储气、配气价格,以及利润率。在输气环节,欧盟各国依据成本加合理的利润制定管道运输费。最大许可收益率为 6% ~ 8%,由国家监管机构规定。法国能源监管委员会监管管道运输的服务成本,周期为 4 年。法国能源监管委员会的监管机制是调整天然气管道运输费用的价格上限,并且要求定价不断下降,促使管网输配商降低成本,拓展市场,保证收益,实现公司合理盈利,保障日常经营。

欧盟各国储气环节的监管政策各不相同,通常采用成本加合理的利润的方式确定储气费用。运营商通过赚取直接服务费或者峰谷差价,获取储气费用。法国的储气费用由储气公司自己确定,德国的储气费用实行监管的方式。天然气公司获取储气费用的方式有两种:第一种是向用户提供天然气储存或者借贷服务;第二种是在天然气需求低谷时期低价买进,然后在需求高峰时期高价卖出,获得差价。

欧盟各国严格监管配气环节,通常采用成本加合理的利润的方式确定配气费用。法国能源监管委员会的监管周期是 4 年,配气环节的最大许可收益率是 6.75%;同时,针对配气费用,法国能源监管委员会实行调整价格上限的监管机制。欧洲国家针对不同的用户,输配气价格的监管力度有所区别,对于普通居民用户的天然气价格,都需要进行监管;对于有较高垄断性的环节,监管力度会比较大。法国采取集中式的方式进行天然气的监管和运营。法国燃气公司的资源生产、运输、配送等各个环节的业务,直接由法国能源监管委员会监管。

(四) 新西兰

20 世纪 60 年代以前,新西兰处于煤气时代,1950 年以后,由于煤炭储量减少且质量差，供应难以为继。50 年代末，新西兰发现了天然气田，由此新西兰开始进行天然气基础设施项目建设，开发利用天然气资源。发现天然气田后，新西兰建立了天然气集团，负责天然气资源的购买、处理、运输等业务，此公司在天然气行业处于垄断地位至 90 年代。新西兰天然气的开发生产稳步发展，相关基础设施不断完善，天然气的份额在能源利用中不断增加，促使新西兰原有的管理模式和行业结构发生了变化。1992 年，新西兰开始全面改革天然气行业，制定了新的天然气法案。

新西兰天然气行业改革的目的是引入市场竞争，为天然气行业发展营造良好的市场环境和政策环境，促进天然气行业健康发展。新西兰放松了对天然气行业的管制，取消了政府对天然气价格的控制和对区域性天然气零售专营权的授予，并且强制要求兼营天然气的电力企业放弃天然气输配业务，同时分离纵向一体化企业的天然气销售业务、运输业务。新西兰实行输配企业的信息披露机制，披露价格、收益、资产等信息，引入天然气输配管网开放机制。对于国家天然气公司，新西兰实行私有化改革的方式。首先制定相关的法律法规，保障改革顺利进行。新西兰对行业安全监管采取宽松式的模式。新西兰天然气行业的法律法规比较健全，呈金字塔状，有国家一级的《天然气法》和《雇工健康安全法》。国家一级法律主要是原则性规定，内容相对简要，可以保持多年不变。国家二级法律比国家一级法律更加具体，内容涉及各类燃气业务和消费领域，包括《健康、安全、环保条例》《燃气信息披露条例》《燃气条例》等。国家二级法律下还有行为规范和行业标准，主要是专门规定了燃气行业不同业务、不同领域、不同设施的环保、健康、安全等标准，重点是技术规制，内容具体详细，具有较强的操作性。另外，新西兰还有部分全国性通用法律，对天然气行业也有不同的约束作用。

新西兰政府并没有专门的天然气独立监管机构，行业参与者的自我管理是天然气行业管理的主要模式。政府和行业协会提供法律法规框架、监督检查、政策指导，实行宽松式的联合管制。由于政府依据企业的经营和管理业绩检查法律法规的实施效果，因此其又被称为"业绩式管理模式"。新西兰政府在天然气行业中的主要作用是确定行业发展战略目标，制定行业政策和法律法规，并对落实情况进行监督，为天然气行业健康发展提供良好的商业环境。新西兰的所有矿产资源归国家所有，政府资源管理机构是矿产资源局，其需要对企业的勘探开发计划、经营资质进行审查，并据此授予相关许可证，定期举行开发区块的招标活动，对已开发区块依法征收矿区使用费和税款。消费者事务部中的能源安全局对天然气进行技术管理，制定行业安全、质量和计量条例，检查执行情况，确保燃气具的安全生产和使用、管网设施和电器等的安全和质量，对消费者和企业进行质量教育、能源安全教育，提供能源安全计量和质量方面的信息。

新西兰燃气行业协会是新西兰主要的行业中介组织，其中心任务是利用相关法律授予的权利，广泛听取意见，吸取行业操作经验和安全管理经验，制定天然气技术标准和安全规范，并监督其实施。根据行业安全的实际情况，新西兰天然气行业理事会每年都要制定阶段性安全工作计划。新西兰天然气行业的参与者依据相关法律规范自身的经营行为，其安全管理也需要按照相关的规范进行。新西兰几大配送企业和运输企业需要依法对资产价值、运输能力、商品及服务价格等进行披露。根据企业公布的数据，天然气用户可以实现监督企业的市场行为，使自身的合法权益得到保障。

（五）经济合作与发展组织

经济合作与发展组织（OECD）国家采取竞争法规、市场结构调整、需求改革、供应改革等方式对天然气行业进行改革，构建天然气市场，促进天然气行业的竞争。OECD 有 30 个成员国，是全球性的国际组织，致力于帮助成员国建立市场经济和民主政府，在改善政府的公共服务方面有积极的作用，对包括天然气行业在内的市场化和监管改革也发挥着重要的作用，积累了不少成功的经验，值得其他国家在天然气行业改革方面借鉴。

供应改革可以促进天然气供应源的多元化，鼓励竞争。OECD 国家对现有天然气勘探开发公司获得新的许可证进行限制，同时向新的生产商授予勘探开发权，引进市场主体，促进竞争；将上游企业的勘探开发权益和生产业务进行分离，采取多元化进口渠道策略，解决天然气匮乏问题，在不同气源之间引入竞争。OECD 国家在运输管道之间引入竞争，授予两个或两个以上的管道公司向同一地区供气的权利，或者拆分向同一地区供气的管道公司的业务。只要在一个主消费区有两条管道同时提供服务，就要使管道的所有权独立，形成竞争，提高监管效果。对于条件特殊的地区，需要考虑该地区的经济规模问题，不适合建立多条管道的，给予某公司建设和经营某管道的特许权，但是为了避免形成垄断，出现不正当竞争，同时还要附加第三方准入条款。

OECD 国家的需求改革包括放松价格管制、避免配气公司转嫁运营成本、允许最终用户自主选择供应商。放松价格管制是天然气消费者自由选择供应商的重要措施。天然气管道运输服务的垄断性比较高，OECD 国家仅在运输服务领域进行价格管制，确定管输费、井口价等，或者买卖双方协商。需求改革的目的是使所有的天然气消费者能够自由选择供应商，即使是规模最小的用户。

为了解决上下游一体化公司歧视竞争对手的动机，OECD 国家采用结构性措施进行调节，分离天然气销售业务和管道运输业务，分离天然气所有权和管道所有权。在阿根廷和英国，这种措施取得了良好的效果。阿根廷的管道公司不能从事天然气交易业务，必须向所有下游用户提供运输服务，并且要依据非歧视原则。配气公司不能在运输公司中占有控股权，反之亦然。生产商、贸易商、用户等不能在配气公司或者运输公司中占有控股权。另外，OECD 国家采取合资的形式，让竞争性市场的所有经营者在非竞争性业务中占有一定股份，消除歧视动机。

OECD 国家普遍有反垄断法规，以防止强化市场权力、限制竞争的行为，促进天然气行业的竞争。20 世纪 80 年代以来，OECD 国家不断改进政府管理经济的方式，采用现代化政府监管模式，以代替干预主义。根据 OECD 国家的经验，建立与政府相对独立的监管机构是创建有效的监管模式的关键。相对独立并不是完全不受政府政策的指导，而是政府只制定政策，监管机构制定具体细则并实施。

二　天然气行业改革的原则和目标

（一）基本原则

在天然气行业改革中，需要注重从全球化的高度标定改革方位和战略。要坚持国家利益最大化，结合中国的实际开放情况，实现能源安全。要客观了解世界能源发展的现状，把握和平和发展是世界的主流这样一个基本判断，以全球经济一体化为基础，明确中国的现实情况，制定政策。当前，中国是世界油气进口大国和消费大国。要依据现实分享国际资源，接轨国际市场，参与全球竞争。

依据国家能源发展战略，进行天然气行业改革，促进天然气行业可持续发展。中国的市场经济还不成熟，各方面存在不少问题。天然气行业中也存在多方面的问题，比如行业壁垒，市场结构单一、市场体系发育不充分，难以形成价格机制，运营效率比较低，机制性问题，法律法规不健全，缺乏有效的监管等。虽然国内天然气产量持续增长，但是进口量也在增加，进口依赖度不断提高。在天然气发展战略中，要结合中国的实际情况，确保国内生产供给能力的稳定增长以及天然气的可持续发展。

要突出关键环节和重要问题，坚持问题导向，明确天然气行业改革的障碍，切实解决制约天然气发展和市场化改革的机制性困难。改革要奔着问题去，天然气行业改革要注重建立现代油气市场体系，消除壁垒，转变政府管理方式，推进国有企业的改革。

天然气行业改革只有遵循天然气行业的基本特点和发展规律，才能减少阻力。要保持较高的产业集中度，鼓励多种经济成分参与。天然气行业具有高技术、高风险、高投入等特点，因此在世界范围内，天然气产业的集中度比较高，容易形成垄断，出现大企业主导天然气市场的产业格局。中国在改革中要结合实际，不仅要打造具有国际竞争力的大企业，还要鼓励市场公平竞争，提高天然气行业的开放性。

天然气行业改革要坚持渐进式，先局部试点，再全面推广。要先从行政垄断特点明显的环节入手，改革试点要选择有代表性的省市，逐渐消除垄断机制，引入市场竞争，再向全产业链推广。要先增量，再存量，减少改革的阻力，优先改革新兴力量，再进行新兴力量和行业垄断企业的并轨，形成市场主体多元化格局。要先明确规则，再开放市场，防止改革成本过高。明确各主体的权利和义务，包括管道运输公司、勘探开发公司、管制机构、政府部门等。各主体的运行方式和地位以及权利、责任、利益明确后，再逐步开放市场，形成竞争。

（二）目标

天然气行业改革的目标是建立现代市场体系，这一体系需要由以下六个方面构成。

第一，天然气行业改革要形成市场价格机制。政府不直接干预，由市场供需形成与调节生产要素价格、技术服务价格、产品价格。要建立本国自己的天然气价格窗口，通过天然气商品交易平台和市场，形成良好的价格机制。由政府制定和监管具有公共服务性质的价格。

第二，天然气行业改革要形成多元化的市场主体。在天然气市场中，不仅要有各种储运公司、制造公司、零售公司等，还要有一些专业化和规模化的工程建设公司、装备制造公司、技术服务公司等，以及若干个超大型上下游一体化管道运输公司、油气公司等。在天然气市场中，多种经济成分共同参与，以国有大型石油公司为主导，形成多元化的市场结构。不管规模大小，企业都有平等参与市场竞争的权利，同时也要承担相应的义务，以协调发展，形成有序的竞争格局。

第三，天然气行业改革要结合国情，建立科学的政策目标，有计划地实现天然气行业改革。在天然气国际贸易中，要加强外资管理，严格控制油气进出口商的资质。政策的制定要适应中国进入经济高质量发展阶段后的管制和进出口要求，保持适度竞争，逐渐放开贸易管制。

第四，天然气行业改革要形成完善的法律法规体系，包括基础性法律，比如《能源法》，以及独立领域的单行法律，比如《石油天然气法》，制定完善的产业政策以及法律条例。天然气行业也要制定相关标准，覆盖全行业的环境标准、安全标准、技术标准、质量标准等。

第五，天然气行业改革要形成自律性的社会组织。随着中国经济的发展、国内外环境的变化，以及经济进入新常态，"小政府、大服务"的趋势更加明显，政府简政放权、转变职能等的改革力度不断加大。行业协会是重要的社会组织，是连接政府和企业的重要桥梁与纽带，要充分发挥行业协会的服务、沟通、规范、自律等功能。

第六，天然气行业改革要形成有效的行业监管。在天然气行业中，需要建立科学的监管队伍，监管的重点要放在涉及公众利益、国家利益的关键环节。要统一监管标准和规范，理顺不同部门对天然气行业监管的责任关系，以及中央和地方对天然气行业监管的责任关系，避免监管重叠或出现监管真空。要建立与国家一级管理体制相适应的相对独立的专业监管机构，制定行业监管法规条例。通过有效的监管，优化天然气资源配置，更好地利用、开发天然气资源，实现社会效益和经济效益。

三　推进天然气全产业链体制改革

（一）天然气行业面临的核心问题是发展问题

中国仍然处于煤炭时代，与英国、美国等发达国家还有明显的差距。2016 年中国能源消费结构中，天然气占比 6.4%，原油占比 19%，原煤占比 61.8%，核能占比 1.6%，水力发电占比 8.6%，其中清洁能源占比 13%。目前，全球整体上处于油气时代。早在 20 世纪 70 年代，全球油气资源在能源消费结构中的占比就已经超过 50%。1965 年，美国天然气就已经超过煤炭，成为继石油之后的第二大能源。英国大约在 1970 年石油超过煤炭，1990 年天然气超过煤炭和石油，2015 年其最后一处煤矿关闭，2016 年燃煤发电量多次降到零。

许多跨国石油公司以及主要能源研究机构都认为，在未来几十年，天然气将是增长最快的化石能源，到 2030 年，天然气将与煤炭、石油处于同等地位，到 2050 年，天然气将成为全球第一大能源。中国的天然气市场正处于快速发展的波动阶段，影响天然气发展的不确定性因素比较多。从 2014 年开始，由于气价竞争力下降，国民经济增速放缓，国内天然气开始进入调整时期，天然气整体需求增速明显放缓。2016 年，在一次能源消费结构中，天然气消费量在全球能源领域占 7.5%，中国的天然气消费量在能源消费结构中占 6.2%。中国的天然气消费占比比较低，国家对天然气的激励政策不到位，战略定位不明确。天然气尚未实现市场化的定价机制，储备调峰设施不能满足应急需求，中间环节过多，增加了用户的负担。在改善大气环境的现实要求下，以及在碳排放峰值硬约束的要求下，在未来一段时间，扩大天然气的利用是首要问题。根据《巴黎协定》《能源发展战略行动计划（2014～2020 年）》等文件，要求在 2020 年，中国碳排放强度比 2005 年降低 40%～45%。在中国的政策目标中以及刚性约束下，天然气有良好的发展前景，需要对其加强引导和管理，促进天然气行业健康发展。

（二）中长期内推动天然气全产业链体制改革

从中长期来看，天然气行业要坚定不移地推行全产业链体制改革，实现公正公平的市场竞争，使不同经济成分的市场主体都能积极参与天然气行业的相关环节，促进竞争。要逐渐消除私有资本的行业壁垒，在天然气行业营造良好的市场环境，推动天然气行业的发展。要改革天然气的矿权管理制度，比如通过总结经验，进行页岩气作为独立矿种的改革，借鉴改革经验，促进其他相关改革。在矿权国家一级管理体制的基础上，逐渐适度开放天然气矿权。根据天然气行业发展的实际情况，以及企业发展现状，不断完善矿税体系。矿权管理可以从登记制改为招标制，改变过去的申请在先制度，实行竞争性出让机制。积极探索建立矿权交易体系，鼓励各种投资方式进入市场。要建立健全勘探开发的信息公开机制。

要区别对待天然气管网、成品油和石油管网，逐渐实行天然气管网的"网运分开"，根据财务、法律、产权等独立方式，推动"网运分开"的实行。天然气管网在向第三方提供运输服务期间，要遵循非歧视原则，允许多元主体参与业务或者经营投资。政府要对成本和收益加强监管。依据中国天然气管网的发展实际，形成良好的管输市场格局，使各类企业公平参与市场竞争。要充分利用全球 LNG 供应比较宽松、现货价格比长期合同价格低的机遇，合理利用全球低价资源，协调推进天然气进口。鼓励支持建设 LNG 接收设施，但要注意避免产能过剩。公平开放 LNG 基础设施，推进第三方准入，并对其进行严格监管。企业要提高与出口方在 LNG、管道气等方面的议价能力，降低进口成本，降低长期合同的亏损。要坚持市场化改革的方向，完善天然气定价机制，动态调整天然气价格，及时调整热价和上网电价，建立天然气交易中心，借鉴油价等参数完善价格，建立科学的气价机制，真正反映市场的供需关系。对于天然气管网的地域垄断，要积极管制消除，降低天然气交易成本，减少中间环节，建立公平开放的市场。要加快实现居民和非居民用气门站价格并轨，取消交叉补贴。对于不同季节的差异以及不同时段的差异，合理调峰，鼓励投资建设。

（三）中短期内协调完善相关政策

加快国内天然气行业改革，培育多元化的市场主体。在中短期内，要加强政策支持和协调，鼓励勘探开发国产气，支持煤层气、页岩气的开发利用，对于开发致密气，可以给予相应的财政补贴，以保障天然气的供应。政府要制定科学的规划，2020 年前在全国城市建成区设立"禁煤区"，有条件的用天然气取代工业燃煤锅炉/窑炉、燃煤电厂等。要积极进行第五代天然气发动机、重型燃机、大型 LNG 船用发动机等技术研究，降低购置和运营成本，促进国产化进程。采取财税政策，支持重点领域的改革，在进口中，为了降低进口天然气的成本，可以实行进口增值税全额先征后返的政策。可以提供低息贷款给燃气发电用户、气代煤用户等，也可以设立燃煤改造专项补贴资金。综合运用各种融资方式，通过税费支持、融资政策等，支持储气库、天然气管道等的建设，鼓励各种公私资本参与终端利用项目建设。

四　培育市场主体，完善市场结构

（一）放开上游生产

中国正处于经济发展的重要转型期。在天然气行业改革中，要根据不同的产业结构特征采取不同的政策，培育多元化的市场主体，完善市场结构，促进天然气市场的竞争。美国在天然气行业发展中的关键驱动力是在上游引入竞争。英国同样开放了上游生产环节，鼓励多种主体参与竞争，以保障天然气的产量。中国的天然气上游集中在三大国有石油公司（中国石油天然气集团公司、中国石油化工集团公司、中国海洋石油集团有限公司）中，天然气的勘探开发由三大国有石油公司垄断管理。天然气上游业务大部分都代表着中国天然气的供应情况。如果上游出现投资不足的问题，那么就不能保障天然气的产量，可能会出现不能满足需求的情况。中国不仅有常规天然气资源，还有丰富的非常规天然气资源，包括页岩气、致密气、煤层气等。要鼓励上游投资开发，鼓励多种市场主体进入上游，采用市场准入、价格、监管透明等措施，吸引投资者进入上游。随着市场规模的扩大以及科学技术的发展，上游的自然垄断性开始逐渐降低，政府可以考虑将上游生产环节放开，在上游市场中引入竞争，提高生产率，降低成本，提高天然气产量。

（二）加强中游规制

在欧美国家的天然气行业改革中，为了促进行业竞争，大多引入天然气管网的第三方准入机制，结合自身市场的实际情况以及行业发展情况，选择第三方准入的类型，比如一定时期的豁免、协商性、强制性等。中国天然气管道运输环节集中在三大国有石油企业中，影响了天然气市场化改革，阻碍了市场竞争。要为引入第三方准入机制创造条件，需要逐渐对3个公司进行重组改革，分离管道输送业务，建立良性的市场竞争格局。中国天然业行业在管输环节有明显的垄断特性，可以采用激励性的规制方法，不适合采用放松性的规制方法。在中游市场的天然气管道运输环节中，要加强规制，制定严格的市场准入标准，促进管输环节健康发展。

（三）促进下游充分竞争

天然气下游主要是销售，不具有自然垄断性，政府在天然气行业改革中要降低市场准入条件。要在下游积极引进民营资本和外资，开放市场，放松销售管制，促进下游市场充分竞争。由于民用天然气有公共物品的属性，因此在下游销售环节中仍然需要政府的干预。中国幅员辽阔，具有明显的地域性特点，在天然气市场中，中国可以引入区域竞争模式，促进间接竞争，提高市场效果和自由化程度。市场自由化的决定性因素是市场的开放程度，主要表现为用户有权利自由选择天然气供应商。实现市场竞争是一个长期的工作，欧美为了向居民提供开放的天然气市场竞争环境花费了长时间的努力。但是，不少国家在天然气行业中倾向于采用适当管制天然气价格的方式，或者采取对更换天然气供应商进行限制的方式。中国有自己的特殊国情，向小型天然气用户开放市场竞争还不成熟，也不一定适合，仍需要进一步探讨。

五　健全天然气市场化改革制度

（一）设立相对独立的监管机构，构建全国性监管框架

由英国、美国等国家的经验可知，独立的监管机构在天然气市场化改革中发挥着重要的作用。相关的政策由政府部门制定，日常的监管由专门的监管机构进行，分离政府制定政策和执行政策的职能，有利于提高监管的效率和有效性。英美等国都有专门的主管部门制定天然业发展战略和政策，并设有监管机构监督日常活动，比如英国的天然气和电力市场办公室、美国的联邦能源监管委员会等。中国天然气行业的监管比较分散，涉及国家安全生产

监督管理总局、环境保护部、住房和城乡建设部、国家发展和改革委员会、国土资源部等多个部门，统筹协调难度大，影响了天然气行业的总体规划监督。中国缺乏专门的监管机构，政府部门难以集中精力研究天然气行业存在的问题，影响了改革和工作效率。在天然气行业改革中，要建立专门的天然气行业监管机构，该机构不仅要独立于产业内企业，也要独立于政府政策制定部门，同时还要接受公众的监督以及法律的约束，以提高其自身的服务和监管水平。

行业结构的调整和监管体制的改革要形成互动。中国天然气行业发展初期，由于尚未建立起全国性的天然气交易市场，地区内的天然气发展问题由地区性监管解决。但是随着天然气行业发展的逐渐成熟，要求建立全国统一的天然气交易市场，这需要统筹规划，建立全国性的监管体系。中国政府的能源管理职能重叠、交叉、分散在十几个部门中，并且存在管理真空现象。在能源领域，中国依然存在政企不分的问题，国有企业具有双重身份，其不仅是市场规则制定的参与者，也是其他市场参与者的竞争对手，这不利于公平竞争市场环境的建立。这些问题的存在增加了企业投资和经营的风险，以及政府管理的不确定性，导致国家对能源的长期发展政策问题、目标问题缺乏基本的统筹规划和研究。要建立高层次综合性实体部门，进行国家能源管理，从宏观角度研究和制定长期发展规划、能源的开发利用策略以及安全战略等，制定能源监管原则、政策，以及监管体制模式。要制定市场结构政策以及市场规则，明确能源开发中的环境问题，并积极采取相应的措施加以解决。要注重开展能源领域的国际合作。

根据天然气产业链的特点，制定有针对性的监管政策。在非自然垄断领域，发挥市场的基础性作用。政府监管主要包括资源租金的收取，矿权的管理，与技术相关的环境、安全、质量等问题。在自然垄断领域，不仅要进行技术监管，还要监管配送价格和管输价格。通过政府监管协同市场机制，形成公平竞争的市场环境，平衡天然气产业链各个环节的消费者、投资者和经营者的利益。采取独立监管模式，在日常监管职能和执行活动中避免政治的不恰当干预，防止特殊利益集团提出不合理的利益诉求，影响市场秩序。独立监管可以使政策的执行层更好地对大政方针进行研究，保证拥有高水平、高专业技能的专家参与监管，改善监管质量，营造良好的监管环境。要构建天然气上游、中游、下游价格监管制度，对上游领域的具体市场活动不实施监管，主要从生产许可证、法律层面进行监管。中游监管要更加严格，防止管道运输形成垄断价格，进行政府的限价管制。在价格监管中，要循序渐进，逐渐放松，初期进行完全的国家定价方式，随后进行市场辅助，国家指导的方式发生转变。下游市场不存在垄断的潜在因素，最终要依靠市场的自由化，下游监管要考虑国家天然气价格的变化、季节等各方面问题，由市场决定。

（二）建立健全天然气行业法律法规

天然气市场的自由开放不会自动形成，需要政府进行干预，以及监管机构推进，实现天然气行业改革。法律对于保障市场的运行有重要的作用。有效管制天然气需要制定完善的法律法规，指导天然气改革和市场主体的行为。要制定明确的政策目标以及监管原则，营造良好的政策环境。积极借鉴其他国家的改革政策，不断进行调整和完善，实现天然气市场化改革。中国有关天然气的法律法规有《石油天然气管道保护法》《石油及天然气勘查、开采登记管理暂行办法》等，以及一些地方性法规。目前，中国还没有专门的天然气法明确有关的大政方针。中国可以借鉴其他发达国家的立法，健全相关的法律法规体系以及配套的法律法规。

要完善天然气监管法律体系，需要选择合适的立法模式和立法框架。学界对天然气立法模式的探讨有三种：第一种是从天然气行业的上游、中游、下游分别进行规范，这一模式能够解决目前突出的现实问题，但是缺乏战略性；第二种是对不同事项进行分别立法，比如在销售、运输、勘探开发、安全与环保等各个专业领域分别立法，这一模式具有较强的操作性和针对性，但是缺乏全局性；第三种是制定基本法，涵盖天然气行业的所有产业，监管所有天然气领域涉及的法律关系，这一模式具有战略性和全局性，但是缺乏灵活性。中国的天然气行业基本上是国家垄断的格局，国家要对上游、中游、下游的各个领域进行干预，所以采用全行业统一立法的模式。

在立法框架上，英国和阿根廷等国家采用的是许可证模式，美国等国家采用的是规则模式。许可证模式的立法框架有三个层次：天然气商业合同、监管许可证以及行业法律。天然气市场主体的商业活动需要通过合同的方式完成。由于合同已经通过许可证、法律的规制，因此市场主体的自由约定内容比较少。依据法律设立监管机构、制定监管程度、开展监管活动相对于规则模式下的监管机构，自由权比较少。天然气监管许可证是指市场主体需要取得监管机构授予的许可证，才能开展专业活动。这种框架适合刚刚打破垄断的国家，这样的国家正在探索市场化道路，监管相对更加严格。规则模式的立法框架有两个层次：第一个是首先设立法律，然后根据法律建立监管机构，监管机构有自由裁量权，可以自主制定监管规则；第二个是天然气法和合同法共同调整的商业合同，依据天然气法、合同法的相关规定，市场主体之间签订商业合同。这种立法框架相对适用于市场主体和监管机构都比较成熟的国家。

六 进行价格改革

（一）城市配送价格

欧盟、美国等国家和地区的天然气配送环节，都有严格的监管措施。在配气环节可以采用最高限价规制方式，或者投资回报率方式；同时，在价格结构规制中也可以采用非线性定价方法，比如拉姆齐定价、高峰负荷定价、两部制定价、差别定价等。国家要结合自身的实际情况进行定价。中国幅员辽阔，各地方的发展情况差别比较大，可以采用最高限价规制方式，或者推行调峰价格、阶梯价格等方式，以理顺消费价格结构，实现资源的优化配置。欧美一些国家的居民用气价格比其他部门高，主要是为了反映输送成本和储存成本的差异。中国在低通货膨胀时期可以采用补贴政策，减少改革的压力和阻力，制定合理的用气价格政策。

（二）管输价格

管道运输环节具有自然垄断特性，因此要制定比较严格的价格规制，避免形成垄断。欧美等在配气、储气、管输等环节都有严格的利润率和价格规制。从价格结构规制方面来看，有线性定价方法和非线性定价方法，其中线性定价方法有边际成本定价、平均成本定价，可选择的非线性定价方法有拉姆齐定价、高峰负荷定价、两部制定价、差别定价等。在天然气管道运输环节，固定成本的比例比较高，两部制定价法比较适用。两部制定价法在管道运输费用中由两部分组成：第一部分是实际使用费，实际使用费和实际输送量成正比，是一种可变的费用；第二部分是容量预定费，容量预定费和实际输送量没有关系，是一种固定费用，缴纳了容量预定费后，才能使用管道。欧美成熟的天然气市场普遍采用两部制定价法，这符合天然气管道建设和运营的特点。目前中国实行的是一部制定价，这影响了企业的积极性，回收成本比较慢。中国管输价格改革的重要方向是两部制定价方式。从价格水平规制方面来看，可以使用最高限价规制方式，或者投资回报率方式，其中最高限价规制方式有更好的激励作用。在管输价格水平上可以采用最高限价规制方式。

（三）出厂价格

在天然气市场发展初期，为了培育消费市场，鼓励使用天然气，需要进行严格的价格管制。到工业化发展时期，需要综合考虑用户的承受能力，平衡各方的利益，建立良性的定价机制。

实行天然气行业市场化改革，建立市场机制，需要解除对天然气井口价格的管制。处于上游链条的天然气产业不具有自然垄断性，因此可以逐渐放松价格管制，最终进行市场定价。在定价机制方面，随着中国天然气行业的发展，可以采用市场净回值定价法，改变成本加成定价法。由于各地区和各用气部门的情况不同，因此需要根据具体情况，在权重和替代能源品种中有所区别，在市场逐渐成熟时实行竞争性市场定价机制。当前可以协商定价，然后逐渐放宽协商定价的条件。

价格改革是天然气市场化改革的核心，影响着天然气行业的各个方面。在天然气市场的发展中，定价机制是最重要和最紧迫的挑战。只有在市场充分发展的前提下，才能解除价格管制，否则会影响改革的效果。价格改革需要根据市场的发展程度进行不断调整，以适应市场发展的需求。

七　构建竞争性市场结构，强化改革的监控领导

合理的市场结构要符合天然气产业链的发展规律和特点，通过构建竞争性市场结构，促进天然气行业的发展。天然气行业同时具备自然垄断性和竞争性，上游的勘探开发领域是可竞争的，下游的批发零售领域也是可竞争的，但是输配系统是自然垄断的。在上游和下游可以开放市场、引入竞争，吸引更多的技术和资金进入天然气市场。要保证天然气基础设施建设以及运

营的有效性，吸引投资，对于管输和配气系统，政府要加强监管，防止市场权力的滥用。通过改革，形成众多天然气供应商或者生产商、国有企业共同参与的市场竞争。家庭用户和商业用户都可以自由选择天然气供应商。所有的天然气都通过独立的运输公司配送。

外国政府十分重视能源领域的改革，采取高层决策和监控的方式领导改革，在改革中法律先行，注重调查研究，并且实行高层主导。它们会制定切实可行的改革方案以及详细的实施计划和时间规划，进行全程监控改革。在每个改革措施实施后，外国政府都会评估改革过程和成效，分析改革现状和存在的问题，并提出下一步的建议。在实施每个改革措施前，或者撤销、建立一个机构前，都要有充分的法律准备，遵循相关规则，有序推进改革。中国在改革中也要借鉴相关经验，成立权威性领导机构，选择科学的监控方式，立法先行，实现新旧体制的平稳过渡。

第八章 加强国际、国内天然气基础设施建设 *

一 天然气基础设施建设情况

（一）管道建设发展迅速

中国的天然气资源主要分布在西部和中部地区，而中国的天然气消费主要集中在东部地区，供需矛盾突出。20 世纪末期，除了四川省有比较完善的输气管网外，其他地区的输气管线尤其是跨地区输气管线还很少。管道建设的滞后成为天然气开发中的重要问题。随着大型气田的发现，天然气管道建设进入快速发展时期，自 2005 年开始的 5 年间，天然气管道干线和支线建设平均每年达到 3700 公里，2011 年超过 5000 公里。近 10 年来，中国天然气管道长度年均增长约 0.5 万公里。2016 年，中国石油天然气集团公司（以下简称"中石油"）发布了"十三五"发展规划，提出要加快发展天然气和管道业务。2015 年的统计显示，中石油的油气管道长度达到 77612 公里，天然气为 48629 公里，全年支出 203.6 亿元人民币用于天然气和管道板块。有研究认为，随着新能源的开发和利用，石油将会面临巨大的挑战。天

* 本章作者梁灵俊,中国社会科学院研究生院博士后,研究方向为能源经济、产业经济。

然气是一种清洁能源，在环保的要求下，天然气具有广阔的发展前景。但是，中国天然气基础设施建设仍然十分落后，管道建设十分不足，天然气需求的增长对天然气基础设施提出了更高的要求。当前，中国天然气管道的里程大约是 9 万公里，美国是中国的 7 倍，中国天然气管道建设明显滞后，与美国的差距巨大。2016 年，国务院发布了相关文件，提出到 2020 年，主干管道的里程要达到 12 万公里以上。

当前，中国多条管道相继建立投产，包括川气东送、陕京线、西气东输一线和二线等，初步形成了全国性的天然气管道骨干网络，天然气管道连通海外、纵贯南北、横跨东西，形成了"海气登陆、北气南下、西气东输"的供气格局。"西气东输"是重要的天然气供应主动脉，西气东输一线工程在 2004 年 10 月全线贯通并投产，主要从新疆的塔里木轮南油田到达东部上海，中途经过 11 个省区，设计输气能力为 120×10^8 立方米，最终输气能力为 200×10^8 立方米。西气东输二线工程西起新疆的霍尔果斯口岸，向东、南两个方向建设，于 2008 年全线开工，途经 14 个省区，2012 年底修到中国香港，实现了全线竣工。西气东输三线工程包括一条干线、两条支线，干线从新疆霍尔果斯到广东省韶关，2014 年三线全线贯穿通气。西气东输四线、五线工程也在规划中。

中国已经初步形成三大陆上天然气进口通道，包括东北、西北和西南。东北地区的通道是中俄天然气管道东线，中俄两国在 2006 年签署了备忘录。2009 年中俄签署框架协议，俄罗斯修建两条通往中国的天然气管道：东线和西线，东线涉及萨哈林大陆架、远东、西伯利亚的天然气油田，但由于定价问题，东线计划被俄罗斯无限期推迟。西南通道是中缅油气管道，自 2008 年根据相关协议开始实施，从缅甸实兑港起步，与西气东输二线联网，中间经过云南、广西和贵州，2015 年已全线通气。西北通道是中国和中亚通道，以及中俄天然气管道西线。中俄天然气管道西线利用西西伯利亚资源，年供气量大约为 300×10^8 立方米。中国–中亚通道是第一条引进境外天然气的大型管道，从土库曼斯坦和乌兹别克斯坦边境到达中国霍尔果斯，中间经过哈萨克斯坦和乌兹别克斯坦。中国–中亚通道 2010 年已实现双线通气，日输气能力 0.245×10^8 立方米。

（二）地下储气库建设将进入高潮

天然气储气设施是天然气输送体系的重要组成部分，在天然气发展中发挥着安全、稳定供应的作用。与国外发达国家相比，中国地下储气库建设起步较晚，直到 20 世纪 70 年代，大庆油田才开始尝试建立枯竭油气藏储气库。到 90 年代初期，随着陕甘宁大气田的发现，以及建设陕京天然气输气管道项目的实施，中国才真正开始研究建设地下储气库技术，以保障北京和天津的供气安全。90 年代末，中国建设了大港油田大张坨地下储气库，大型城市调峰型地下储气库建设开始不断发展。中国利用枯竭凝析气藏建成了 3 个地下储气库：大张坨、板中北、板 876，总调峰气量大约 20 亿立方米，保障了北京和天津两大城市的供气安全。根据国家的总体战略部署，中国未来将形成四大区域性联网协调的储气库群，包括珠江三角洲、长江中下游、华北地区和东北地区，到 2020 年，中国将有 30 座以上的地下储气库，总调峰气量将达到 320 亿立方米。

（三）LNG 接收站建设稳步推进

由于特殊的地理条件和国情，中国天然气供需矛盾突出，需要进口天然气缓解国内的供需矛盾，并且注重国际天然气基础设施建设。近年来，中国不断推进液化天然气（LNG）接收站建设，以提高天然气接收能力。LNG 接收站是储存液化天然气并向外输送的装置，中国 2006 年 LNG 接收能力为每年 370 万吨，2012 年达到每年 1880 万吨。2016 年上半年，中国已经有 14 座正在运行的 LNG 接收站，总接收能力达到 3850 万吨，中国 LNG 进口量 2605 万吨。中国中小型进口 LNG 中转储备站正在加快建设，已经开始形成调峰能力，国内小型 LNG 接收站发展迅速，建设主体不仅有国有大企业，还有民营资本和地方企业等，形成了多元竞争格局。中国从 21 世纪初开始进口 LNG，到 2010 年，进口量已经增长到 127.34×10^8 立方米，在中国天然气消费量中，进口 LNG 达到 11% 左右。海上进口 LNG 的通道主要是中东、东南亚、澳大利亚等国家和地区，它们与中国签订了购销协议。

二　构建全国统一的管输网络

（一）国外管网建设经验

美国、俄罗斯和欧洲国家等都是天然气管网建设比较完善的国家，不论是管网的复杂程度，还是管网的建设规模，都属于世界先进水平。这些国家铺设的管网密度都很高，为天然气产业的发展提供了基础。欧洲不仅注重管网建设，还十分重视联络线建设。欧洲国家的联络线具有双向输送能力，从而使各个区域的管网相互连接，并且在欧洲干线形成环网，确保了欧洲天然气的灵活调度，在天然气市场的选择上有更大的灵活空间。相比于国外先进国家，中国的天然气管网建设比较落后，干线密度远远低于发达国家水平。中国的天然气分为三部分：国内天然气、进口管道气、进口LNG。虽然国内天然气主干管道不断增加，但是由于国土面积大，需要建设大量的网络，中国天然气管网目前仍然缺乏保障性和可靠性，总体上处于单一气源和单一管线的局面，需要注重天然气储存调峰建设，合理弥补缺陷。

（二）合理布局，明确基础设施建设方向

中国天然气消费区和生产区并不一致，华北地区和川渝地区已经形成比较系统的环状管网，管输网络相对完善，但其他大多是单一气源供应的输气方式，还没有形成多气源供应的格局。这影响了管道运输的效率和利用率，也影响了天然气供应的安全性。在当前的天然气管道建设中，中国缺乏应急储备设施以及配套的调峰设施，干线间的联络线比较少，缺乏国家战略储备和大型储气库，缺乏供气的可靠性，安全平稳供气的压力较大。而且，中国的管道运输中存在不少安全问题，需要制定科学的应急预案，以防范各种风险。中国的天然气管网建设存在许多问题，第一是没有形成全国统一的天然气供应网络，天然气管道的主干和支线支离破碎；第二是天然气管网总量不足，不能满足天然气工业发展的需求；第三是管输网络与进口天然气管道衔接不畅，影响了天然气的进口。政府要加大对管网建设的资金投入，理顺利益关系，包括三大石油公司和地方天然气销售公司的利益关系、中央和地方政府的利益关系等，建立起畅通全国的天然气管输网络。

天然气基础设施建设是天然气产业的重要组成部分，要根据天然气产业的总体发展战略，确定天然气的运输方向，完善运输网络系统。根据全国天然气利用规划确定供应总量，进行基础设施建设。要明确天然气的利用方向，逐渐降低化工用气比例，注重城市气化、以气发电、以气代油等。要最终形成覆盖全国主要市场区域的天然气管网系统，以市场为导向，充分利用国际和国内两个市场、两种资源，保障主要用气市场的天然气供应。要加快

国内天然气管网建设，尤其是跨区域性的干线管道建设，完善相关的地下储气库建设以及进口 LNG 接收站建设，建立全国统一的安全供气网络系统。在天然气基础设施建设规划中，结合国产天然气和进口天然气，对主干管道进行分期建设，构建主干管道系统，贯穿南北，横跨东西。结合不同地域的用气要求，建设支线管道，形成与主干管道相连接的区域性管网。通过完善主干和支线网络，实现全国天然气市场的输气调配平衡，保证天然气的供应。管道天然气要与进口 LNG 相衔接，形成纵横交错、横跨多个目标市场的跨区域管网系统。

（三）重视长输管网建设

全球主要天然气消费国的天然气市场主要是在煤制气的基础上发展起来的，基本上在将天然气作为燃料前，就已经形成了完善的城市煤气配送网络，因此在天然气基础设施建设中，主要是长输管网建设。中国的国情与其他国家不同，中国不仅在长输管网建设方面严重不足，而且许多城市的配气系统基础设施建设也不完善，大多处于起步阶段，有的甚至处于空白阶段。城市配气系统关系着天然气潜在市场能否转为现实市场，完善的城市配气系统是培育天然气消费市场的基础。在西欧国家中，城市配气系统的投资建设在输配系统的总投资额中占比 70% ~ 80%，它们通过建立完善的城市配气系统扩大天然气市场。在天然气市场中，要兼顾长输企业和配气企业的利益，加强企业的财务生存能力，保持适当的回报率。中国的天然气资源主要分布在渤海湾盆地、四川盆地、塔里木盆地、吐哈盆地、东海大陆架盆地、松辽盆地、柴达木盆地等地区，生产区和消费区严重不匹配，必须建立长距离输气管道，连接用气区和产气区，实现市场的大规模开发。

（四）加强管道物流工程建设

随着天然气需求量的增加，中国天然气的输气能力已经不能满足日益增长的天然气需求量，天然气管道建设越来越重要。政府要给予相关政策支持，完善天然气管道网络，加快联络线和调峰设施建设，形成电线互联的天然气供配管网，全面覆盖天然气管道网络。天然气管道建设的成本费用高、成本回收时间长，要注意节约成本，优化管道物流工程建设的参数，提高运行能力。一般天然气管道都配置有地下储气库，地下储气库是常用调峰设施，能够调节管道的输送能力、提高输送效率、稳定供应，在长距离输送中，合理的储气库建设有利于降低成本。压气站有起点压气站、中间压气站和终点充气站，中间压气站建设成本高，主要对消耗了压力能的天然气有加压作用，要根据气田压力的变化情况、用气量的增加情况有选择地建设，在节约经费的同时，也要稳定天然气的输送。中国天然气管道建设长度长，会经过不同的地貌，相应的成本也有所不同，通过现场勘查、方案对比等方式，综合考虑建设路径、技术设备等，有利于节约建设成本。在管道物流工程建设初期，要注重清洁装置的安装，按时清洁输送管道，降低腐蚀的程度。天然气管道运行的经济性和衡量输气效率的重要指标是管道的输气能力，要注重提升输气管道的运行压力，降低管道末端的压力，降低输送温度。

（五）构建管网第三方准入制度

从国际经验来看，天然气自然垄断不利于行业发展，发达国家在天然气上游和下游都引入了市场竞争机制，并管制运输环节。实现天然气生产端竞争的第一步就是打破上游垄断，还原国有企业的法人属性，使其在生产端与民营企业平等竞争。对管网的进入管制主要是颁发输气管道建设许可证。管网建设是天然气发展的基础，可以扩大天然气规模和市场，但也可能会出现重复建设的问题，造成资源浪费。因此在天然气基础设施建设中，监管机构要做好规划，可以借鉴国外的经验，设置较低的利润率，鼓励国有企业建设管道，通过扩大销售提高企业的利润。在天然气行业发展初期，由于纵向一体化垄断，政府严格控制价格，企业的利润率固定在较低的水平，企业需要通过扩大销售提高利润，这一定程度上可以促进管网建设。随着管网的增多，管网会出现一定的剩余，政府可以让部分生产者和消费者直接交易，在一定范围内实现第三方准入。

三 加强天然气区域管网规划设计

（一）合理设置结构，规划布局

天然气区域管网是在众多城市区域范围内建立统一的天然气区域输配

管网，经过合理调度，向区域内所有独立用户和企业供气。统一的天然气区域输配管网是整合区域级天然气基础设施网络，分期建设，进行中长期规划，承担长期稳定供气的集约化区域快速输送通道。天然气区域管网的主要构成包括管网内的场站、管网和管网附属的基础设施，其中核心部分是管网。管网内的场站包括清管、分配、计量等所需的场站，以及各个压力级别间的调压。管网附属的基础设置包括电化学防腐、控制管网的阀门、二次应力消除等设施。天然气区域管网具有天然气集散功能、网络功能和调峰辅助功能。

在天然气区域管网规划中，首先要根据区域发展的总目标、天然气总规划等确定总的天然气规划目标和方案，制定具体的任务，比如区域管网的布局、管网结构、供气规模、管径、主管道长度等。各项规划工作要相互配合，及时沟通协调。在规划前或者规划初期，要对区域内的天然气管道气源以及其他气源进行综合调查分析，科学规划布局。天然气区域管网的基本网络主要有两种：枝状和环状，以此为基础进行结合变化，从而形成各种新的不同的结构。其中，对于中心城市比较大，周围有许多卫星城市和城镇的，适合双环形，外环高压力为中心城市向心供气，直到内环，周边卫星城市和城镇也得到供气；对于中心城市比较大，中等城市比较多且分散，副中心城市距离较远的，可以采用主副环形，通过高压或者超高压主环，将各个重要的城市联系起来，在中心城市建立副环管网，沿线城镇进行气化，并向外延伸辐射供气；对于中游输气管道一侧，并且在供气的覆盖区域存在两个分输站的，可以采用半环形，通常区域内的城镇规模大致相同；对于区域内中心有气源点，并且四周有不同数量的分散城镇的，可以采用放射形；对于区域内有中心城市，并且由于地形等自然因素，只能从其他地区接气的，可以采用环枝形。天然气区域管网的结构形状多样，需要根据不同的供气负荷分布、气源点以及实际的自然情况合理选择。

天然气区域管网比天然气管道的布局规划更加复杂，没有街道可以依附，并且不能简单地进行两两相连。天然气管网建设中，区域管网是一种新的工程概念，相关的规划布局理论还没有出现。在总结经验的基础上，区域管网有以下几种主要的布局方法。在管道两点法的基础上形成了中点法，这是一种简单的枝状布局方法。中点法是首先连接距离起点最远的两点，然后将中点作为最远点，连接新的最远两点，再取中点，反复操作，最后连接起点，得到一次中点连接。连接一次中点连线的两条相邻点的中点，形成新的中点连线，反复操作，当基本成直线，然后依据节点位置，连接最近的节点，形成主管线，其他节点垂直相连，形成支管线，最终形成枝状管网布局。中点法的特点是主管线最短，金属消耗最低，沿线流量尽量在主管线上集中，在主管线上可以对各支管线进行控制。但是如果区域布局比较复杂，则不适合采用中点法。向起点方向以最大梯度汇流的方法为汇流法，这一方法可以得到每个节点的最短路径，但同时产生的环线也比较多。如果需要构成枝状，则需要借助其他条件，删除环线中的某些构成环，因此有较多的断环方案。汇流法用于节点不多的情况，获取可供分析的数个方案更加便捷，有利于更好地决策。筛选法是先将区域所有用气组团节点化，然后根据可行路径，将所有节点和气源点连接成网，对比选择最优管路。这种方法适用于非圆形区域节点不多的情况。当前使用最多的布局方法是专家经验法，根据权威专家、当地专家的经验，主观决策优化布局。

（二）区域管网设计体系的构成

天然气区域管网的设计体系主要包括工作体系、行政体系、法规体系。工作体系是设计文件编制体系和设计成果审查体系。行政体系要依附现有的设计行政体系，横向行政体系为国土、工商、规划、消防、环保等，纵向行政体系为工程建设设计主管。法规体系为天然气输气设计和城镇燃气设计相关的法律法规等。设计活动要依据法律法规进行，以设计标准为指导。在设计技术内容方面，要完成确认供气规模、确定区域管网系统压力级别、落实区域管道管位、管网线路工程设计、管网工艺、特殊工程等其他设计任务，要在项目审批获准、主体落实、资金落实等要求符合规定的基础上进行。

（三）区域管网流动理论

区域管网设计建设要科学合理，依据的主要理论包括安全理论、管材强度理论、流动理论、优化理论等。流动力学、流动输配管网等基础理论是区域管网最基本的流动理论。在天然气区域管网设计中，需要结合流动特性和相关条件，建立符合区域管网的方程，进行相关数据的计算。任何管网都是由简单的管路或者管道构成的，因此不仅要明确基本的管道流动理论，还要明确复杂的管路组成理论。天然气区域管网有环状、枝状等各种结构，都可以划分成简单的串联或者并联形式，帮助计算复杂的管道运动参数。天然气区域管网的流量是呈周期变化的，会出现周期性的存留和释放，在工程实践中，需要结合管道流动储气理论，进行合理的储气设计。配压是配气管道的重要标志，城镇天然气管网中的输气管网压力级别比较简单，与天然气输气管网类似。通常不允许用户在配气管网上设置压缩机增压供燃气器具，以防止影响配气管网。城镇天然气输气管网对配压的要求不高，但需要符合各类设备的需求。

（四）优化城镇天然气管网系统设计

天然气管道工程建设比较特殊，投资巨大，而且建成后改建或者扩建都不容易，因此要做好前期的计算和设计等工作。在城镇天然气管网的优化布局中，需要合理优选气源节点和布局，采用混合编程技术和软件工程理论等开发优化系统、设置基本参数，创建城镇天然气管网布局图。要科学决策，选择最优方案，评估预测城镇天然气管网系统的工程投资。城镇天然气管网优化系统由多部分组成，包括设置参数、创建管网、优化设计、计算等。通过管网分析计算和绘图的一体化，为天然气管网建设提供参考。

四　建设天然气储气库

（一）国外的建设经验

天然气管道的储存能力差，需要利用储存装置对天然气进行储存，建立战略储备，全球天然气用气大国相继建立了相当规模的天然气战略储备量。综合考虑极端天气、自然灾害等情况，天然气的储备天数需要在 30 天到 45天之间。美国是天然气生产国，也是天然气消费大国，其天然气处于净出口状态。美国的天然气储备主要是生产储备，用于应对紧急事件和季节调峰，以保证供气的安全稳定。地下储气库是美国主要的天然气储备装置，其次是液态天然气，现有气田还没有被纳入战略储备。地下储气库包括盐穴、含水层、枯竭油气藏，其中以枯竭油气藏为主。美国的天然气储备体制是以公司为主体进行储气库的建设、运营等，利用市场机制进行储备。在天然气地下储气库的建设管理中，美国对经济评价、环境保护、市场需求等比较关注，并且政府严格控制地下储气费率。美国相关的法律法规比较完善，许多法律法规中都有关于地下储气库要求的规定。美国国家环境保护局监管地下储气库的环保问题、安全问题等。俄罗斯是全球第一大天然气生产国，同时也是全球第二大天然气消费国，其天然气的主要储备方式是地下储气库。俄罗斯的地下储气库主要分布在天然气消费区。从 20 世纪 50 年代开始，俄罗斯就进行了地下储气库建设，地下储气库的原有投资是苏联的直接财政划拨，现在由俄罗斯天然气工业股份公司（Gazprom）管理与拥有地下储气库和供气系统。俄罗斯在储气基础设施建设时期并没有明确提出战略储备的概念，但实际上已经有战略储备的作用。英国的天然气储备以地下储气库为主，以液态天然气为辅，天然气以生产储备为主，用于应对紧急事件和季节调峰。英国政府认为英国的战略储备是大陆架气田。英国主要的地下储气库类型是枯竭油气藏，其他还有盐穴，由公司管理运营地下储气库。英国对盐穴储气库有专门的法规规定，提出了管线安全规范、井场和操作规范等。

（二）国内加强建设和管理

建设天然气储气库对于保障下游用户的调峰需求有重要的意义。全球的天然气储气库主要分布在北美和欧盟地区，中国的天然气储气库建设相对不足。在天然气生产和消费大国中，对天然气上下游一体化工程的总体规划通常将地下储气库建设作为重要的一部分。中国地下储气库起步较晚，远远落后于发达国家。要解决天然气供应中的调峰问题、应急安全供应问题，中国需要加强天然气储气库建设，将储气库作为国家天然气战略储备，优化管道运行，与管网、LNG 终端形成网络。在中原油田或者胜利油田，可以建设河南、山东地区的调峰储气库。对华北储气库群要进行扩容建设。在长江三角洲地区，要寻找含水层，建设地下储气库。要在东北的辽河油田和大庆油田进行构造筛选，选择合适的地区建设地下储气库。注重京津地下储气库、西气东输沿线、东北地下储气库的改扩建，为进口管道天然气建设配套的地下储气库。中国还没有形成天然气战略储备的具体方案，随着对进口天然气依赖程度的加深，中国需要建立天然气战略储备，以提高能源安全。

五　扩建 LNG 进口配套设施

（一）统筹规划，扩建 LNG 接收站

20 世纪 50 年代，加拿大开始向美国出口管道天然气，60 年代，各国开始以液态天然气的方式开展天然气贸易，液态天然气国际贸易迅速发展。天然气主要出口国包括俄罗斯、加拿大、荷兰、挪威等，天然气主要进口国包括德国、法国、印度、中国、韩国、日本等。近年来，LNG 贸易发展迅速，卡塔尔依然是世界上最大的 LNG 出口国。中国天然气勘探经过起步、积累、快速增长阶段，天然气储量已进入高峰增长期，天然气开发取得长足进步，产量大幅提升，但同时天然气消费量也快速增加，国内资源并不能满足消费需求。随着城市环保要求的提升以及天然气利用产业政策的出台，发电用气、工业燃气、城市燃气等天然气用量越来越多。中国是能源消费大国，随着全面小康社会建设的推进以及经济的快速持续发展，天然气的需求量将不断增加，供需矛盾将更加明显，中国需要采用进口的方式缓解用气需求。要加快进口天然气相关基础设施的建设。中国进口天然气工作已经有十多年的时间，中国第一个进口 LNG 接收站在 2006 年建成投产，位于广东深圳，2007 年 LNG 进口量已经达到 38.7×10^8 立方米。未来 LNG 进口规模将不断增加，LNG 接收站建设也要不断发展。随着中国 LNG 需求量的增加，LNG 接收站不断建设，配套设施需求不断增多，要保障充足的资金投入，用于相关设施的建设，鼓励民营资本和外资进入。要统筹规划，合理布局，防止过量浪费资源，或者基础设施不配套。要保证施工的技术和质量，满足进口需求。在沿海地区选择合适地址，建设 LNG 接收站，促进 LNG 和管道天然气协调发展。

（二）建设 LNG 中继站

LNG 有特殊的理化特性，必须通过槽运、低温常压储罐储存，相比于气态天然气，LNG 有更强的储存优势。设备投资的经济性是影响 LNG 站建设的主要因素，LNG 站建设的投资成本高，并且工艺要求比较高，后期也需要较高的维修成本。因此，中国可以参考日本的建设方式，建立 LNG 中

继站，依托管网，以 LNG 储罐为基础，完善相关配套设施，建立综合性天然气产业链的 LNG 站，提高 LNG 站的运行效率，提升 LNG 站的经济性和实用性，开拓 LNG 产业。LNG 中继站以 LNG 储存装置为核心，配套相关设施，是一个完整的 LNG 产业系统，目的是增加区域天然气的调峰能力以及天然气的储存能力，最大限度地利用 LNG 的理化特性。LNG 中继站不同于 LNG 卫星站。LNG 卫星站有气化、接收两大功能，相当于小型的气化站和接收站，用于需要使用清洁能源的特殊厂家，或者输气管线不能到达的中小城镇。一些城市通过 LNG 卫星站提高其天然气应急储备能力。LNG 卫星站是一个单纯的物流平台，由运输供应、气化处理、输送、分配、卸货等环节组成。LNG 卫星站前期需要大量的资金投入，有些区域不具备管网接入条件，会用 LNG 卫星站代替管网，但是其与管网不连接，不能保证天然气的战略安全。LNG 中继站以天然气管网为基础，可以建设配套基础设施，提高综合效益，带动区域内天然气和 LNG 的发展。

在 LNG 中继站的选址上，需要考虑多方面的因素，包括对下游用户的调峰能力、天然气的战略储备作用，以及管网的重要节点位置。中国常规天然气主要集中在北方和西北地区，大型 LNG 接收站主要在沿海地区。建设 LNG 中继站，可以与气源保持一定的距离，避免浪费。LNG 中继站的气源是管道天然气，需要建设冷热能配套设施。LNG 中继站应该靠近用气区域，比如工业区上游、城市，但是要与人口密集的城市保持一定的距离，并且避免在上风口选址。LNG 中继站可以适当靠近工业区。LNG 中继站必须与管网相连，主要考虑终端用户的位置，不一定要与联络线、省市级的管网相连。LNG 中继站需要配套建设液化天然气厂，对连接的管网要有一定的选择，要选择管线的中间位置，或者储气能力强并且保压的环网。LNG 中继站要在管网重要节点的下游，注重相关基础设施的建设，主要是冷热能配套设施，比如冰库、热电厂建设等。

LNG 中继站的储存规模要与战略储备相配合，可以参考世界各国天然气的储备基数。中国天然气储备主要是沿海 LNG 接收站、地下储气库、天然气管网，这些项目在建设中有严格的地质条件限制，无法覆盖经济不发达地区，应该辅助以 LNG 中继站为核心的 LNG 卫星站。储罐的罐容是单个 LNG 中继站规模的核心，选择罐容要依据区域内 LNG 储备能力的要求、下游应急调峰能力的需求、周边 LNG 产业的市场需求，以及 LNG 冷热能利用的需求。

　　LNG 中继站气源组织包括管道气液化、槽运。天然气管道中的天然气是 LNG 中继站液化气的主要来源，液化后的天然气进入 LNG 储罐中。目前液化技术已经成熟，液化天然气厂也有了一定规模，因此在液化过程中不存在技术障碍。另外，LNG 中继站也可以通过槽运的方式直接接收 LNG。LNG 槽运分为三种：小型内河运输船、铁路槽车和槽车，这三种方式的运输效率和距离各不相同，各有优势和劣势。公路运输能够在各种区域通行，不受限制，不需要依托河流或者铁路网，但是距离短，装载量不高，投资成本相对比较高。如果有铁路槽运、内河运输，常使用公路槽运作为补充。铁路槽运的运输量相对较大，经济性和安全性好，但是受限制性比较强，需要临近铁路，而且要求上下游对接，铁路运输难度大，使用很少。公路槽运类似于铁路槽运，都是无动力设备系统，通过卸料软管将 LNG 卸车，利用槽车的升压器形成气压差，卸入 LNG 储罐。LNG 内河运输船灵活，运量大，并且经济性好，主要从沿海 LNG 接收站转运，但是对选址有要求，需要有河流条件。LNG 中小型内河运输船在码头停泊，码头的回气臂、卸料臂连接船上的管道，通过船上的输送泵输送 LNG 到接收站的储罐。

　　LNG 中继站的核心设备是 LNG 储存装置，由一整套设备组成，LNG 储存装置包括 LNG 空温式气化器、储罐、储罐增压器、控制系统、安全系统、卸车增压器、BOG 设备等。其中，BOG 设备、储罐、LNG 空温式气化器是比较核心的装置。要根据地理环境和 LNG 中继站的自身情况，选择合适的储罐，通常采用典型全封闭维护系统、立式子母罐。立式子母罐可以隔离储存不同来源的 LNG，防止出现气液翻滚。在解决了气液翻滚问题的情况下，典型全封闭维护系统主要适合大型 LNG 接收站。中小型 LNG 中继站的气化器有两种：水浴式气化器、空温式气化器，大型 LNG 中继站采用水浴式气化器，空温式气化器相对来说能力有限。要根据实际情况，综合换热利用。完整的 LNG 中继站储存装置由槽运输送来 LNG，卸到 LNG 储罐中，使用 LNG 储罐自增压系统升压，排放到气化器气化，经过调压、计量加臭装置进入天然气管网，根据使用需要向外输送。

（三）加大资源采购力度

　　中国 LNG 建设和经营中存在不少问题：对 LNG 冷能的利用不够，直销市场小，在没有形成亚洲的期货交易市场价格前，需要加大对北美 LNG 资源的采购力度，通过购买北美与气价直接相关的 LNG 资源，改变与油价挂钩的定价方式，完善天然气定价机制，促进天然气市场的发展。北美地区的 LNG 资源主要参考美国的期货交易中心价格，比亚洲市场的价格低很多，竞争力比较强。受各种因素影响，中国在北美地区采购 LNG 资源受到限制，当然也有其他曲线方式可以获得资源，但需要企业积极探索。

（四）打造 LNG 海外资源生产基地

天然气行业投资巨大，即使是发达国家，最紧缺的仍是资金投入。中国要抓住机遇，积极进入天然气上游产业，加强基础设施建设，获得有竞争力的资源。中国三大国有石油公司在国外一些国家开展了 LNG 生产基地的相关工作，通过控股或者参股的方式取得了价格优势。俄罗斯对欧洲的天然气出口不太顺利，同时还面临打破垄断的挑战。LNG 出口垄断的取消有一定的可能性，是进入天然气上游开发的良好契机，中国要积极完善天然气基础设施建设，参与上游市场。通过建立 LNG 海外资源生产基地，加强国际天然气基础设施建设，有利于解决 LNG 接收站中的资源价格问题。

六　鼓励投资，加大政策支持力度

（一）加大资金投入

天然气基础设施建设需要大量的资金，单纯依靠国家筹集并不现实，要扩大融资渠道，吸收民间资本和外资，鼓励其进入天然气基础设施建设中。实施透明稳定的能源定价机制，吸引外资和民间资本进入。政府可以通过长期低息贷款或者无息贷款支持天然气的发展，尤其是在基础设施建设初期，帮助弥补纯粹价格规制的不足。完善金融体制，支持天然气行业的发展。不管是天然气管道建设，还是 LNG 调峰工程建设，都需要巨大的资金投入，政府要根据国家相关制度，鼓励地方贴息或者通过其他方式对承建企业进行补助，允许相关企业募股集资，开拓融资渠道。要加强天然气管理，完善管理机制，明确在经济结构调整中基础设施建设是重点，通过政府投资带动社会投资、企业投资，吸引更多的社会资本投入天然气基础设施建设领域。要调节利益机制，降低投资门槛，促进各个领域的基础设施建设。国家要明确天然气的定位，制定发展天然气的战略，引导天然气行业各环节的发展。要制定相关的实施细则，提高政策法规的可操作性，支持融资渠道的多元化，包括政府贴息、专项建设基金、国债资金等，以支持天然气基础设施建设。为了加大基础设施建设的投资力度，可以制定合理的税费优惠政策以及土地政策，解决在天然气基础设施建设过程中出现的拆迁、征地等问题。

（二）政府合理参与、积极支持，发挥行业作用

天然气是特殊商品，完善的网络即基础设施关系着市场的开发，基础设施越完善，越有利于天然气市场的培育。基础设施的建设情况决定了行业的发展速度。天然气基础设施投入很大，需要大量资金，并且考虑到最终的售价影响着市场的开发，因此投资回报率不会太高，投资回收期也比较长，会带来投资风险。基础设施具有经济性及规模经济特性，有自然垄断特性，但是如果要实现范围和规模的经济性，就容易形成垄断；如果要充分的市场竞争，就可能失去规模效应。在此环境下，市场竞争机制与规模和范围的经济性存在明显的矛盾。一个行业发展的关键是在初期能够保证有大量的资金进行基础设施建设，随着行业发展达到一定的规模，在保持良好的市场竞争的同时，还要能够实现规模效应。欧盟各国的天然气市场比较成熟，把握了天然气行业的发展特点，因此在天然气市场的发展中，欧盟各国结合自身的实际情况，把握重点领域，在不同阶段采取不同的措施，并且对政府的参与方式和程度比较谨慎。在天然气发展全过程中，欧盟各国合理选择管制方式，协调市场开发程度、基础设施建设以及市场准入政策，取得了良好的成果。在天然气市场开发、基础设施建设过程中，政府如何参与、采取怎样的方式参与是关键，而并不是要考虑政府是否应该参与的问题。天然气在能源结构中优势明显，未来发展潜力巨大，中国已经将其列为 21 世纪重要的发展能源之一。要了解当前的宏观环境，把握天然气行业的特点和发展状态，制定合理的措施和手段，积极支持天然气行业的发展，促进天然气基础设施建设，为天然气的发展提供基础保障。

另外，要积极发挥天然气行业协会的作用，进行行业内部的沟通协商，促进行业自律，关注在天然气基础设施建设过程中遇到的问题，鼓励

研究开发新技术，积极解决遇到的问题，约束和规范天然气行业的相关行为，解决在基础设施建设中存在的矛盾。在欧盟天然气市场的发展中，欧洲长输公司行业协会发挥着积极的作用，值得中国借鉴。目前中国天然气行业在快速发展中，各产业链环节存在尖锐的矛盾，政府部门行业管理职能弱化和多头管理并存，通过行业协会，可以对不同主体的利益关系进行调整，为天然气基础设施建设营造良好的环境，同时也可以减轻政府的压力。行业协会以其独有的优势，能够加强国内外技术、学术等的交流，引进国外先进的技术和管理经验，为中国天然气基础设施建设提供有效的借鉴。行业协会是企业之间、企业与政府之间、企业与消费者之间的桥梁，要充分发挥行业协会的作用。

（三）加快相关法律体系的构建

中国天然气行业的法律体系还不完整，缺乏天然气专门法，不能严格规范自然性垄断经营等行为，对基础设施建设也缺乏法律保障。中国天然气行业当前的法律体系是在国家垄断体制的框架下形成的，已与新的市场环境严重不符，不能适应当前的发展需要。天然气相关立法的滞后使投资的风险增加，影响了民间资本的进入及基础设施建设，阻碍了天然气市场的发展。在天然气市场中，要加快行业法律的完善，引导天然气行业各个环节的良性发展，使中国天然气行业在起步阶段能够进入科学的轨道。要以市场化为原则，建立公平、完整、透明的法律规则框架，为天然气市场基础设施建设提供法律保障。市场经济是法制经济，必须重视立法，引入市场机制，打破垄断。政府要加强监督，防止垄断扩大。要建立公平稳定的监管框架，建立现代管制机构，分离政府的政策制定职能和监管职能。要正确处理城市配气系统的两种关系：作为地方公用事业的一部分以及作为天然气产业链的一部分。在相关政策中，要注重城市配气领域的规范和引导，由中央政府制定法规政策，由地方政府进行监管。

在天然气相关法律中，还要兼顾消费者和经营者的利益，维护双方的权利。在天然气行业发展初期，要保护投资者的积极性，使其能够加大对天然气基础设施建设的投入。英国在发现北海气田后建立了公司以及监管体系，以保证天然气行业的发展。其他国家也有类似的经验。国外的经验表明，只有完善的基础设施条件以及充足的市场需求，才能鼓励竞争，开放天然气市场准入，促进天然气行业不断发展。美国曾在 20 世纪 50 年制定法规，限制井口价格，这影响了天然气生产商的积极性，出现了天然气需求的盲目膨胀，导致供需失衡，供应严重不足，不利于天然气行业的发展。中国天然气发展处于初期，天然气基础设施建设还不完善，为了加强基础设施建设，要保证上游企业和中游企业的积极性。

七　加强技术保障和监管

（一）重视技术保障

在天然气基础设施建设中，要注重技术保障措施的完善，保证建设的质量。提高天然气管道设计技术，充分利用遥感测绘技术。世界上长运输管道系统制作的工艺流程基本一致。技术水平主要体现在自动化要求、设计方法、效率、能耗、工艺设备性能等方面。合理利用遥感测绘技术和管道设计技术，能够提高设计精度，节约设计时间。要重视天然气管道运行和管理技术，提高压气站压缩机组的效率，降低管道阻力的损失，采取低温输气、保持输气系统优化运行等措施，降低能耗。选用优质的管道材料进行基础设施建设，提升基础工业水平，提高制管技术和质量。管材的选择关系着输气管道的安全以及输气管道的效益，中国相关企业需要进一步提高技术，满足长运输管道的需求。在现代油气管道中，自动化和通信系统发挥着重要的作用，关系着管道的安全，要重视自动化和通信系统建设。全球主要油气生产国中，采用站场预制组装化施工已经比较普遍。当前，输气管道压缩机站的施工技术、模块化设计发展迅速，已经广泛应用于国外的燃气轮机－压缩机站中。中国需要进一步深化发展，积极采用先进技术，加强基础设施建设。

（二）加快标准化体系建设

促进天然气行业可持续发展，需要加快天然气标准化体系建设，规范天然气基础设施建设和运营。中国的天然气标准化体系严重不足，分散在燃气分类体系中，缺乏统一性和整体性，而且以输配系统为主，并不全面。天然气行业的环境保护、健康安全、技术规范等标准也严重缺失。当前，中国面临着多种气源同时并网供应的格局，缺乏统一的规范和协调，气源互换问题突出，需要寻求有效的解决方法。要制定天然气标准化体系，规范多气源并网技术标准，为气源联网提供基础依据。同时要注重环保标准、安全标准、技术标准等的制定，以减少意外事故。

（三）加强基础设施运行监管

天然气行业的基础设施有垄断特性，包括储气库、管道、LNG 接收终端。中国天然气生产企业主要是中海油、中石化、中石油，企业之间也存在激烈的竞争。在天然气管道方面，中石油具有较强的垄断性，限制了其他企业对天然气管道的使用，容易造成资源浪费。从整体上看，要有独立的天然气基础设施运营公司，对天然气基础设施运行进行有效的监管，集中资源，发挥规模效益的优势。

（四）完善安全运行机制

天然气在输送过程中完全处于封闭状态，长输天然气压力大、输送量大，天然气的采气、净化、运输等各个环节联系紧密，每个环节都要保证安全运行。在天然气基础设施建设中，要考虑安全隐患，在考虑经济效益的同时，也要保障天然气的安全输送。部分地区的天然气管道使用时间已经比较长，事故多发，需要及时修整，排除安全隐患。天然气钢制管道都是深埋在地下，土壤环境复杂，管道会被腐蚀。管道内外壁受到腐蚀可能出现管道穿孔，导致天然气泄漏，要加强长输管道的防腐技术，避免由于天然气泄漏出现严重的环境污染、火灾等。要加强对防腐材料的研究，学习国外的先进技术，结合中国的实际情况，进行合理改造。要明确安全责任主体，管道安全运行的第一责任人是管道运营企业，管道运营企业要承担保障天然气安全供应的责任。相关部门要做好监督管理，各管道运营企业要实施安全联防制度，加强技术交流和沟通，加大安全监测投入。要建立长效安全监管机制，完善相应的法律法规。为了避免安全隐患，要对长距离输送管道定期进行检测。相关部门要制定严格的检测制度，注重安全评估、远程监控、寿命预测和防护研究等。要建立完善的管道应急抢修系统，提高抢修效率及基础设施的安全性，减少事故损害。

第九章 强化天然气国际贸易与合作，扩大天然气供给[*]

> 第二次工业革命已经日薄西山，工业排放的二氧化碳正在威胁世界上所有生物的生存，这些是越发明显的事实。目前的当务之急是寻求未来的经济模式，以指引我们进入后碳时代的可持续发展之中。这一目标的实现需要对推动当今社会发生显著变化的技术力量进行全面剖析，而每一个伟大的经济时代都是以新型能源机制的引入为标志。
>
> ——杰里米·里夫金

在过去的一个多世纪里，石油成为世界金融、权力及战争的主宰力量。靠着石油的金融属性及大部分时间充足而廉价的特性，石油为人类创造了辉煌的经济发展奇迹；同时，石油的权力属性也因石油霸权和利益的争夺而导致国际局势动荡不安。但是，对石油不加节制的使用和温室气体的大肆排放导致全球的资源供给和环境承载压力日益突出。为了建立一个高效、清洁而稳定的全球能源体系，实现能源多元化及培育新能源贸易机制是推动能源转型乃至新工业革命的重中之重。

天然气是一种绿色、低碳、环保型燃料，其在全球能源平衡中的作用日益凸显。国际能源署（IEA）认为，天然气将成为未来平衡全球能源供给和

---

[*] 本章作者刘媛媛，中国社会科学院研究生院博士后，研究方向为能源经济、产业经济。

消费的重要燃料。[①] 天然气贸易逐渐步入黄金时代也主要得益于"天时""地利""人和"这三大条件。所谓天时，即全球能源结构转型助推清洁能源的发展。能源结构多元化、工业和民众用能清洁化以及天然气定价方式更加多元自主化等因素为天然气发展增加了助力。所谓地利，即国际能源合作和中国"一带一路"倡议加大了区域能源合作机遇，更扩大了天然气基础设施建设。管道天然气和液化天然气建设"双管齐下"，加之美国"页岩气革命"的到来，是促进天然气贸易的必然条件。所谓人和，即民众对生活质量要求的提高以及对清洁能源的不断追求是促进天然气贸易合作的根本。

在天然气国际贸易合作进程中，天然气的可得性、天然气贸易规则的建立和国内外市场中的定价等因素决定了天然气国际贸易合作进程的快慢。强化国际上天然气的贸易合作，扩大天然气供给，需要从根本着手。实现能源转型、解封"亚洲溢价"及建立有效的区域性乃至全球性天然气交易中心是促进天然气贸易的有利抓手，更是推进天然气人民币的核心要素。

一 黄金时代悄然而至

实现能源转型、能源安全及能源再平衡是 21 世纪世界各国的战略目标，也是推动能源生产、消费和供给革命并建立能源多元供应体系的重要保障。在当前全球一次能源消费中，石油占比约 33%，天然气占比 24%，核电和新能源占比 15%。相比之下，在 2016 年的一次能源消费中，中国石油、天然气、核电和新能源占比分别为 18.3%、6.4% 和 13.3%。[②] 天然气发展的潜力与天然气未来的巨大市场需求在能源转型背景下步入了黄金时代。

（一）能源转型

所谓能源转型，是指能源生产和消费结构发生根本性改变。当前世界已经历两次能源转型，即煤炭取代薪柴推动的蒸汽时代和石油取代煤炭推动的现代工业发展。两次能源转型的共同之处在于去碳化，从低效率和低清洁度

① 〔英〕乔纳森·斯特恩：《全球天然气价格机制》，王鸿雁、范天晓等译，石油工业出版社，2014，第 11 页。

② BP, *BP Statistical Review of World Energy 2017*.

的"高碳能源"不断向高效率和高清洁度的"低碳能源"演进。而第三次能源转型随着技术的提高和民众生活水平的提高也在悄然推进。

为了加速能源转型，联合国及世界各国对能源政策及本国能源结构体系进行了相应的调整。2016 年 4 月 22 日，《巴黎协定》[1] 在纽约进行签署。该协定所具有的实际意义在于：首先，积极推动各国向绿色可持续增长方式转型，避免过去几十年严重依赖石化产品的增长模式继续对自然生态系统构成威胁；其次，促进各国减排并加大对能源技术的研发；最后，加大各国能源方面的合作，通过融资、技术转让等方式，推动缔约方共同履行减排责任。《巴黎协定》将从未来的各个层面上进一步向绿色能源、低碳经济和环境质量等领域倾斜。

欧盟加快了对能源转型的调整。自 2007 年起，欧盟开始将能源和气候变化政策整合在一起。欧盟于 2010 年、2011 年、2014 年先后出台了"欧盟2020 战略"、"2050 能源路线图"和"2030 气候与能源政策框架"。2015年，欧盟委员会公布了"能源联盟战略框架"，目的主要在于建立安全且稳定的能源发展路径，同时为欧洲创建一个统一的天然气官方采购机构，希望可以减少欧盟整体的能源对外依存度，保证天然气供应安全和价格稳定。[2]欧盟以能源安全、可再生能源、能效、内部市场及研发五个领域为支点，计划在 2020 年之前实现 10% 的电网互联，2030 年温室气体排放较 1990 年减少 40%。[3]

针对能源转型，美国加大了天然气的生产和供应。美国是世界上最大的天然气消费国和生产商，2022 年，美国页岩气产量将达到世界额外天然气产量的 40%。据估计，2022 年，美国天然气产量将达到 8900 亿立方米，占全球天然气总产量的 1/5。就美国天然气国内需求而言，随着工业部门对天然气需求的增长，美国所生产的液化天然气（LNG）将有一半用于出口。IEA 预测，到 2022 年，美国天然气产量将直接挑战澳大利亚和卡塔尔，成

①　United Nations, *PARIS AGREEMENT*, 2015, p. 6.

②　Donald Tusk, "An United Eruope Can End Russia's Energy Stranglehold", Financial Times, 21 April 2014.

③　European Commission, "Energy Union: Secure, Sustainable, Competitive, Affordable Energy for Every European", press release, IP/15/4497, Brussels, 25 Feb. 2015.

为天然气出口的全球领导者。[1]

中国政府部门也积极推进能源转型。2011 年和 2012 年，中国政府相继发布了《国家能源科技"十二五"规划》、《页岩气发展规划（2011～2015年)》、《煤炭工业发展"十二五"规划》和《天然气发展"十二五"规划》等能源规划；党的十八大报告也提出了"推动能源生产和消费革命"[2] 的政策方针。2017 年 7 月，国家发展和改革委员会、科学技术部等 13 个部门联合印发了《加快推进天然气利用的意见》，提出，为了加快推进天然气的使用，提高天然气在中国一次能源消费结构中的比重，在深入落实习近平总书记系列重要讲话精神和牢固树立创新、协调、绿色、开放和共享发展理念的同时，坚持发挥市场在资源配置中的决定性作用，加快推进天然气在城镇燃气、工业燃料、燃气发电及交通运输等领域的大规模高效科学利用。争取在2020 年，令天然气在一次能源消费结构中的占比达到 10% 左右，地下储气库形成有效工作气量 148 亿立方米，而到 2030 年，天然气占比提高到 15%左右，地下储气库形成有效工作气量 350 亿立方米以上。

（二）不断扩大的天然气贸易市场

天然气国际贸易基本始于 20 世纪 50 年代，较石油和煤炭晚得多。直到20 世纪 70 年代，天然气仍停留在区域间贸易，而且加拿大对美国的出口占据天然气国际贸易的主导地位。20 世纪 70 年代后，天然气国际贸易开始逐步由区域化向国际化转变。随着苏联和阿尔及利亚的 LNG 通向欧洲，天然气贸易的国际化趋势逐渐增强。2010 年以前，天然气国际贸易的四个主要区域，即北美、欧洲、独立国家联合体和亚太的天然气贸易占全球天然气管道贸易的 93%，占 LNG 进口贸易的 96%。因基础设施建设的局限、天然气可探明储量的限制或缺乏天然气贸易意识等各种原因，非洲几乎没有天然气贸易，而南美等地区也鲜有 LNG 贸易。但随着美国"页岩气革命"的爆发、技术的不断创新、民众生活水平的提高及环保意识的增强，天然气国际贸易规模开始大幅提升。贸易范围也逐渐由区域间贸易通过连接邻国的管道发展

---

① International Energy Agency, "IEA Sees Global Gas Demand Rising to 2022 as US Drives Market Transformation", July 13, 2017.

② 刘澎涛、刘刚等：《中国能源转型中天然气的角色》,《科技和产业》2014 年第 6 期。

到国际贸易。而从扩大的天然气贸易规模看，其贸易量至少扩大至了原来的 3 倍，超出 LNG 贸易量的 20%。[①] 数据显示，截至 2016 年，原来几乎没有天然气贸易的非洲等地区的天然气贸易量占比已达 11.5%，具有极大的天然气贸易市场扩大潜力。

近年来，全球天然气贸易市场愈加活跃。英国石油公司（BP）的统计数据显示，2016 年，全球天然气总贸易量已达 1.08 万亿立方米，较 2015 年增长了 3.7 个百分点，占全球天然气消费总量的 30.5%。在天然气贸易总量中，管道天然气贸易量为 7375 亿立方米，LNG 贸易量为 3466 亿立方米。从天然气国际贸易结构看，美国、加拿大、澳大利亚、卡塔尔、俄罗斯及印度尼西亚等国家是主要的天然气出口国。其中，美国、俄罗斯、加拿大等国家主要出口管道气，而卡塔尔、澳大利亚及印度尼西亚等国家以出口 LNG 为主（见表 9-1）。从近年来的天然气贸易总量看，随着美国"页岩气革命"的爆发及技术的不断创新，北美地区的天然气供给及出口呈显著上升趋势。随着北美地区天然气价格的明显下降，欧洲、亚太地区天然气进口量增长明显。2016 年，欧洲和亚太地区共进口天然气 7794 亿立方米，占全球天然气贸易总量的 71.9%，其中欧洲地区进口同比增长了 3.6 个百分点，亚太地区进口同比增长了 7.2 个百分点。值得一提的是，以中国为代表的新兴经济体国家对天然气进口的需求大幅增加，2016 年同比增长 16.5%。

表 9-1　全球天然气国际贸易市场结构

单位：10 亿立方米

	2015 年				2016 年			
	管道气	LNG	管道气	LNG	管道气	LNG	管道气	LNG
	进口		出口		进口		出口	
美国	74.4	2.6	49.1	0.7	82.5	2.5	60.3	4.4
加拿大	19.2	0.6	74.3	†	21.9	0.3	82.4	†
墨西哥	29.9	7.3	†	—	38.4	5.9	†	—
特立尼达和多巴哥	—	—	—	16.9	—	—	—	14.3
其他中南美洲国家	19.9	19.8	19.9	5.1	16.8	15.5	16.8	6.1

① 〔英〕乔纳森·斯特恩：《全球天然气价格机制》，王鸿雁、范天晓等译，石油工业出版社，2014，第 69 页。

续表

	2015 年				2016 年			
	管道气	LNG	管道气	LNG	管道气	LNG	管道气	LNG
	进口		出口		进口		出口	
法国	31.8	6.8	—	0.6	32.3	9.7	—	1.5
德国	102.3	—	32.7	—	99.3	—	19.3	—
意大利	55.7	5.4	0.2	—	59.4	5.7	—	—
荷兰	33.6	2.1	47.1	1.3	38.0	1.5	52.3	0.7
挪威	†	—	109.6	5.9	†	—	109.8	6.3
西班牙	15.2	13.1	0.5	1.8	15.0	13.2	0.6	0.2
土耳其	38.4	7.7	0.6	—	37.4	7.7	0.6	—
英国	29.0	13.1	13.4	0.3	34.1	10.5	10.0	0.5
欧洲其他国家	94.7	6.9	13.8	1.5	100.2	8.2	15.0	1.3
俄罗斯	21.8	—	179.1	14.0	21.7	—	190.8	14.0
乌克兰	17.3	—	—	—	11.1	—	—	—
其他苏联国家	27.0	—	72.3	—	27.9	—	74.0	—
卡塔尔	—	—	20.0	101.8	—	—	20.0	104.4
其他中东国家	29.6	10.2	8.4	18.8	26.9	14.2	8.4	18.1
阿尔及利亚	—	—	26.3	16.6	—	—	37.1	15.9
其他非洲国家	9.0	3.7	11.0	30.0	8.8	10.2	8.5	29.6
澳大利亚	6.4	—	—	38.1	8.3	0.1	—	56.8
中国	33.6	25.8	—	—	38.0	34.3	—	—
日本	—	110.7	—	—	—	108.5	—	—
印度尼西亚	—	—	9.3	20.7	—	—	8.8	21.2
韩国	—	43.8	—	0.2	—	43.9	—	0.1
其他亚太地区国家	20.3	46.0	21.4	51.4	19.3	54.8	22.7	51.1
全球总计	709.0	325.5	709.0	325.5	737.5	346.6	737.5	346.6

注：† 误差低于 0.05。

数据来源：BP，*BP Statistical Review of World Energy 2016*，CISStat，FGE MENAgas service，IHS Waterborne，PIRA Energy Group，Wood Mackenzie.

从天然气发展角度看，其贸易市场的扩大得益于两个事实，即技术的创新和市场需求的增加。技术创新是解决天然气充分供给的重要前提，主要体现在天然气的勘探技术和运输能力方面。技术创新不仅可以大大提高天然气的勘探开采能力，更可以保证天然气的供给能力。根据天然气获取的难易程度，天然气可分为常规天然气和非常规天然气。其中，常规天然气可以通过传统技术获得，而非常规天然气需要新技术改善储层渗透率等才能实现经济开采。相较于石油，天然气不被重视或者不能被广泛应用于市场的一个重要原因在于各国对未来天然气储量的担忧。美国能源信息署 2008 年预计分析，美国"能容易获得的"加上"技术上可行的"天然气供应一共可以持续不到 6 年时间。即便存在"未知但可能的"天然气资源，美国能供应的天然气预估再有 11年就能耗尽。① 但新技术的出现为天然气的供应提供了来源，一直不能有效勘探开采的页岩气融合新技术或许可以维持美国天然气一个世纪的供应。

技术创新还体现在管道建设上。以中俄天然气管道铺设合作为例。自2010 年至今，中俄就天然气管线铺设项目建设的合作较为顺利。2014 年初，俄罗斯联邦能源部公布了《2035 年前俄罗斯能源战略草案》，该草案提出要向亚洲市场尤其是中国市场以最快的速度输出天然气。2014 年，俄罗斯天然气工业股份公司（Gazprom）与中国石油天然气集团公司（CNPC）签署了为期 30 年的《中俄东线供气购销合同》，通过铺设中俄东线天然气管道俄罗斯境内段"西伯利亚力量"管道，每年向中国交付 380 亿立方米天然气。同年 11 月，中俄签署"阿尔泰"天然气管道（西线）供气备忘录和框架协议，计划未来 30 年每年向中国提供 300 亿立方米天然气。如果项目进展顺利，俄罗斯将于 2019 年 12 月正式通过"西伯利亚力量"东线管道向中国供应天然气。

天然气贸易市场得以扩容的另一个重要事实在于市场需求的增加和消费的增长。2016 年，全球天然气消费整体增长 630 亿立方米，增长率达1.5%。其中，欧盟消费增长 300 亿立方米，增长率近 7.1%，达到了 2010年以来最快的消费增长速度。同时，从天然气生产角度看，北美和澳大利亚的天然气生产都表现出强劲增长。毋庸置疑，天然气生产和消费的扩张从来都离不开贸易。2016 年，天然气全球贸易增长了约 4.8 个百分点，而 LNG的进出口增长了 6.5 个百分点。BP 的调查数据显示，全球对天然气的需求正呈不断上涨的趋势（见图 9 - 1 和表 9 - 1）。2010 年至 2016 年，全球市场对天然气的需求增长了 31%，分别高出石油和煤炭 4 个百分点和 21 个百分点。而自 2010 年起，全球在能源转型的有效措施下降低了对高碳能源的消耗，而对低碳、清洁的天然气及可再生能源的需求占据了全部增长需求的 2/3。

---

① 〔美〕丹尼尔·波特金、戴安娜·佩雷茨：《大国能源的未来》，草沐译，电子工业出版社，2012，第 35～37 页。

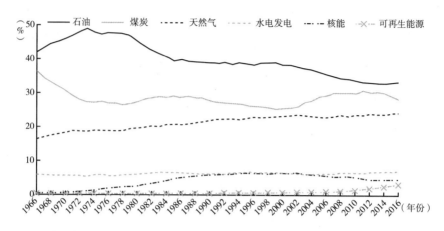

图 9 - 1　全球能源历年消费比重

数据来源：BP，*BP Statistical Review of World Energy 2017*，CISStat，FGE MENAgas service，IHS。

二　天然气是否与众不同？

随着新一轮科技革命的爆发和新工业革命时代的到来，世界对低碳能源的需求愈加明显。第一次工业革命使煤炭取代了薪柴，第二次工业革命的爆发令石油取代了煤炭，而在第三次工业革命爆发之际，低碳、清洁的天然气是否能够取代石油成为 21 世纪的主导能源？从能源演进轨迹看，石油之于煤炭犹如煤炭之于薪柴，是低碳、效率、效益和利益等综合作用的结果。随着技术的提高和以页岩气为代表的非常规天然气能源的快速发展，天然气的开采成本和交易成本都呈不断下降的趋势，单从经济学角度看，天然气有望成为未来全球第一大能源。对于天然气未来的发展空间，一些业内人士表示，美国"页岩气革命"将全球能源结构带入了调整进程。全球天然气供应持续增加，特别是澳大利亚及北美天然气的出口能力逐渐增强，很大程度上刺激了全球天然气贸易的发展，也促使全球逐步形成统一的天然气交易市场。天然气贸易增强和价格下调的同时，对全球能源大宗商品价格也将起到平抑作用。

天然气的不断普及，首先冲击的是煤炭，作为低碳、清洁能源，可以肯定的是天然气对煤炭所产生的明显替代作用。截至目前，虽然煤炭在世界贸易中仍占比近 30%，但未来 10 年美国甚至全球会有近 1/3 的煤炭被天然气取代。其次冲击的是石油。随着美国、澳大利亚等国家天然气供给的大幅增加，天然气价格的下降加上能源低碳转型直接抑制了石油贸易的增长。BP 的统计数据显示，进入 21 世纪以来，全球对石油的消费比重下降了近 5 个百分点，而天然气消费却呈不断上升的趋势。IEA 报告预计，到 2030 年，天然气占全球一次能源的比重将从 23.8% 提高到 28%，其应用普及率甚至可能超过石油，成为全球第一大贸易能源。同时，LNG 贸易量将从 2016 年全球天然气贸易总量的 30% 上升至 40%，而全球天然气贸易市场也将逐步由管道为主的区域性市场过渡到管道和 LNG 并进的全球性市场。

如此看来，天然气的确有些与众不同。天然气的与众不同在于它"与生俱来"的低碳和清洁特性、高效性和"恰逢其时"的有利条件。低碳、清洁的特性是天然气"与生俱来"的本质属性，也是天然气逐渐成为 21 世纪主导能源的核心要素之一。低碳、绿色、环保成为天然气被世界"追捧"的重要原因之一。天然气是一种公认的清洁、绿色、低碳能源，在化工、电力、城市燃气等工业领域和民用领域正得到广泛应用。作为清洁、高效能源，天然气正被世界各国作为由化石能源向非化石能源转型的最重要的过渡能源。高效性是天然气"与众不同"的又一要素。天然气的一个重要用途在于工业发电。相比于燃油和煤炭，天然气具有更高的热能利用率优势，其热能利用率可以高达 55%～60%。而"恰逢其时"为天然气贸易的快速普及提供了得天独厚的便利条件。新工业革命、能源转型、"页岩气革命"及"一带一路"倡议等都是增大天然气国际贸易的有力基石。

天然气与石油等其他化石燃料的另一个明显不同是天然气贸易市场具有独特的发展特征。第一，天然气不能低成本大量储存。天然气分为液化天然气和管道天然气，需要由复杂且昂贵的储存设备和输送管道将其送到终端消费市场。BP 的统计数据显示，目前国际贸易中 68% 的天然气通过长距离油气管道进行输送，32% 的天然气经低温压缩后由储存设备运送到世界各地。从输送费用及交易成本看，天然气的输送费用和交易成本占到终端用户价格的一半以上，相较之下，石油成本仅占 5%～10%。高昂的输送费用和交易成本是天然气不同于其他化石燃料的一个重要方面。第二，因规模经济效应的存在，天然气交易往往签订长期合约。天然气运输和配送管网系统需要建立在规模经济基础之上，灵活性低。一般在合作投资初期，生产者和潜在消费者需要达成长期供应合同才能进行天然气交易，这与石油可以单方面投资、逐步进行交易不同。例如，中俄于2014年签订的《中俄东线供气购销合同》为期30年，如果项目进展顺利，俄罗斯将于2019年正式通过"西伯利亚力量"东线管道向中国每年供给380亿立方米天然气。第三，天然气在输送、配送环节更容易形成自然性垄断。管线的铺设和较大成本的投入导致消费者对天然气的需求价格弹性降低。一般终端用户也不容易因为气价变动而采用其他能源进行替代。[1]

虽然说与众不同，但天然气与石油和煤炭能源又是相同的。二者具有相同的特性，都是化石燃料能源；具有相同的金融属性和权力属性，都是世界各国在"国际货币权力"的竞争、合作与冲突中竞相推动本国货币走向国际化道路的重要抓手，都是各国对经济利益和政治利益的博弈。正如基辛格所说，"如果你控制了石油，你就控制了所有国家"，因为石油的金融属性和权力属性可以赋予一国经济和政治霸权。二者都正面临相同的挑战和困境——"亚洲溢价"。"亚洲溢价"现象不仅存在于现今的天然气发展进程中，也曾经存在于石油发展进程中。对于石油而言，基于政治、经济等多方面因素的考量，掌握大量石油资源的中东地区石油输出国对出口到不同地区的相同原油采用不同的计价公式，导致亚洲地区的石油进口价格大大高出欧美国家的价格。能源国际贸易初期，因各地运输费用及交易成本不同、信息不对称、各国及各地区蕴含的能源资源不同及政治经济话语权不同等综合因素的存在，诸如"亚洲溢价"现象在国际贸易竞争中是必经环节。

而"亚洲溢价"现象的存在同样会制约天然气国际贸易的进程。伴随新兴经济体的迅速崛起，中国、印度等新兴经济体国家成为天然气国际贸易最重要的需求国，却因"价格倒挂"等价格计价不稳定问题导致天然气供需不稳定。尤其自2008年以来，随着勘探开采技术的不断提高，美国页岩气探明储量和开采量的大幅增加直接降低了美国及其邻近地区的天然气出口价格。美国天然气价格的降低不仅没有降低全球天然气价格，反而加大了各区域天然气价格计价的差距。与欧美地区不同的是，因亚洲地区资源有限、运输费用及交易成本高和进口来源较单一等因素，亚洲天然气需求相对缺乏

---

① 林伯强、黄光晓编著《能源金融》（第2版），清华大学出版社，2014，第133页。

弹性。在欧洲，当枢纽价格上升至管道天然气价格的水平时，俄罗斯的管道天然气便可及时作为 LNG 的替代品。而对于亚洲地区而言，这恰恰是其之前扩展天然气国际贸易所缺乏的有利条件。

三　"亚洲溢价"有望破解

"亚洲溢价"一词的来源可以追溯到 20 世纪 60 年代。日本为了保证充足而稳定的燃料供应，不惜投资建设价值数十亿美元的工厂以及签订与石油价格挂钩的长期合约，将天然气由气态转到液态形式，由此便可以经济而简便地运送天然气。然而，与欧美不同的是，因当时的地缘限制，日本几乎无法通过管道运输价格低廉的天然气，进而也就缺乏了在二级市场竞争天然气价格的机会。如此情况下，日本进口的长期与石油价格挂钩的天然气因天然气国际贸易而抬高了整个东亚地区的天然气乃至能源价格，"亚洲溢价"便以此得名。对于中国来说，"亚洲溢价"使中国进口管道天然气和液化天然气的价格大幅上涨，进而导致中国进口气价和销售价格持续倒挂，即所谓的"价格倒挂"问题。

就国际贸易而言，天然气之所以具有较低的全球化整合程度，并且其国际贸易程度远远低于煤炭和石油，其中一个重要的原因在于天然气缺乏一体化的定价机制，"亚洲溢价"问题[1]便是极好的证明。早在 2012 年，亚洲地区天然气价格就比美国天然气价格高出 5 倍，比欧洲地区天然气价格高出 3 倍。即便将交易成本考虑在内，其套利行为也与理想市场相差甚远。历年来，天然气贸易定价具有分散性和区域性特点，这也是困扰世界各国大规模使用天然气及进行天然气贸易的因素之一。天然气定价的多样性和不确定性阻碍了天然气如石油般迈向国际化道路。所以，解封"亚洲溢价"可谓实现天然气区域合作甚至国际合作的根本。但问题在于，该如何实现解封？如何做到"釜底抽薪"式地解决根本问题？既然是能源贸易问题，那就终究绕不开经济，也更绕不开政治。

"亚洲溢价"魔咒首先是一个经济问题。这一问题的来源是市场信息的

---

① "亚洲溢价"（Asia Premium）本是指中东地区的一些石油输出国基于政治、经济等多方面因素的考量，对出口到不同地区的相同原油采用不同的计价公式，造成亚洲地区的石油进口单价高出欧美国家，进而导致亚洲地区支付更高价格的现象。现针对天然气，因亚太地区的 LNG 采购价格与原油挂钩，导致亚洲地区的天然气用户长期支付"LNG 溢价"。

不对称和对进口市场的路径依赖。在亚太地区的 LNG 贸易定价中，最根本的市场不对称在于需求（消费）市场较弱的需求价格弹性和市场分割①。表面上看，"亚洲溢价"的形成是将天然气价格与原油出口价格或日本原油清关价格（JCC）挂钩，为由原油向 LNG 价格转移提供便利，但本质上是全球 LNG 出口国专门针对亚太地区实行的价格歧视。亚太地区的天然气需求价格弹性之所以比欧美国家弱，最重要的原因在于亚太地区能源需求的对外依存度高和天然气等能源进口来源单一，或称之为对能源进口市场的"过度路径依赖"。中国、日本、韩国、中国台湾等国家和地区对天然气的贸易需求度都很高，有的国家进口依赖度甚至高达 64.5%，其中日本和韩国几乎全部依赖进口。② 同时，不能忽视的一个重要事实是，因技术的制约和地缘的局限性，日本、韩国等国家的天然气进口高度依赖于几个国家和地区，如澳大利亚、卡塔尔、印度尼西亚和马来西亚等，日韩 2016 年从这几个国家进口的天然气进口额分别占其国家总进口额的 68.1% 和 73.8%，而像蕴含丰富的天然气资源的俄罗斯及其他中东地区等，日本等国家对其天然气的利用率仍旧很低，甚至低至零点。另外，供给和需求不对称的本质在于亚太地区对天然气消费需求的不断增长与能源供给紧缺之间存在的矛盾。自 20 世纪 90 年代以来，以中国为代表的新兴经济体的飞速发展及民众生活水平的不断提高加速了各大经济体对天然气等低碳、清洁能源的使用步伐，以中国为代表的新兴经济体更成为全球天然气的消费快速增长中心。鉴于此，需求的日益旺盛、进口来源单一及对进口市场的"路径依赖"等不仅降低了各经济体的价格谈判能力，更导致其不得不支付高溢价以获取市场份额。

"亚洲溢价"问题更是国际政治问题。"亚洲溢价"形成的另一重要原因是各国政府联合企业为了获得最有利的价格而对进出口市场产生的垄断行为。而各国政府直接或通过管制机构影响价格的行为，并非出于经济目的，即平衡供给和需求，或者利于能源定价体系的市场竞争，而是出于国内和国际的政治目的。对天然气贸易出口的垄断和对其价格的控制，使各国政府不

---

① 市场分割理论源于市场的非有效性，最早倡导市场分割的是卡伯特森，即将不同区域或性质的市场完全独立和相互分割，在不同而相互分割的市场上进行交易，利用买方的有效理性，达到各自市场的相对平衡和利益最大化。

② 张宝成、马宝玲、郜峰：《LNG 市场的"亚洲溢价"问题分析及对策》，《天然气工业》2017 年第 7 期，第 110~114 页。

仅掌控了利润，更掌控了国际政治经济发展过程中的话语权。同时，地区国际政治形势也会影响能源定价，联合提价或降价等都会在很大程度上影响进口国能源价格。

若要破除"亚洲溢价"魔咒，端正心态极为重要。首先要清醒地认识到这一问题的解决并非在朝夕之间，因各国间的天然气贸易局限、基础设施建设缺乏、运输成本高昂及信息不对称等问题的存在，全球 LNG 市场的地区供需情况和地区差异很难在短时间内得到完全消除。其次是赢得话语权，这也是解决问题的核心，即团结协作才能实现共赢。需要各国团结协作的根本点在于积极推动天然气交易中心的建设、扩大现货交易、积极争取管道气的运营、积极开辟天然气进口来源新市场等，进而提高价格谈判话语权。最后是国际政治。但凡涉及能源的问题，从来都不单单是能源的事情。能源的"被追捧"不仅在于它本身的属性，更在于它独特的金融属性和权力属性。煤炭是这样，石油更是如此。煤炭与英镑的挂钩、石油与美元的挂钩所说明的一个重要问题是，能源是大国可以用来控制世界政治经济的有利工具。

> 面对苏联巨大的石油储备，英美各自打起了自己的如意算盘。德国半路杀出，搅了英美人的梦。英美联手，一方面配合西欧国家利用局势和经济手段压制德国，另一方面组建石油卡特尔——"七姊妹公司"。英美还精心密谋，为希特勒上台铺路。
>
> 二战后，英美利用石油与金融的联姻，获得了巨额的经济利益。为了对抗日益强大的英美石油卡特尔，各国纷纷采用国有模式经营石油产业，加强对石油生产和销售的控制。[①]

那么，"亚洲溢价"是否有望消除？当今天然气市场的发展日新月异，处在"天时、地利、人和"的有利条件下。随着"页岩气革命"的到来，全球天然气定价机制体系有望从分散走向统一并与市场接轨。全球天然气市场的定价中心有四个，即美国的 Henry Hub（亨利枢纽）、欧洲天然气定价或挂靠英国 NBP（国家平衡点）、东北亚液化天然气贸易定价或与日本原油

---

① 〔美〕威廉·恩道尔：《石油战争：石油政治决定世界新秩序》，赵刚等译，中国民主法治出版社，2016，第69~89页。

清关价格（JCC）挂钩以及俄罗斯与中亚地区采取的双边垄断定价模式①。而"亚洲溢价"现象的存在说明，不论是东北亚液化天然气贸易定价还是与日本原油清关价格挂钩，亚洲在全球天然气定价机制中仍旧缺乏话语权，这与其本身占据国际天然气进口需求的近七成比重很不相符。

但从"亚洲溢价"的形成根本和目前天然气的发展趋势看，天然气"亚洲溢价"会不断缩小甚至消除。能够促进天然气亚洲价格可以或者有潜力下降的原因主要在于以下几个方面：第一，"页岩气革命"的爆发和技术的创新增大了天然气的充分供给；第二，世界政治经济秩序的重塑增加了亚太地区国家合作的可能性和必要性；第三，以中国为代表的新兴经济体的不断崛起和亚洲国家对天然气需求的日益增长不断增强亚洲国家在国际社会中的话语权；第四，能源进口渠道多元化、管道天然气和液化天然气的"双管齐下"强化了亚洲国家整体的天然气议价能力和谈判能力。

对于中国而言，作为日益崛起的新兴经济体大国，其在经济发展过程中所遵循的路径模式极为重要，也是消除"亚洲溢价"的核心。对于中国作为消除"亚洲溢价"核心的说法，或许一些国家或者学者会有不同的声音，但事实证明中国有足够的实力和能力起到模范带头作用。中国一直奉行的一个原则是"只有合作才能共赢"。消除"亚洲溢价"离不开日本、韩国等国家的通力合作，即齐心协力将 LNG 进口价格尽可能降低，并且实现 LNG 区域一体化定价乃至全球一体化定价。亚洲各国天然气市场的联合或形成亚洲统一的天然气交易市场既可以从整体上影响天然气进口价格，又能够提高亚洲各国的天然气国际价格协商话语权。2016 年，东亚地区进口的 LNG 占全球 LNG 总进口量的近 60%②，其不断增长的天然气需求增加了亚洲国家形成统一天然气交易市场的有效性和必要性。也只有消除"亚洲溢价"，才能相对缓解亚洲地区对天然气贸易过程的担忧。

---

① 所谓双边垄断，即垄断出口和垄断进口。进出口企业和政府通过直接或间接管制机构影响价格，进而希望得到其可能获得的最有利价格，实现利益最大化。同时，政府间也会通过谈判确定供应给非欧盟用户的天然气价格。

② 数据来源于 *BP Statistical Review of World Energy 2017*。

四　再添一把火：强化天然气国际
贸易与合作，扩大供给

实现能源转型、消除"亚洲溢价"及建立有效的区域乃至全球统一的天然气交易市场是强化天然气供给及国际贸易的有利抓手，更是推进天然气人民币的核心要素。其具体措施主要包括以下几个方面。

第一，构建多元化的天然气进口渠道，充分保障天然气储备及能源安全。

目前，中国天然气进口已向多元化格局转变，对单一区域能源的依赖性降低。中国天然气进口资源国已包含 18 个，并且 2016 年又增加了进口来源。2016 年，中国从澳大利亚进口 LNG 大幅增加，达到 1198 万吨，同比增长 116%。通过第三方转运等方式，2016 年中国首次接收美国 LNG，共计 19.9 万吨。而在 2014 年，Gazprom 与 CNPC 签署了为期 30 年的《中俄东线供气购销合同》。该合同约定，俄方每年通过"西伯利亚力量"东线天然气管道向中方交付 380 亿立方米天然气。2014 年 10 月，上海亚信峰会上，中俄又签订了通过"阿尔泰"天然气管道（西线）向中国增加两倍天然气输送量的合作备忘录和框架协议。2017 年 7 月，中俄在莫斯科签署了销售及购买天然气的增补协议，规定俄罗斯将于 2019 年 12 月正式通过"西伯利亚力量"东线管道向中国供给天然气。目前，中俄东线天然气运输管道项目进展顺利。同时，俄罗斯联咏科技股份有限公司与中国石油天然气集团公司签订了每年向中国提供 300 万吨 LNG 的项目合同。中俄管道天然气和液化天然气系列长期合同的签订将直接影响中国天然气贸易市场的格局乃至世界天然气贸易的定价及市场的发展。

第二，完善天然气储备体系，提高风险防御能力。

从国际天然气交易市场的经验看，加快天然气储备体系建设是提高风险防御能力的重要举措。首先，完备的天然气储备体系可以多元化天然气进口渠道，削弱中国乃至亚洲地区对单一天然气进口国的依赖程度。其次，中国正处于经济体制改革、能源转型和迅速崛起时期，充足的能源供给和完善的储备体系对中国发展百利而无一害。然而，中国天然气储备体系建设才刚刚起步，与欧美国家还有较大的差距，这使中国在面临国内外天然气市场供需失衡时，难以在短时间内快速调整并稳定市场秩序。因此，中国要借鉴欧、美、日等国家和地区的先进经验，参考石油储备体系建立的模式，结合天然气市场的特点和现状，加快天然气储备体系建设，不断完善天然气储备体系，提高风险防御能力。

第三，完善天然气基础设施建设，保障天然气充分供给和生产供给能力。

从天然气基础设施看，中国正在努力保证天然气基础设施的完善程度。截至 2016 年底，中国已完工且付诸使用的天然气管道共计 6.8 万公里，干线管网的总输气能力超过 2800 亿立方米/年，累计建成投产地下储气库 18 座。中国天然气生产供给能力正在逐渐增强。2016 年，国内天然气产量达 1369 亿立方米，同比增长 1.7 个百分点。根据 IEA 的预测，到 2035 年，中国将成为全球仅次于美国的第二大非常规天然气生产国。进口天然气也有大幅增加。2016 年，中国天然气总进口量达 721 亿立方米，其中管道气进口量达 383 亿立方米，LNG 进口量为 338 亿立方米，同比增长 31 个百分点。

第四，建立天然气交易中心，提高谈判议价能力。

目前，全球主要存在四个主要的天然气定价交易中心，而其中最具代表性和市场说服力的交易中心当属美国亨利枢纽（Henry Hub）和英国国家平衡点（NBP）。这两大天然气交易中心存在的共同特点在于其定价机制由市场竞争决定。相比之下，中国乃至亚洲地区的天然气定价仍然与日本原油清关价格（JCC）挂钩，这不仅不能及时反映天然气的市场价格的变动，更为亚洲地区天然气贸易和消费市场带来了"亚洲溢价"问题。人民币和中国天然气市场已经具备建立天然气定价交易中心的条件，中国应与亚洲地区国家共同协调建立新的天然气交易中心，进而提高天然气谈判议价能力。

第五，综合天然气"亚洲溢价"问题，建立联合议价机制。

长期以来，在国际原油贸易领域也存在"亚洲溢价"问题。因此，亚太地区，尤其是中国、日本、韩国三国之间要建立天然气进口协调与沟通机制，推动地区天然气市场健康发展，实现互利共赢。虽然亚洲地区各国的利益矛盾突出，并且在天然气进口及定价问题中存在各种利益的不协调，但是在地区能源互惠合作方面，特别是在联合议价机制、地区储备体系建设、地区交易中心建设等方面，各国都存在进一步加强合作的共同需求。

第六，完善天然气定价机制，提高民用领域和交通领域的天然气普及率。

天然气要想真正取代石油在国际贸易中的地位，就应该抓住石油的根本"七寸"——交通和工业。不可否认的是，石油会在未来很长一段时间仍作为主要能源出现。据统计，仅美国的交通运输就占据了石油使用率的73%，其他如工业用油和发电也占据了一部分。相比之下，天然气在美国交通运输系统中的使用率仅为0.5%[①]，而BP的报告也显示，截至2030年，天然气在全球交通运输能源中的使用率或许仅为5%。天然气在交通运输系统中发展缓慢的重要原因在于使用不方便。相比于遍地的加油站，加气站的基础设施建设仍非常匮乏。同时，天然气在民用领域和交通领域使用率低的重要原因在于天然气价格不稳定，如"价格倒挂"和"亚洲溢价"问题都是影响天然气普及率的重要因素。所以，尽可能完善天然气定价机制是提高天然气普及率的重要核心要素。

第七，充分发挥"一带一路"倡议的优势，扩大天然气能源合作。

"一带一路"沿线国家大多地理条件优越，油气资源丰富，潜力巨大。在参与"一带一路"国际合作的国家中，中东、中亚、俄罗斯、东南亚和南亚等不仅蕴含丰富的油气资源，更是近些年中国最重要的天然气进口来源地。在双边或多边合作进程中，中国应借助"一带一路"契机，在开展货物和服务贸易合作的同时，大力开展能源合作，为天然气人民币计价和结算体系的形成打下良好的基础。在天然气投资、生产和贸易过程中，在进口天然气使人民币流向境外的同时，天然气出口国通过购买中国的产品、服务和投资人民币金融产品令人民币回流中国。这既对天然气出口国有利，也有利于天然气人民币计价和结算体系的有效建立。

---

① 该数据是美国2012年的数据。

第十章　完善外汇体制，助推天然气贸易人民币计价和结算[*]

> "如果你控制了石油，你就控制了所有国家；如果你控制了粮食，你就控制了所有的人；如果你控制了货币，你就控制了整个世界。"
>
> ——美国前国务卿亨利·基辛格

在过去的一百多年里，控制石油和天然气能源是美国一切行动的核心。而对于世界所有国家而言，没有了石油，就意味着灾难的降临。对于这一点，中国比任何国家都体会得更加深刻和具体。美国控制了石油，也就控制了潜在竞争对手发展经济的关键。[①] 石油一再成为金融、战争和权力的主宰。多年来，石油一直是国际贸易中最重要的原料，同时，石油贸易也主要以美元作为计价货币。即便欧元国家或是石油出口国等联合起来试图放弃美元计价标准，但其行动最终基本以失败告终。相较之下，天然气市场的全球化整合程度要远远低于石油市场，不同地区的天然气价格机制也存在显著的差异。同为化石燃料，为什么天然气至今仍未形成较为统一的计价模式？天然气是真的与众不同还是面临着其他障碍？

一国货币与国际大宗商品及能源贸易的计价和结算往往是货币崛起的开

　＊　本章作者刘媛媛，中国社会科学院研究生院博士后，研究方向为能源经济、产业经济。

① 〔美〕威廉·恩道尔：《石油战争：石油政治决定世界新秩序》，赵刚等译，中国民主法治出版社，2016，第5~6页。

端。正如"石油－美元"关键货币的崛起之路，天然气计价和结算绑定权是美元等关键货币以外的国际货币迅速崛起的重要契机。但一国货币如人民币在获得天然气计价和结算绑定权的过程中，欧元、日元等国际货币也不会坐等机遇流失，同时还会面对能源出口国对利益的坚定维持，因此，这一利益格局的重塑需要中国和人民币准备好充足的应对政策。正如罗伯特·基欧汉（Robert Keohane）所言，美国的影响力建立于三种主要的利益机制之上，即稳定的国际货币体系、开放的市场和保持石油价格的稳定。① 由此可见，美元之所以可以长期维持其霸权稳定地位，与石油美元计价和结算是分不开的。② 一般来说，决定大宗商品价格的因素与其需求、供给和货币汇率息息相关，或者可以说与一国进出口贸易规模、市场的开放程度和金融环境、汇率的稳定程度密切相关。如果说贸易是加速天然气人民币发展的重要先决条件，那么金融市场（外汇市场）的稳定性和完善程度则是成就天然气人民币的根本所在。

随着中国经济的迅速发展以及人民币国际化条件的日益成熟，人民币在世界上的威望大大提高，在国际贸易及流通中更是发挥着重要作用。而从国际上对人民币的认可程度看，周边国家和地区已逐步认可并接受人民币作为天然气交易计价和结算货币；欧洲国家也于 2017 年 6 月宣布将用部分人民币替代美元作为欧洲国家的外汇储备货币。在天然气贸易领域，人民币计价和结算天然气的条件也日渐成熟，但仍面临众多困境和挑战。假如亚洲地区乃至中国拥有足够便利的基础设施条件和管道输送设备，假如中国通过天然气的进口/出口及生产等成为区域性天然气供给中心，又假如中国进一步完善外汇体制，那么是否可以产生一个具有完备金融中心和期货合约的新型交易中心？又是否可以进一步以人民币计价和结算天然气？本章通过分析石油美元计价和结算的形成机制，更加清晰地分析天然气贸易中的人民币计价和结算机制。

---

① 〔美〕罗伯特·基欧汉：《霸权之后：世界政治经济中的合作与纷争》，苏长和、信强、何曜译，上海人民出版社，2006，第 138～140 页。

② 管清友、张明：《国际石油交易的计价货币为什么是美元?》，《国际经济评论》2006 年第 4 期。

一　石油与天然气：不同命运？

——天然气为什么没有形成统一的计价模式？

在当前的国际石油交易中，美元垄断了计价货币的地位，成为石油计价和结算的霸权货币。美元之所以能够长期维持其霸权垄断地位，与其汇率制度、币值稳定及美国的金融环境等有着密不可分的联系。那么，石油在国际贸易中的统一计价模式是在怎样的条件下形成的？而对于同样作为世界各国主要化石燃料的天然气，其为什么至今仍没形成统一的计价模式？是石油与众不同，还是天然气本身属性决定的？随着国际贸易秩序的重塑，"石油－美元"计价模式是否还会得到进一步的演进？本节将在阐述这一系列问题的基础上，对货币计价天然气问题做出进一步分析。

（一）"石油－美元"的霸权时代

第二次世界大战结束后，美元取代了英镑在国际货币体系中的霸权地位，而促使美国和美元快速成长的一个关键因素在于美国对资本、市场和原材料的整体控制，这令美国毫无疑问地屹立于世界政治经济体系的领先地位。就石油而言，多年来，石油一直是国际贸易中最重要的原料，而石油美元计价则意味着美国不仅可以在贸易中"名正言顺"地征收国际"铸币税"，更可以有效控制部分全球原油市场。也就是说，石油交易以美元计价，美国就可以通过国内的货币政策影响甚至操纵国际油价，而美国国内的利率调整和汇率政策也都会直接或间接地影响国际油价。

可以说，石油美元计价机制成为美国自 1970 年以来实现其政治经济霸权的基础。[①] 哈特曼（Philipp Hartmann）认为，国际货币应该具备三大职能，即交易媒介、价值贮藏和价值尺度。自布雷顿森林体系解体后，美元真正取代黄金成为世界最主要的储备货币，其贮藏手段优势十分显著。计价功能和结算功能作为国际货币的价值尺度和交易媒介手段，令美元与国际石油市场产生了联系机制。而能让美元与石油建立长期稳定关系的核心要素在

---

① 管清友、张明：《国际石油交易的计价货币为什么是美元？》，《国际经济评论》2006 年第 4 期。

于，除去美国所具有的石油控制权外，美元汇率和金融市场的稳定程度是最为核心的要素。作为世界储备货币，在国际石油交易中，美元几乎垄断了计价货币的地位。而对于美国而言，成就美国和美元霸权地位的最重要因素并不是汇率的高低，而是美元作为流通手段所处的垄断地位和绝对优势。在此基础上，美国不仅可以"肆意"享受其他任何国家所不具有的特权——征收"铸币税"，还可以通过宏观经济政策和货币政策影响乃至控制石油价格，这不仅垄断了石油交易权，更保证了美元的国际霸权地位。

但有趣的是，石油计价货币最初并非被美元所垄断。美元垄断国际石油计价始于20世纪70年代，在这之前，国际石油交易的计价货币是多元的。第二次世界大战期间，英国以美元外汇短缺为由对美国石油公司采取歧视措施，利用英镑的国际货币职能排挤美国石油公司，并联合英镑区国家提高英镑结算的比重，进而控制美元结算。这被称为"英镑 - 美元石油问题"。不仅是英国，一些主要的石油输出国，如伊朗、伊拉克等石油输出国组织（OPEC）国家也因美元的稳定性等问题而想摆脱石油美元计价机制，但效果不大。自1999年欧元问世以来，欧元也曾想通过建立石油 - 欧元定价机制，削弱美元对石油的定价权，但因为当时美元占到全球官方外汇储备的2/3以上，所以没有任何国家敢轻易抛售美元，进而造成金融市场恐慌。[1]

> 1949年春，英国政府要求英国的银行家不要用英镑余额支付美国所提供的石油，特别是在英镑以外的地区。那些国家，如芬兰、瑞典、挪威以及丹麦，存在严重的美元短缺，它们全部或部分的石油进口，都需要用英镑来结算。这样一来，它们就不能依赖用它们在英国的英镑余额来支付美国公司提供的石油，因而不得不购买英镑石油。[2]

由此可以看出，在当前的国际石油交易体系中，美元仍旧垄断着石油的

---

[1]　管清友、张明：《国际石油交易的计价货币为什么是美元?》，《国际经济评论》2006年第4期。

[2]　Larson M. Henrietta, Evelyn H. Knowlton, and Charles S. People, *New Horizons*, *1927 - 1950*, *vol. 3 of History of Standard Oil Company*, New York：Harper & Row, 1971. 〔美〕罗伯特·基欧汉：《霸权之后：世界政治经济中的合作与纷争》，苏长和、信强、何曜译，上海人民出版社，2006，第156~162页。

计价货币地位，这也就巩固了美元在国际货币体系中的霸权地位。但是在决定石油价格的三大要素中，需求、供给和稳定的汇率三者在完全竞争的条件下存在"特里芬悖论"，即石油价格与美元汇率之间存在明显的负相关关系，在石油供给增加的情况下，美元汇率和石油价格不可能维持稳定不变。那么，处于波动中的"石油－美元"必然存在脆弱性。

（二）"石油－美元"定价机制的脆弱性

"石油－美元"定价机制内部潜藏着"特里芬悖论"。"特里芬悖论"由美国经济学家罗伯特·特里芬（Robert Triffin）在 1960 年提出，美元与黄金挂钩，而其他国家的货币与美元挂钩，美元虽然取得了国际货币核心的地位，但由于各国国际贸易发展速度加快，美元作为结算与储备货币已不能满足其他国家经贸发展的需要。在此背景下，在美元货币大量流出的同时，也导致了美国国际收支长期逆差。而美元作为国际货币核心的前提是必须保持美元币值稳定，这又要求美国必须是一个国际贸易收支长期顺差国。这两个要求互相矛盾，因此是一个悖论。

"石油－美元"定价机制的原理同样如此。"石油－美元"定价机制之所以会带来风险，使石油供给方怨声载道，令主要的石油消费国消费需求的不确定性增加，主要是因为石油计价货币的单一性。任何美元币值和汇率波动的情况都会波及石油价格的稳定性，同时给国际石油交易带来不可忽略的金融风险。而造成美元币值和汇率波动的内生要素在于石油和大宗商品所具有的独特的金融属性。如同黄金一样，石油的金融属性促使石油以美元计价，这也就意味着石油进口国可以持有足够的美元用来购买石油。在这种情况下，随着石油需求的不断增长，用石油计价的美元不再与石油的需求保持平衡。美元的这种双重身份令其自身陷入了两难境地，也注定了国际货币体系和"石油－美元"定价机制的脆弱性。

"石油－美元"霸权的另一个不可否认的原因在于美国政治、经济及军事等综合实力的霸权。1971 年，面对布雷顿森林体系的瓦解，美元和黄金的脱钩本应对美元计价石油形成重大的打击，使美元不再拥有稳定的价值。但美国与沙特阿拉伯一系列秘密协议的签署令美元的霸权地位仍旧"不可撼动"，美元成为沙特阿拉伯等石油出口国唯一的定价货币。也正是这一系列秘密协议令美元正式垄断了石油等国际大宗商品的交易。

（三）国际石油交易计价机制的多元化趋势

国际货币体系的脆弱性和金融体系的风险性增加了单一美元计价石油等国际大宗商品的不稳定性。所谓"水可载舟，亦能覆舟"，当美国和美元自身的发展不再能满足新世界贸易体系的要求时，一种多元化的能源绑定货币局面或将应运而生。我们不禁要问的是，如果石油不以美元计价，那么石油应该以何种货币或者哪几种主要的国际货币计价？石油欧元、石油日元还是石油人民币？抑或是选择用国际货币基金组织（IMF）使用的特别提款权（SDR）作为计价基准，将石油进口国的货币以各自的进口份额作为权重，进而设计出一个新的加权货币篮作为计价单位？[①] 多元化的国际石油交易计价机制是一种必然的演变趋势。

首先，多元化的计价机制是解决或缓解"特里芬悖论"的有效途径。替代美元作为石油唯一的计价货币，国际石油交易中美元、欧元、人民币和日元等国际货币共同承担起价值尺度、支付手段和贮藏手段的货币职能，不仅可以有效分散国际金融市场的风险，更降低了世界各国因过度依赖一种货币而产生的安全风险。"石油－美元"定价机制带来的"特里芬悖论"在加大美元汇率波动风险的同时，也对世界各国适时调整国际货币储备比重形成了一定的提醒和激励。维持本国外汇安全、流动、盈利及能源安全的决心加大了能源绑定货币多元化路径发展的可能性。

其次，货币即政治，霸权即责任。美国在享受"石油－美元"计价所带来的巨额利益的同时，也意味着其需要承担更多的责任来平衡国际社会的收支和利益。然而，美国在经济发展中的自私行为不断"激怒"世界各经济体，不仅挑战各经济体的容忍底线，更弃责任于不顾。同时，尤其是2008年国际金融危机之后，美国经济的萎靡不振和美元汇率的大幅波动不仅损害了世界各国的利益，更触动了各经济体多年来"忍辱负重"的敏感神经。世界各国想摆脱美元的决心已"蠢蠢欲动"。

最后，世界贸易秩序和贸易体系的重塑为其他国际货币的脱颖而出创造了机会。随着以中国为代表的新兴经济体的迅速崛起，中国等国家对石

---

① 管清友、张明：《国际石油交易的计价货币为什么是美元?》，《国际经济评论》2006 年第4 期。

油、天然气等能源的进口需求不断增强，在国际贸易中的话语权也逐步提升。为了摆脱美元汇率波动带来的风险，世界各国正在努力形成一种新的经济自由度。《日经亚洲评论》的一篇报道称，中国拟推出一种以人民币计价且可与黄金自由转换的原油期货合约。对此，美国宏观经济研究公司FFTT的创始人卢克·格罗曼（Luke Gromen）表示，"全球石油行业的规则可能开始发生剧变"。如果人民币计价原油期货合作运行顺利，则将对全球石油出口商形成极大的吸引力，也会对"石油－美元"定价机制构成极大的威胁。除此之外，这也为能源绑定货币计价机制向多元化发展提供了有利的借鉴。

毋庸置疑，"石油－美元"的发展模式为天然气人民币提供了良好的经验借鉴。目前，对于天然气贸易中的计价货币最终会向何种模式演变，我们不能做出充分肯定，但可以肯定的是，未来人民币在天然气贸易计价中将发挥举足轻重的作用。

二　人民币计价天然气的条件、优势、挑战及可能性

（一）人民币计价天然气的条件

天然气国际贸易和对外贸易中以人民币计价、结算和支付的条件正在逐步走向成熟。

第一，持续而稳定的低价可以鼓励天然气充分消费。2017 年以来，中国宏观经济一直稳定向好，在气价维持低位且环保政策持续推动的情况下，全国天然气上半年表观消费量达到 1146 亿立方米，同比增长 15.2 个百分点。在国家一系列利好政策的推动下，到 2020 年，预计中国天然气在一次能源消费结构中的占比会达到 10% 左右，而到 2030 年会达到 15% 左右。持续而稳定的低价在鼓励天然气充分消费的同时，也为天然气贸易中以人民币计价打下了坚实的基础。

第二，亚太地区消费市场格局的变化为中国成为亚洲区域天然气交易定价枢纽奠定了基础。中国正在成为亚太地区主要的天然气进出口贸易国。随着新兴经济体的不断崛起，中国对能源的需求不断增长，同时也在缩小中国与亚太地区其他国家对天然气需求的差距。截至 2016 年，中国成为全球天

然气进出口增长最快的国家。按照中国的进口计划，如果中俄天然气管道顺利开通的话，中国自 2019 年起天然气年输入量将连增几倍。充足的天然气供需局面为中国成为亚洲区域天然气交易定价枢纽做好了坚实的铺垫。

第三，北美页岩气供气的增加或许会增强中国在国际贸易中的话语权，促使亚太地区形成新的天然气价格指数。2016 年，液化天然气（LNG）供给得到飞速发展，预计到 2020 年，全球 LNG 供应量会再增加 30%。LNG 供过于求的局面将带动天然气国际贸易体系和贸易格局发生巨大变化，具体表现在三个方面。其一，天然气贸易格局正在加速由区域市场转向全球市场，天然气价格降低的同时，"亚洲溢价"现象也出现缓和，而欧亚现货价差趋于消失；其二，LNG 贸易合约采用更小的供应规模和更短期的合同形式，目的地条款限制消失；其三，亚太地区将形成新的天然气价格指数，以中国为代表的亚太地区和新兴经济体在国际贸易中的话语权有了明显提升。

第四，金融市场的稳定和完善程度决定着计价货币的币值及汇率稳定。大宗商品最主要的定价方式为期货定价。例如，原油交易一般以纽约商业期货交易所（NYMEX）的 WTI 原油价格作为定价基准。期货市场之所以会在大宗商品国际定价中起到重要作用，主要在于期货市场可以最大限度地反映真实的市场供求关系，更加接近完全竞争市场，其所体现的是能源大宗商品的真实市场价格。[①] 而反映在天然气方面，也是一样。目前，天然气定价越来越倾向于市场的自由竞争（见图 10 – 1）。

尤其自美国"页岩气革命"以来，北美地区出口天然气的大幅增加和供过于求的市场局面大大降低了美国国内天然气的长期市场价格和亨利枢纽（Henry Hub）的市场定价。除美国亨利枢纽外，世界其他区域存在的主要天然气定价机制包括欧洲大陆至基于枢纽处——"双轨价格"［德国与石油挂钩的合约价格、德国平均进口到岸价和英国国家平衡点（NBP）］、日本 JCC 定价。从欧洲天然气市场定价看，随着天然气供给的增加，以及基于枢纽和与石油挂钩的天然气价格缺口的波动，欧洲大陆长期天然气合约中保持与油价挂钩的定价体系逐渐被供求决定价格的市场定价所取代，从而使欧洲基于枢纽的天然气定价不断向市场定价演变。同时，随着天然气进口价格的下降，亚洲主要的天然气定价中心日本的 JCC

[①] 王颖、管清友：《碳交易计价结算货币：理论、现实与选择》，《当代亚太》2009 年第 1 期。

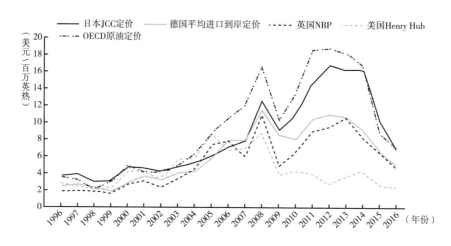

图 10 - 1　全球天然气交易中心定价情况

数据来源：BP，*BP Statistical Review of World Energy 2017*。

定价也不断向市场定价靠拢。然而，自由竞争的市场定价需要建立在稳定而完善的金融市场基础之上。

第五，强化外汇管制、维持币值稳定是保证天然气贸易中以人民币计价和结算的重要前提。一国货币能否实现计价、结算等国际化功能，必备的条件之一就是维持该国货币币值的长期稳定及保值程度。2017 年 1 月，国家外汇管理局发布了《国家外汇管理局关于进一步推进外汇管理改革完善真实合规性审核的通知》（以下简称《通知》）。《通知》在贯彻落实中央会议精神的同时，旨在进一步深入推进外汇管理改革，简政放权，兼顾便利化和防范跨境资金流动风险。《通知》具体包含以下内容：深化改革，提高贸易投资透明度和便利化水平；完善管理，加强真实合规性审核；进一步规范货物贸易外汇管理和完善直接投资外汇利润汇出管理政策；加强统计和统筹本外币一体化的宏观审慎管理[①]。

第六，人民币在国际贸易中被认可的程度不断提高。目前，周边国家和地区已逐步认可并接受人民币作为交易结算货币。《华尔街日报》于 2016

---

① 宏观审慎管理的核心是从宏观的、逆周期的视角采取措施，防范由金融体系顺周期波动和跨部门传染导致的系统性风险，维护货币和金融体系的稳定。作为危机后国际金融管理制度改革的核心内容，国际社会强化宏观审慎管理政策的努力已取得积极进展，初步形成了可操作的政策框架。

年11月报道称，全球101个国家已使用人民币作为贸易货币之一，使用人民币开展贸易的国家持续增加。过去两年中，离岸人民币市场发展迅速，在使用人民币支付的101个国家中，支付额占比达12.9%。其中，英国已超越新加坡成为第二大离岸人民币清算中心，其40%的业务支付以人民币结算。新加坡离岸人民币市场的发展也十分迅速，汇丰银行的报告显示，新加坡贸易中以人民币支付的比重2015～2016年增加了11%，并且新加坡是东南亚地区人民币存款最多的国家。韩国政府近年来也在积极推进离岸人民币中心的建设，旨在将首尔打造成仅次于中国香港的亚洲离岸人民币中心。当然，不仅是亚洲地区，欧洲国家也在努力推动人民币国际化。欧洲中央银行于2017年6月19日正式宣布将用部分人民币替代美元作为欧洲国家的外汇储备货币，人民币从此在世界储备货币的道路上又迈出了重要的一步。随着人民币认可度在亚洲乃至国际贸易中的不断提高，人民币国际化程度也不断增强，如此人民币计价天然气的可能性和顺利程度才会增加。

（二）人民币计价天然气的优势

第一，可以有效规避国际贸易中的汇率风险，提高应对风险的能力。在双边贸易、多边区域贸易乃至全球天然气贸易中，人民币计价天然气在与美元等国际货币脱钩的同时，也提高了中国管理和驾驭汇率风险的能力以及应对国际金融市场、能源市场变化的能力。

第二，可以降低交易成本，有望破解"亚洲溢价"。"亚洲溢价"之所以会存在，是因为以往亚洲地区在天然气交易中，基于中期和长期的天然气合约，采用与原油价格挂钩的定价机制，即"日本原油清关价格（JCC）"。与原油价格挂钩的定价机制会存在"亚洲溢价"的原因主要包括以下几个方面。首先，与原油价格挂钩的定价机制不能及时反映市场自由竞争价格。特别是"页岩气革命"之后，北美地区的 Henry Hub 定价完全由市场竞争形成。同时，随着近年来非常规天然气的大幅增加，天然气价格与WTI 原油价格走势逐渐背离，导致"亚洲溢价"现象愈加明显。其次，石油输出国的利益诉求、亚洲地区对能源输出国的高度依赖和进口渠道单一决定了亚洲地区需要支付高额溢价。与欧美以低价管道天然气消费为主的局面不同，亚洲地区多以 LNG 交易为主，并建立在长期合同基础之上，所以现货交易相对有限。人民币天然气交易中心的建立增加了现货交易的机会，并不断向市场定价靠拢，不仅降低了交易成本，还会尽可能地缓解"亚洲溢价"。

第三，有利于建立相互信任机制，维持长期稳定的贸易合作。人民币计价天然气的起点可以从亚洲地区着手。若亚洲地区的天然气交易统一由人民币计价，那么不仅可以提高交易效率、降低交易成本，还可以避免第三方货币变动的风险的干扰。因此，人民币计价天然气更加有利于建立相互信任机制，维持长期稳定的贸易合作。

第四，人民币计价天然气是发展的必然趋势。在天然气定价机制问题上，向多元化方向发展是大势所趋。与"石油－美元"定价机制不同，根据国际天然气联盟（IGU）公开的信息，目前天然气市场存在四个定价体系，即美国亨利枢纽（Henry Hub）定价体系、欧洲基于枢纽定价体系[①]、日本进口原油的加权平均到岸价（JCC）和俄罗斯与中亚地区的双边垄断定价模式。随着亚洲天然气定价与欧美等其他区域天然气价格的严重偏离，亚洲地区基于市场竞争的新型天然气交易中心的建立是必然趋势。

第五，具有构建天然气交易平台的优势。天然气出口国之间利益的不一致决定了天然气输出国很难形成像 OPEC 一样的组织。但中国有极大的天然气市场需求和地理区位优势，中国与天然气输出国的合作，不论是管道气还是 LNG，都十分方便。同时，中国天然气进口国，如土库曼斯坦、乌兹别克斯坦、哈萨克斯坦、澳大利亚、印度尼西亚等都是中国重要的贸易合作伙伴。从双边合作协议开始，逐步构建天然气交易平台是大势所趋。而且，上海石油天然气交易中心已于 2015 年 7 月开始运行，实现了管道气和液化气的现货交易，再进一步就是要构建亚太地区的天然气枢纽和交易中心。[②]

（三）实施人民币计价天然气的现实环境

能源计价结算和关键货币的选择问题向来都不是单纯的一国问题，而是区域经济问题、政治问题，甚至是全球的政治经济问题。现行国际货币

---

① 欧洲基于枢纽定价采用的是"双轨价格"，即德国与石油挂钩的合约价格、德国平均进口到岸价和英国国家平衡点（NBP）枢纽价格，欧洲天然气定价采用"双轨价格"综合定价。

② 黄晓勇、张菀洺等：《天然气人民币战略的理论分析与国际经验借鉴——基于国际结算视角》，《中国社会科学院研究生院学报》2017 年第 2 期。

体系下，国际货币主要包括美元、欧元、人民币和日元等①。其中，美元是关键货币，位于货币"金字塔"的顶端，也是能源计价的关键货币。欧元、人民币和日元次之，但其国际化程度在新世界贸易秩序体系下正在日益增强。不论是哪种货币计价区域天然气或全球天然气，其面临的困境都不容小觑，人民币尤甚。人民币计价天然气面临的挑战主要表现在以下几个方面。

第一，来自美国 Henry Hub 定价中心和美元的阻碍。美国"页岩气革命"及天然气出口的增加，促使亚洲定价和欧洲定价都向美国天然气基本价格靠拢。亚洲 LNG 计价有逐步被美国 Henry Hub 定价取代的可能性。Henry Hub 不仅是美国天然气管道的重要枢纽，更是全球极为重要且交易量最大的天然气期货交易点。从美国天然气产量数据看，2016 年，美国天然气产量为 7492 亿立方米，占全球总产量的 21.1%，美国是全球生产天然气最多的国家，而北美天然气产量占到全球总产量的 26.7%。从天然气消费数据看，2016 年，美国天然气消费量为 7786 亿立方米，占全球总消费量的 22%。

> 不容小觑的亨利港。亨利是一个公开市场定价的天然汇集点，其中心地区高度集中的供应和基础设施容量，为货物和金融交易提供了较大的流动性。陆上和海上的天然气产量都汇集到亨利中心（约美国三分之一的总出口，大约一半的大枢纽地区）。丰富的地下储量、大型天然气液体加工和石化运营能力，以及横跨亨利中心地区的庞大管道运输能力，都为亨利枢纽成为国际天然气定价中心打下了铺垫。②

第二，来自亚洲区域内部的定价机制协调压力。目前，亚太地区既存的天然气定价中心是"日本原油清关价格"定价中心，而亚太地区历来的天然气价格都与原油挂钩。人民币计价天然气在亚太地区面临的重要压力就是来自日本、韩国等天然气消费大国和亚洲重要经济体的压力。人民币天然气

---

① 国际主要货币的排序是按照国际货币基金组织（IMF）特别提款权（SDR）所占份额的大小进行的。

② 〔英〕乔纳森·斯特恩：《全球天然气价格机制》，王鸿雁、范天晓等译，石油工业出版社，2014，第 84～85 页。

交易平台的建立必然会触及日本等国家的核心利益，团结日本、韩国组成中日韩亚洲天然气交易中心，对人民币计价天然气的顺利推行起到关键的作用。

第三，离岸人民币市场和人民币贸易顺利推进。2009 年 7 月，国务院颁布实施《跨境贸易人民币结算试点管理办法》，正式开展跨境贸易人民币结算试点。2010 年 6 月，跨境贸易人民币结算境外区域由中国港澳地区、东盟地区不断扩展到所有国家和地区。过去两年中，使用人民币支付结算的世界国家已达 101 个。

第四，人民币汇率的稳定与否将对人民币结算形成直接制约。汇率稳定和币值稳定是建立人民币良好信誉的基础。在国际贸易中，汇率的波动会直接关系到货币的结算价值和储备价值，而且人民币汇率的稳定会降低天然气出口商的利益损失。

（四）人民币计价天然气的可能性

天然气以人民币计价和结算现今虽然仍充满未知，但从人民币国际化演进的路径即计价结算货币—储备货币—锚货币来看，未来人民币计价天然气具有较大的可能性。

日本《日经亚洲评论》一份报道称，中国拟准备发行以人民币计价的原油期货合约，该合约的货币人民币可直接与黄金兑换。这份原油期货合约若被市场广泛接受，那么该新合约至少将成为基于亚洲市场的原油定价和计价基准，有可能就此可以打破美元垄断石油定价、计价的局面。那么，这份原油期货合约的胜算或者有效性有多大？目前，中国在原油人民币定价方面存在的可行性优势主要包括四个方面：第一，上海石油天然气交易中心正在成为继伦敦交易市场和纽约交易市场之后一个可行的替代中心。第二，中国已是全球规模最大的原油进口国，在原油定价方面已具备一定的话语权，更对传统的、由华尔街支配的北海布伦特原油和西德克萨斯中期原油期货合作构成了巨大的挑战。第三，绕过美元计价，或者更严重地称为"去美元化"，是"众望所归"。随着近些年美元汇率的大幅度波动、美国经济的低迷前行及其政治形势的跌宕起伏，在过去短短的十几年时间里，许多国家似乎已开始慢慢摆脱对美元的依赖。中国、印度和俄罗斯已经达成协议，经贸过程中彼此接受对方货币进行贸易结算，而欧洲地区也显然准备把欧元打造成自身的储备资产和国际货币交换媒介。第四，"一带一路"倡议为中国经贸外交战略。"一带一路"倡议将不仅属于中国，更属于俄罗斯、欧亚经贸联盟国家，其合力可能会削弱北美的经济实力。如果这一张新的经贸网络形成一个新兴市场，或许会在一定程度上削弱美国基于美元发动的金融制裁和金融战争所带来的不利影响。

以人民币计价的原油期货合约的顺利推行将为未来推行的天然气人民币做出良好的表率作用。目前，中国已具备的有利条件包括以下几个方面。

第一，中国已建立较为完备的天然气合作网络。近些年来，伴随新兴经济体的迅速崛起，中国在世界中的天然气需求增速位居前列。为了保证未来天然气的充分供给和需求，中国正在努力建立较为完备的天然气合作网络。中国与欧美、东南亚地区的 LNG 贸易合作，与中亚、卡塔尔及俄罗斯管道气的合作，都在不断推进的过程中。值得一提的是，中俄签订的"西伯利亚力量"东线输气管道将于 2019 年投入使用。

第二，上海石油天然气交易中心运行顺利。上海石油天然气交易中心于2015 年在上海自由贸易区注册成立，旨在成为具有国际影响力的天然气交易平台。目前，上海石油天然气交易中心竞价火爆，竞价交易的底价为各区域基准点所在省的非居民用气基准门站价格，最高成交价限定波动幅度不超过底价的 20%。上海石油天然气交易中心的顺利运行推动了天然气市场的进一步改革。

第三，离岸人民币市场和人民币贸易顺利推进。2009 年 7 月，国务院颁布实施《跨境贸易人民币结算试点管理办法》，正式开展跨境贸易人民币结算试点。2010 年 6 月，跨境贸易人民币结算境外区域由中国港澳地区、东盟地区不断扩展到所有国家和地区。过去两年中，使用人民币支付结算的世界国家已达 101 个。

第四，天然气输出国利益诉求的不一致给人民币计价天然气带来了更多的机遇。俄罗斯总统普京在 2017 年的金砖国家领导人第九次会晤上发表了声明，指出"与其他金砖国家一样，俄罗斯也对全球金融和经济架构中的不公平现象感到非常担心，这种现有架构体系没有对新兴经济体日益增长的影响力给予应有的重视。我们愿意与合作伙伴共同努力，一道推进对国际金融监管的改革，克服有限数量储备货币带来的过度主导地位"。对此，美国著名经济学家威廉·恩道尔（F. W. Engdahl）更加认为，在中国推出新的金融架构的背景下，全球经济将迎来一个新的经济自由度。

三　人民币计价和结算天然气的可行性路径

"十三五"期间是推进中国天然气价格市场化的大好机遇。因为"十三五"期间，中国天然气供应形势整体处在较为宽松的状态下，而国际气价也在低位徘徊。在此基础上，扩大天然气的需求及加大供给力度，同时伴随"一带一路"倡议的实施，可以不断推进天然气人民币进程。

第一，强化天然气定价机制，有效释放竞争性环节的市场活力。为了加快天然气交易平台的建立，鼓励市场主体通过有效竞争参与交易，形成有效市场价格，这也有利于进口天然气价格现货及期货合同的谈判。

第二，强化金融监管和金融风险的应对能力，维持人民币汇率的稳定。加强价格管理和成本监管的主要目的就是要降低输送成本和用气价格，只有全产业链都降低成本，才能有利于天然气市场的开发，提高天然气市场的竞争性，更能有利于能源结构的调整。

第三，强化外汇体制管理，为人民币实现区域化定价创造条件。外汇体制管理和人民币计价结算日益成为金融改革开放的重要组成部分。当前，金融体制改革的关键在于如何协同推进人民币"走出去"和资本项目可兑换，进一步明确外汇管理体制改革的目标，进而逐步推动人民币成为国际可兑换的普及货币，逐步实现资本项目可兑换。

第四，完善天然气储备体系，提升天然气战略安全，保障供应能力以及充分供给。建立和完善政府储备、企业社会责任储备和企业生产经营库存有机结合、互为补充的储备体系。对于商用和民用天然气，我国面临的最大问题之一就是应急冬季调峰问题。一般来说，尤其是在北方城市，夏季和冬季峰谷差在 10 倍以上。为了有效应对冬季调峰问题，应鼓励政府和企业建设天然气储备体系。[1]

---

[1]　资料主要来自张玉清 2017 年 8 月对我国《关于深化石油天然气体制改革的若干意见》的解读，题为《我国油气市场改革政策及未来前景预判》。

第五，建立离岸人民币市场，为资本账户有序开放提供缓冲带。推动和鼓励在境外建立离岸人民币市场是实现人民币国际化的一个重要途径。离岸市场存在的重要价值在于，它不仅可以为在岸市场资本账户的逐步开放提供缓冲带，更可以避免资本账户的骤然开放给金融市场带来冲击。同时，离岸市场的良好运行会与在岸市场的人民币跨境业务形成有力对接，离岸市场是尽可能实现人民币国际化与人民币计价和结算的一种务实选择。另外，中国作为快速崛起的新兴经济体国家，在本币国际化过程中，离岸市场可以在控制资本账户开放的同时提高本币的国际认可度和接受程度。[①]

第六，充分发挥中国的经济和区位优势，积极设立区域性乃至全球性天然气交易中心。中国具有得天独厚的地理区位优势。英国石油公司（BP）的统计数据显示，2016 年中国进口的天然气来源中，管道气进口占比52.6%，LNG 进口占比47.3%。[②] 可以看出，管道气和 LNG 在中国天然气进出口贸易结构中的地位大致相当。而从中国所处的地理位置看，中国处于中亚天然气供应和东北亚消费枢纽地位，在构建跨国天然气管网方面具有显著的地理优势。在中亚天然气管道、中缅天然气管道和中俄天然气管道完成后，中国每年将形成近 2000 亿立方米的天然气进口输入能力。同时，中国从卡塔尔、澳大利亚、印度尼西亚等国家进口 LNG 也越来越便利。中国的经济规模优势可以充分带动天然气贸易与产品和服务贸易的循环链条运转。人民币计价天然气的核心在于，中国借助天然气进口使人民币流向境外，而天然气出口国则通过购买中国的产品和服务以及与人民币相关的金融产品等，使人民币再次回流中国。便利的中国经济和区位优势为中国在天然气贸易中设立区域性乃至全球性交易中心提供了重要机遇和条件。

第七，提高本国的政治、经济和军事等综合实力，建立更加充分的保障体系。强大的政治、经济和军事实力是稳定一国秩序的必备条件，美国如此，世界其他国家亦是如此。经验和众多事实证明，一国在寻求建立一个以自身为中心的能源及经贸网络的过程中，不仅应该充分考虑到自身行为对其

---

① 乔依德、李蕊、葛佳飞：《人民币国际化：离岸市场与在岸市场的互动》，《国际经济评论》2014 年第 2 期。

② BP，*BP Statistical Review of World Energy 2017.*

合作伙伴造成的影响，还要顾及任何双边交易可能对第三方造成的影响。①
权力和责任往往是并行出现的。通俗来讲，人民币要想获得区域国家乃至全
球国家的认可，通过计价天然气和实现能源互通贸易获得利益，并以此建立
以人民币为中心的金融和贸易机制，那这种行为在符合中国利益的同时，也
应符合合作国的利益。而从竞争者的角度讲，中国从能源计价中获得优势也
意味着中国应该承担更多的义务和责任。

---

① 〔美〕罗伯特·基欧汉：《霸权之后：世界政治经济中的合作与纷争》，苏长和、信强、何
曜译，上海人民出版社，2006，第 162 页。

第十一章　完善离岸人民币市场，建立
人民币回流机制[*]

天然气人民币作为中国天然气行业和人民币国际化长远发展的战略目标，实现的过程可谓困难重重。完善天然气产业政策是政策保障体系的一部分，其他配套政策体系也不容忽视。特别是随着天然气人民币战略的实施，人民币国际化进程将提速，境外人民币积累的规模将快速扩大，这客观上要求中国建立畅通的人民币回流机制和渠道，合理、有序地引导境外人民币回流。因此，推动资本项目有序开放和离岸人民币市场建设也是天然气人民币战略落地的必要条件。

天然气人民币战略的实施需要借鉴石油美元的经验，探索天然气人民币的回流机制。研究表明，美国从石油输出国组织（OPEC）国家进口石油所花的每1美元，会有34美分回流美国。OPEC国家通过石油出口所获得的美元有着强烈的投资需求，而美国具有发达的资本市场和丰富的投资产品，产油国的大量美元收入又通过投资的方式回流美国。石油与美元结合，推动国际石油市场与金融市场循环互动，成为相互影响、相互渗透的石油金融市场系统。

周沅帆[①]的研究指出，美国金融市场，尤其是以美国国债为代表的固定收益产品市场的发展为美元回流提供了稳定的渠道，促进了美元回流，并为

---

[*]　本章作者刘先云,中国社会科学院研究生院亚洲太平洋研究系2014级世界经济专业博士生,
中诚信国际信用评级有限责任公司研究院副院长。

①　周沅帆：《离岸（香港）人民币债券》，中信出版社，2013。

美国提供了低成本的建设资金。常军红、郑联盛[①]也指出，石油美元的投资显示出多元化的特点，更加注重利用组合投资。购买美国国债被认为是最主要的投资工具，但是投资已经变得更加隐蔽，渠道也更加多元化。

管清友[②]认为，OPEC 国家在获得大量美元收益后继续向欧美金融市场进行再投资，形成石油美元回流机制，最终使石油美元转化为金融美元。这种"石油－美元"机制以及美国在国际金融市场上的强大地位，使美国政府和美国的大型投资银行在世界石油市场具有巨大的影响力。

因此，在实施天然气人民币战略的过程中，中国必须借鉴石油美元的经验，逐步完善人民币回流机制，实现境外人民币的保值增值和人民币顺畅回流。目前来看，制约人民币回流的主要因素有以下几个方面。

首先，目前中国已实现贸易项下的人民币自由兑换，但资本项下仍然存在一定的管制。商品和服务贸易及其他经常项目出口是自由兑换的，可由交易双方协商决定使用人民币结算。也就是说，只要有真实的贸易背景，人民币就可以顺畅地实现回流。但与此同时，中国资本项目尚未实现完全开放，资本项下的人民币跨境流动还存在一些管制措施。

近年来，中国外汇体制改革和资本项目开放为资本账户下的人民币回流拓展了不少渠道，但总体来看，人民币合格境外机构投资者（RQFII）、人民币外商直接投资（RFDI）、人民币合格境外有限合伙人（RQFLP）、离岸债券发行等投资行为均实行审批制和额度管理制。通过对投资者主体资格、投资产品管理、金额限制以及投资产品配置管理等的一系列限制措施，管理部门较为严格地把控人民币跨境流动的阀门，资本账户下的人民币回流机制不顺畅问题仍然较为突出。

其次，人民币汇率形成机制尚未完全市场化。2014 年下半年以来，在美元持续走强、人民币阶段性贬值的压力下，人民币国际化需要在金融市场开放与保持市场稳定之间寻求平衡，人民币国际化进程有所放缓。目前，随着中国经济增长的筑底企稳，人民币汇率进入了双向波动区间，人民币汇率正从"美元锚"转向参考"一篮子货币锚"，并最终走向自由浮

---

① 常军红、郑联盛：《石油美元的回流、影响及政策建议》，《国际石油经济》2008 年第 1 期。

② 许勤华主编《中国能源国际合作报告——国际能源金融发展与中国（2012/2013）》，中国人民大学出版社，2013。

动。下一步，人民币国际化的发展应在汇率形成机制改革与资本账户有序开放之间寻求均衡，增加市场的灵活性和弹性，以应对资本账户开放和人民币汇率日趋自由浮动所带来的挑战。

最后，人民币跨境清算体系尚不健全，离岸人民币市场缺失和不成熟。目前境外非居民持有的人民币的主要用途是旅游支付、边境贸易结算等，仅能体现人民币的支付手段功能，而人民币的价值贮藏功能还没有得到完全体现。中国需要加强建设和完善离岸人民币中心，提升境外人民币的保值增值功能。特别是随着天然气人民币战略的实施，人民币在油气出口国大量沉淀，因此更需要在这些油气出口国的金融中心建立和完善发达的离岸人民币市场。

总之，随着跨境贸易人民币结算工作的进行和天然气人民币战略的实施，境外投资者持有的人民币资金迅速增加，而资本项目的管制使境外人民币资金无法回流国内资本市场。同时，境外缺少以人民币计价的金融资产，境外人民币投资渠道匮乏，难以发挥货币的价值贮藏功能，因此，在资本项目尚未完全开放的情况下，境外人民币回流境内、投资境内存在一定的难度；投资功能不足，保值增值能力不强，导致境外企业持有人民币的意愿降低，增加了境内企业在天然气贸易中的谈判难度，制约了天然气人民币的纵深和持续发展。

拓宽人民币回流机制大体上有三条路径：一是通过扩大对天然气出口国的出口贸易，实现贸易项下的人民币回流；二是逐步扩大资本项目开放，允许更多的境外人民币投资境内资本市场；三是推动建设离岸人民币中心，逐步在境外建立强大的人民币金融市场，实现境外人民币的保值增值。

一　通过贸易项下实现人民币回流

经常项目下的人民币跨境流动，就是通过跨境贸易人民币结算实现人民币跨境流动。跨境贸易包括进口贸易与出口贸易，其中出口贸易的人民币结算是人民币回流的重要渠道。

近年来，跨境贸易人民币结算有序推进。2009 年 7 月，中国在上海、广州、深圳、珠海、东莞等城市启动了跨境贸易人民币结算试点。此后，2010 年 6 月和 2011 年 8 月，试点地区两次扩围，地域范围已扩大至全国，境外范围则不设限制，业务范围涵盖货物贸易、服务贸易等经常项目。实行跨境贸易人民币结算试点以来，企业的出口贸易可选择使用人民币进行结算，这在一定程度上拓展了境外人民币回流的通道，促使人民币的国际接受度大幅提升。

未来随着天然气贸易人民币计价和结算的实行和天然气贸易的扩大，中国对天然气出口国可能会形成一定规模的贸易逆差，导致人民币持续流出。中国必须扩大对天然气出口国的商品和服务输出，实现贸易项下的人民币回流。中国具有强大的生产制造能力，完全可以通过工业制成品换油气的模式实现人民币回流。同时，中国还具有强大的工程设计与建设能力，特别是在推进"一带一路"倡议的进程中，中国广泛参与"一带一路"沿线国家的公路、铁路等基础设施建设和油气资源开放项目。在输出中国服务的过程中，也可以使用人民币对工程服务进行结算。中国与油气出口国的经济互补性较强，这为天然气人民币贸易项下的回流创造了良好的经济基础。在扩大中国对天然气出口国的贸易规模的过程中，可以适当通过鼓励发展边境贸易的方式，扩大对俄罗斯、中亚等国家和地区的出口规模。要扩大对天然气出口国的出口贸易，并以人民币计价和结算，还需要提升中国制造的创新能力，增强中国工业制成品出口谈判的话语权。

当然，通过商品和服务出口贸易渠道回流人民币的规模，一方面取决于天然气出口国的贸易逆差与持有人民币的规模，另一方面取决于天然气出口国的市场主体进口中国商品和服务时的货币选择。

经常项目下的人民币回流除了可以扩大中国对天然气出口国的商品和服务输出外，还可以扩大中国内地与天然气出口国之间的人文交流和旅游合作。根据《中华人民共和国国家货币出入境管理办法》，个人游客在出入境时每次最多可携带2万元人民币。中国应鼓励和引导天然气出口国居民携带人民币入境旅游、探亲访友，以及进行人文交流，当游客到内地出差、旅游、探亲时，便很有可能将离岸人民币随身携带入境，这就可为人民币提供便利的现钞回流渠道。

经常项目下的人民币流入为人民币提供了便捷的回流通道，但也需要进行必要的监测和管理。由于经常账户下的人民币结算自由化程度高，从机制上讲，商品和服务出口及其他经常项目出口所形成的人民币回流渠道是市场化的。当套利、套汇机会出现时，投机资金就有可能利用贸易项下人民币跨境流动的渠道进行套利。因此，中国也需要对经常账户下人民币资金的跨境流动进行必要的监测和管理。

二　推动资本项目有序开放

天然气人民币的回流仅通过贸易项下的人民币跨境流动显然是不够的。这不仅因为中国与天然气出口国难以实现贸易项下跨境资金的均衡，而且天然气出口国需要参与人民币金融市场，实现人民币资金的融通、保值等功能。境外人民币持有者参与人民币金融市场的路径大致有两个：一是在中国资本项目一定程度开放的情况下参与中国境内的金融市场；二是发展离岸人民币中心，参与离岸人民币金融市场。本节将主要探讨第一条路径，即推动资本项目有序开放，拓展天然气人民币回流的渠道。

总体上看，目前中国资本项目下的人民币回流机制已涵盖 RQFII、RFDI、RQFLP 等多种途径。从交易品种来看，离岸人民币可通过投资境内股票、债券、贷款等实现回流；从交易市场来看，回流机制覆盖了一级市场、二级市场和银行间市场。

1. RQFII 机制

近年来，中国不断推进 RQFII、RFDI、跨境人民币贷款等业务，并推动股市和债券市场不断对外开放。通过资本市场的对外开放，人民币在资本项下实现了一定规模的回流。

在 RQFII 机制下，符合条件的境外投资者可以进入境内二级市场，包括股市、债券市场。2011 年 12 月，中国证券监督管理委员会（以下简称"证监会"）、中国人民银行等部门联合发布了《基金管理公司、证券公司人民币合格境外机构投资者境内证券投资试点办法》（以下简称《办法》）。《办法》允许符合条件的基金管理公司、证券公司香港子公司作为试点机构开展 RQFII 业务，初期试点额度约为人民币 200 亿元。《办法》对资金的配置也做出了规定，明确要求其中投资于股票及股票类基金的资金不超过募集规模的 20%。RQFII 投资机制由此破冰，起步金额 200 亿元人民币。RQFII 机制的意义在于，它打开了人民币资本项下的回流机制，是人民币国际化的新阶段。

2013 年 3 月，中国人民银行等部门继续推进这一改革，扩大了试点机构的范围，放宽了投资比例限制，允许 RQFII 投资范围扩大至银行间固定收益产品。此后，RQFII 投资额度、主体和投资范围不断拓展，规模不断扩大。国家外汇管理局公布的数据显示，中国 2017 年 9 月末 RQFII 获批额度达到 5894.56 亿元人民币。

此外，中国还在合格境外有限合伙人（QFLP）的基础上参照 RQFII，创新性地推出了 RQFLP 机制。简单地说，就是持有离岸人民币的投资机构今后可以直接使用其所持有的人民币在上海设立外商股权投资企业。RQFII 资金只能投资股市、债券市场，而 RQFLP 资金则可投资未上市企业或上市企业的非公开交易股权、可转换债券、产业基金等。海通证券旗下的香港子公司——海通国际证券集团有限公司成为首家获得 RQFLP 试点资格的投资机构，首期获批额度约 1 亿美元等值人民币。

2. RFDI 机制

RFDI 机制的推出为境外机构进入境内一级市场提供了投资渠道。2011 年 10 月，中国人民银行发布了《外商直接投资人民币结算业务管理办法》。该办法允许境外企业、经济组织以及个人以人民币来华投资。此后，2013 年 9 月，中国人民银行发布的《中国人民银行关于境外投资者投资境内金融机构人民币结算有关事项的通知》指出，境外投资者可以使用人民币在境内设立、并购、参股金融机构，人民币的回流渠道得以进一步扩大。

3. 股市开放

2014 年 4 月，中国证监会正式批复开展沪港股票市场交易互联互通机制（沪港通）试点。试点初期，对沪港通总额度做出了限制，规模为 5500 亿元人民币。2014 年 11 月 17 日，沪港通正式启动交易。沪港通既可方便内地投资者直接使用人民币投资香港股票市场，也可增加境外人民币资金的投资渠道，便利人民币在内地与香港的有序流动。

在沪港通试点取得经验的基础上，2016 年 12 月 5 日，深港股票市场交易互联互通机制（深港通）正式启动。深港通、QFII 和 RQFII 扩容以及 A 股（人民币普通股）有望纳入国际指数等一系列开放举措，这都将加速 A 股的国际化进程，推动离岸人民币回流中国内地股市。

4. 债券市场开放

境内银行间债券市场在近年也逐步向境外投资者放开。2010 年 8 月，中国人民银行发布了《关于境外人民币清算行等三类机构运用人民币投资银行间债券市场试点有关事宜的通知》，允许相关境外机构进入境内银行间债券市场进行投资。

2016 年起，投资者范围拓展至中国人民银行认可的包括商业银行、证券公司、保险公司、基金公司等在内的各类境外金融机构，通过"结算代理人制度"进入境内银行间债券市场。截至 2017 年 5 月，境外机构在中国债券市场整体中的占比为 1.32%，仍处于较低水平。

2017 年 7 月起，合格境外机构可通过"债券通"中的"北向通"参与境内债券市场交易，无投资额度限制，并且投资便利程度高，未来流入中国在岸债券市场的人民币国际资本将持续增加。"债券通"的推出将提高境外投资者对国内债券市场的参与度和投资的便利度，构成离岸人民币重要的回流渠道。

此外，2016 年 10 月人民币加入国际货币基金组织（IMF）SDR（特别提款权）货币篮子之后，随着境内金融市场的开放和国际金融市场上人民币金融产品的不断多元化，外国投资者对人民币的信心不断提升，对持有人民币资产的需求不断增强。

尽管中国资本项目开放取得了显著进展，但是资本项目下境外人民币回流渠道开放的时日尚短，相关管理经验尚不成熟，为了避免冲击中国资本市场，目前对于开放的 RQFII、RFDI、人民币股权投资等市场，以及股市和债券市场，基本上都在投资主体、资金来源、资产配置、投资额度等方面设置了较多的限制。

近年来，香港等离岸人民币中心的人民币存款规模迅速增长，大量境外人民币缺乏有效的投资渠道。RQFII 机制出台以前，境外人民币可投资的金融产品主要为香港离岸人民币市场上各种定期理财产品、存款证、保单、"点心债"及离岸人民币债券基金等，收益均不高，从而降低了境外机构和个人持有人民币的意愿。事实上，境外投资者对使用人民币投资中国内地债券和股票市场的兴趣较大，但上述通道还存在诸多不太通畅之处。

首先，RQFII 业务虽然是境外人民币回流的重要渠道之一，但受制度制约，机制上行政色彩过浓，行政管制限制了境外人民币回流的规模和速度。RQFII 基金是境外投资者直接使用人民币投资中国国内证券市场最直接的方式，但是由于其存在渠道堵塞、可投资产品同质化、投资范围受限等多种问题，导致 RQFII 机制试点初期的进展并不顺利，进而影响到境外人民币的顺利回流。根据政策规定，RQFII 机制试点初期，不少于募集规模 80% 的资金投资于固定收益证券；同时，相关投资产品管理费高、收益有限，以及相关政策对发行机构资格、机构及产品审批流程、投融资规模和资金流向等方面进行严格管制，都制约了 RQFII 回流渠道的规模。总之，行政管制措施既从总量上限制了可回流的境外人民币规模，也阻碍了 RQFII 投资产品的多样性。

其次，RFDI 发展较快，但是投资主体和资金运用范围受限，境外人民币通过直接投资方式回流的金额也比较有限。2011 年 10 月，商务部发布的《关于跨境人民币直接投资有关问题的通知》对 RFDI 在中国境内的资金运用设置了一定的限制。该通知规定 RFDI 在中国境内不得直接或间接用于投资有价证券和金融衍生品，以及用于委托贷款或偿还国内外贷款。中国政府虽然允许三类机构投资中国银行间债券市场，但是制约依然较多。投资于中国银行间债券市场的投资主体仅限于境外央行或货币当局，香港、澳门两地人民币业务清算行和跨境贸易人民币结算境外参加行三类机构。同时，中国政府对三类机构投资中国银行间债券市场的总额实行额度管理。根据目前的政策规定，银行间债券市场试点项目的投资金额仍仅限于其从人民币贸易结算中获得的资金数量，并且在进行投资之前要向中国人民银行申请配额。因此，投资主体资格审批和额度管理制度等方面的严格限制也影响了境外人民币通过 RFDI 途径回流的规模。

最后，RQFLP、跨境人民币贷款等新渠道尚处于推进阶段。QFLP 机制允许境外有限合伙人在国家外汇管理局批准的额度内，将境外资金换成人民币在上海进行股权投资。国内首单 RQFLP 试点于 2012 年 12 月底启动。由于目前 RQFLP 的实施框架参照 QFLP 执行，进行股权投资的境外人民币仍被视为外币。由于对一般合伙人的资格审批严格，境外直接募集人民币资金在国内进行股权投资这一回流渠道的落实仍需要制定相关的政策及实施细则。

2013 年初，跨境人民币贷款试点正式开闸。深圳前海启动跨境人民币贷款试点，将促进人民币资金在内地与香港之间的跨境循环，对深化香港离岸人民币市场建设，推动中国利率市场化、人民币国际化均有重要的意义。目前来看，内地市场与香港离岸人民币市场之间存在一定的利差，并且内地市场的利率明显高于香港。在此背景下，企业更愿意到香港筹集资金。由于跨境人民币贷款刚刚起步，而且在地域上仅限在前海地区实施，目前跨境人民币贷款及 RQFLP 途径人民币回流金额极小，其标志性意义大于实际作用。

　　总之，在资本项目尚未完全开放的条件下，虽然中国人民银行、证监会等部门开放了一些资本项下境外人民币回流的渠道，但是监管部门通过投资者主体资格、投资产品、投资额度、投资产品配置等多方面的审批，总体上控制了境外资金回流的阀门，限制了资本账户下人民币回流的规模和速度。这种半开放半管制政策的效果并不理想，容易造成市场扭曲和资源错配，也容易滋生投机、套利和寻租之类的现象。

　　应该看到，中国人民银行、证监会等金融监管部门在目前的条件下对资本项下人民币回流渠道的管理和限制是出于审慎监管的考虑。监管部门担心资本项目完全开放会引起热钱的大量涌入或大规模的资金外逃，从而对国内金融市场和经济带来巨大的冲击。有限度地开放是监管部门态度的真实反映。同时，资本账户管制也起源于外汇短缺。对资本账户进行必要的管制可以防止由外汇短缺导致对外清偿出现危机，可以避免国际收支不平衡。

　　应当说，人民币国际化，特别是人民币回流机制的建设和完善，主要取决于中国金融市场的发展水平和开放程度，即中国金融市场是否具有足够的吸引外国资本的能力，内地金融市场应该成为人民币回流的主要渠道。逐步有序开放资本账户，把行政权力管制下形成的境外人民币回流机制向市场化回流机制转变十分重要。未来无论是推进天然气人民币战略，还是继续推进人民币国际化，中国都需要有序推进资本项目开放。同时，在利率市场化已基本实现的情况下，要增加汇率弹性，推进更加市场化的汇率形成机制。

　　推动资本账户开放或自由化，就是要尊重市场参与者的意愿，让市场去创造新业务、新产品，缩小在岸人民币金融市场和离岸人民币金融市场的差距，从而为离岸人民币资金提供顺畅的跨境流动渠道。在资本项目开放和人民币国际化方面，中国要坚持"积极稳妥、风险可控、服务实体"的原则，推进新一轮资本项目可兑换，以促进人民币在境内外的有序循环，加快推进人民币国际化进程。

　　在汇率改革方面，自 2005 年 7 月启动汇率形成机制改革以来，几经调整，人民币对美元交易价的浮动幅度已扩大至每日 2%。中国已基本形成以市场供求为基础，参考一篮子货币进行调节、有管理的浮动汇率制度。未来，中国有望不断扩大汇率的波动幅度，减少对外汇市场的干预，从而顺利向独立浮动汇率制度转变。

三　建立离岸人民币市场

当前的跨境贸易人民币结算是在资本项下人民币没有完全可兑换的情况下开展的，离岸人民币并不能自由进入中国境内资本市场。发展跨境贸易人民币结算需要解决流向境外的人民币的流通和交易问题，使拥有人民币的企业可以融出人民币，需要人民币的企业可以融入人民币，持有人民币的企业可以获得相应的收益。在资本项目管制的背景下，除了继续推进资本项目开放以外，还可以通过发展离岸人民币市场，使境外人民币持有者在境外的离岸人民币市场融通资金、进行交易，并获得收益。发展离岸人民币市场是在在岸人民币市场未完全开放的情况下实现人民币回流务实而明智的选择，是在保持资本项目跨境流动基本均衡和稳定、积极推进国内金融体系改革的情况下稳步推行资本账户开放的重要步骤。离岸人民币市场的存在和发展可以为在岸人民币市场资本账户的有序开放提供缓冲带，同时还可以为在岸人民币市场的部分机构和企业率先从事人民币跨境业务提供境外对接点。

何为离岸货币市场？一般来说，各国的金融机构只能从事本国货币的存贷款业务，但是第二次世界大战后，各国的金融机构从事外币的存贷款业务逐渐兴起，部分地区因此成为外币存贷款中心，并形成了外币资本市场。这种专门从事外币金融业务的活动就被称为离岸金融。

周沅帆[1]指出，目前，中国全面开放资本项目的条件还不成熟，人民币持续流出后在境外流通和沉淀，会产生人民币金融业务的需求，因此有必要在与中国经贸联系密切的地方开展离岸人民币业务，形成一个让人民币"走出去"再"流回来"的循环。曾之明[2]也认为，现在还不宜全面放开资本项目管制，人民币国际化又需要全面兑换，面对这一两难，利用离岸中心就具有了特殊的意义：在资本项目仍需管制的背景下，跨境贸易等在境外形成的人民币头寸可以汇集到离岸中心，并以某种形式和境内建立联系，形成回流安排。

---

[1]　周沅帆：《离岸（香港）人民币债券》，中信出版社，2013。
[2]　曾之明：《人民币离岸金融中心发展研究》，经济科学出版社，2012。

董有德、张弘意①通过实证研究发现，离岸人民币债券收益率和人民币存款变动额与跨境贸易人民币结算金额成正相关，表明离岸人民币金融市场的发展对跨境贸易人民币结算业务起到非常重要的作用。扩充离岸人民币金融市场的交易规模，加快离岸人民币的产品创新，完善离岸人民币金融市场的管理机制，对进一步提升人民币跨境贸易使用量和天然气人民币计价和结算有巨大的推动作用。

自2009年跨境贸易人民币结算业务启动以来，人民币出境步伐加快，境外人民币存量规模迅速上升。截至2017年8月末，香港人民币存款规模已经达到5327.53亿元人民币。未来随着天然气贸易人民币的计价和结算，境外会沉淀规模更为庞大的人民币资金池。目前来看，离岸人民币市场实现人民币回流主要有三大通道：一是境外人民币存款渠道回流，二是跨境人民币贷款业务，三是离岸人民币债券市场。

1. 境外人民币存款渠道回流

目前，离岸人民币市场沉淀的大量人民币可以通过人民币清算行回流境内。其流程大致如下：境外企业和个人将其获得的人民币现金存入离岸市场上经营人民币存款业务的银行或其他存款类金融机构，然后上述机构根据日常经营需要，将人民币存入指定的人民币清算行，最后人民币清算行将人民币存款汇回内地。

以香港离岸人民币市场为例，香港企业和居民将其获得的人民币存入香港经营人民币存贷款业务的银行，银行则根据经营需要，将其所接收的人民币存入人民币清算行——中国银行（香港）有限公司（以下简称"中银香港"），中银香港将多余的人民币存入中国人民银行深圳市中心支行，从而实现香港人民币经存款渠道回流内地。

2. 跨境人民币贷款业务

跨境人民币贷款业务允许境外贷款人民币资金进入境内使用。2013年1月，中国人民银行深圳市中心支行启动深圳前海跨境人民币贷款试点，境内企业经过审批后可赴香港获得贷款。之后，上海自由贸易区、苏州工业园区、中新天津生态城纷纷开启跨境人民币贷款试点。

---

① 董有德、张弘意：《离岸人民币债券市场与跨境贸易人民币结算：基于香港市场的实证研究》，《上海经济研究》2013年第12期。

3. 离岸人民币债券市场

离岸人民币债券市场是实现人民币回流的重要通道。目前，内地企业在香港发行的"点心债"即离岸人民币债券。2007年1月，中国人民银行规定，境内金融机构经批准可在香港发行人民币债券。同年6月，中国人民银行与国家发展和改革委员会联合发布了《境内金融机构赴香港特别行政区发行人民币债券管理暂行办法》。2007年7月，国家开发银行开创了内地金融机构赴香港发行人民币债券的先河，在香港发行了首只金额为50亿元的人民币债券，由此借助离岸人民币债券市场实现了人民币的回流。此后，离岸人民币债券发行逐步向其他国家（地区）发展，伦敦、中国台湾等地相继发行人民币债券。

境外人民币存款渠道虽然能够发挥人民币回流的作用，但其局限性也十分明显，即无法为境外人民币持有者提供丰富的金融产品，难以实现人民币的保值增值。相对而言，离岸人民币债券市场的发展则可以为投资者提供比境外人民币存款流动性、安全性和保值性更好的投资产品。

巴曙松[1]在《离岸（香港）人民币债券》一书的序言中指出，从金融市场层面看，债券市场对一国货币"走出去"发挥着非常关键的作用。建立离岸人民币债券市场有助于以该货币计价的其他金融产品的价格发现，并为国际范围内的资产转移、资金流动提供低成本的服务，吸引非居民持有人民币计价金融资产，而且通过丰富的债券类金融产品类别和交易制度的创新，满足国内外投资者对人民币计价的金融资产安全性、收益性和流动性的需要，进而起到人民币资产池的作用。

因此，积极推动离岸人民币债券市场的发展是构建顺畅的人民币回流机制，从而深化人民币国际化和实现天然气人民币战略的重中之重。周沅帆[2]的研究指出，从进程上看，一国货币国际化通常经过结算货币、投资货币和储备货币三个递进阶段。债券市场的发展是一国货币从贸易结算货币向投资货币转型中最重要的一环。以人民币为例，境外人民币持有者若愿意以人民币作为储备货币，势必会以固定收益债券作为储备资产的基本形态。储备资产必须具有两个基本属性：一是风险尽可能低；二是流动性尽可能高，即本

---

① 周沅帆：《离岸（香港）人民币债券》，中信出版社，2013。

② 周沅帆：《离岸（香港）人民币债券》，中信出版社，2013。

国遭遇国际压力时可随时变现。基于这些约束，发达的债券市场成为必然选择。因此，必须大力发展离岸人民币债券市场，以支撑人民币国际化。

发展离岸人民币债券市场需要从以下几个方面入手。

一是大力推动国债、中央银行票据、政策性金融债券等高信用等级债券在离岸市场的发行。因为，作为"安全资产"的主权债券、政策性金融债券是非居民投资的首选。扩大国债、中央银行票据的发行既可以提高债券市场对境外投资者的吸引力，也可以为离岸人民币债券市场提供无风险的利率曲线，从而为离岸人民币债券的价格提供参照。2015 年，中国人民银行在伦敦成功发行了规模为 50 亿元人民币的 1 年期中央银行票据，票面利率 3.1%。这是中国人民银行首次在中国以外的地区发行以人民币计价的中央银行票据，有利于丰富离岸人民币债券市场高信用等级人民币金融产品和推动离岸人民币市场的发展，对推进跨境贸易和投资便利化也具有积极的意义。

二是建立离岸人民币债券市场做市商制度，提升债券市场的流动性。从目前香港离岸人民币债券市场发展的经验看，离岸人民币债券市场二级市场流动性不足，需要通过引入做市商制度，提升债券二级市场的流动性，从而吸引境内外企业参与离岸人民币债券市场。

三是改变多头监管现状，建立统一的债券市场监管框架，逐渐消除国内企业与机构到国际市场发行和交易人民币债券的政策壁垒。产品创新是做大做强人民币国际债券市场的关键，未来应重点发展资产支持债券、熊猫债券、木兰债券等债券产品。要放宽对主体的要求，鼓励境内外企业在离岸人民币债券市场发行债券，并为境内企业从境外募集的资金汇入境内时提供必要的便利。

离岸人民币存量规模大，而离岸人民币金融产品创新不足，以收益率较低的人民币存款为主，严重制约了离岸人民币市场的发展。在建立和完善离岸人民币中心的过程中，除了重点发展离岸人民币债券市场外，近年人民币股票、期货、基金、信托、保险等金融产品也在陆续推出。未来加强离岸人民币市场建设仍需要进一步丰富离岸人民币金融产品，为境外人民币持有者提供更为丰富的投资渠道，增加其投资收益，提高境外投资者持有人民币的意愿。

目前，"离岸市场加双方认可的清算银行"的正规离岸人民币市场有 7 个，包括中国香港、中国澳门、中国台湾、伦敦、法兰克福、新加坡、韩国。尽管如此，离岸人民币金融产品创新不足，金融产品短缺、收益率偏低，人民币缺乏合理的投资通道仍然削弱了境外投资者持有人民币的意愿。未来随着天然气人民币战略的实施，以及人民币大规模流向天然气出口国，中国必须在主要天然气出口国的金融中心推动离岸人民币市场建设，从而为天然气出口国的人民币投资提供便利的场所。

在天然气出口国建立离岸人民币中心，一方面，需要中国金融监管部门推动监管合作，与主要天然气出口国的监管部门在政策上达成一致，为离岸人民币中心建立提供政策上的便利。通过监管合作，根据直接投资、人民币债券市场、人民币国际信贷市场的发展需要，加快弥补法律短板，逐渐完善与人民币国际化相适应的法律制度。另一方面，需要进一步健全和完善人民币跨境支付结算体系等基础设施，做到系统运行时间覆盖全球，系统服务涵盖外汇、证券交易等金融交易。

此外，在离岸人民币市场的基础设施建设方面，还要鼓励公共征信与市场征信共同发展，依据中国市场的特征制定评级标准，尊重国际惯例，打造国际公信力。陈果静①指出，由于国际三大评级公司对中国主权评级"天花板"的限制（即市场主体的信用等级不高于该国的主权信用评级），中国企业在境外资本市场的信用级别普遍偏低，绝大多数中资企业级别分布在投资级以下，因而需要承担相对较高的融资成本。但从中资企业的风险表现来看，自1993年第一次有中资企业海外债券以来，事实上违约案例极少。同时，与发行时的高票息率形成鲜明对比的是，中资美元债在二级市场普遍受到投资者的青睐。中资债券在风险及二级市场的优异表现与其信用等级和发行成本形成显著反差，其信用等级被严重低估。因此，建立和完善离岸人民币市场还需提升中国信用评级机构的影响力和国际话语权，从而为中国市场主体境外发债提供公允客观的评级服务。

总之，人民币国际化面临的挑战之一是资本账户仍未完全开放，人民币不能自由兑换。但客观事实是，如果不根据中国经济的开放程度而盲目放开资本管制，势必会对中国的经济和金融安全造成冲击。离岸人民币市场的建设能够为资本账户尚未完全开放的中国提供缓冲带，防范人民币国际化进程中的风险。在资本项目管制的背景下，债券、股票等资本市场的建设能够辅

---

① 陈果静：《中诚信：中国本土评级机构需要提升自身的国际话语权》，中国经济网，2017年7月3日，http://www.ce.cn/xwzx/gnsz/gdxw/201707/03/t20170703_23998313.shtml。

助一国货币的投资职能向储蓄职能转换，离岸资本市场的建立和完善就成为离岸人民币市场建设和人民币国际化进程中重要的策略选择。

四　资本项目开放环境下的风险防控

资本项目的开放和离岸人民币市场的建设是推进跨境贸易人民币结算和实施天然气人民币战略的必要举措，但是跨境资本流动的增长也会增加中国经济金融动荡的风险。对此，在制度设计中也需要高度关注风险的防范。

牛薇薇[1]指出，"贸易结算＋离岸市场"虽然可以短期内缓解中国资本市场管制与金融市场不发达对人民币国际化的制约，但离岸资金回流的限制造成了离岸市场和在岸市场的制度性分割，相同的资产存在明显的价格差异，还对在岸、离岸金融市场的稳定带来了一定的风险隐患。

张喜玲[2]的研究也指出，离岸货币中心会增加发行国货币供给调控的难度，使中央银行保持货币政策独立性和稳定性受到威胁与挑战。由于大量的本币在国外交易和流通，它们会通过跨境的离岸银行等机构实现资本流出和流入，增加发行国央行对存量货币进行监测和统计的难度，从而对发行国的货币供给产生影响，扰乱该国在岸市场货币政策的调控预期。

此外，离岸人民币市场的司法管辖权、监管要求、成本收益结构等与在岸人民币市场均有所不同，而且离岸金融机构没有存款准备金约束，离岸市场的信贷扩张可能会通过国际金融市场间的关联而影响在岸市场的信贷规模，进而影响中国货币供应总量的控制，这会使中国人民银行货币政策的独立性受到损失，影响货币政策调控的有效性。

在推进人民币国际化的过程中，要按照"积极稳妥、风险可控"的原则推进资本项目自由可兑换，促进人民币跨境有序流动，引领中国新一轮对外开放，实现中国在全球经济版图中的引领和赶超。

在资本项目开放的过程中，中国需要关注以下三个方面的协调。第一，要处理好改革的协调联动。人民币国际化是一项复杂的系统工程，涉及资本

---

[1]　牛薇薇：《完善我国跨境贸易 RMB 计价结算的理性思考——基于"贸易结算＋离岸市场"模式的风险隐患》，《西南金融》2013 年第 11 期。

[2]　张喜玲：《香港离岸人民币对境内货币政策的影响研究》，经济科学出版社，2014。

项目管制开放、汇率形成机制改革、利率市场化改革、金融监管协调、国有企业改革等。推进资本项目开放需要协调推动其他方面的改革，否则可能会引发市场紊乱和金融风险。从理论上讲，在汇率形成机制改革、利率市场化改革较为成熟的背景下，推进资本项目开放和人民币国际化相对稳妥；从实践上看，则需要根据国际和国内的宏观经济环境审慎相机抉择，协调推进。

第二，资本项目子项众多，要处理好资本项目子项开放的时间和顺序。过快开放或开放顺序不合时宜也易产生金融风险。从理论上讲，资本项目开放一般遵循先开放流入，后开放流出；先开放长期，后开放短期，同时遵循"先直接，后间接；先机构，后个人"的顺序。此外，涉及资金流入的、期限长的、外商直接投资和境外直接投资的或者机构资金的资本项目可相对早开放；涉及资金流出的、期限短的、借贷和证券投资的或者个人资金的资本项目则可相对晚开放。从实践上看，中国可大体遵循上述原则和顺序。当然，上述顺序并不是绝对的，仍需要根据国内外的经济金融形势相机抉择。

第三，在资本项目开放和汇率形成机制改革中，要处理好中国经济与全球经济的关系。当前，中国经济已深度融入全球经济，中国货币政策的调整和市场动荡会对全球市场带来影响。2015 年 8 月汇率形成机制改革在全球范围内引发了股票、期货市场的动荡便是例证。因此，在推进资本项目开放和人民币国际化的过程中，必须考虑中国经济改革对全球经济的溢出效应以及对中国金融市场的冲击。

总之，天然气人民币战略的实施需要可循环的人民币回流机制。而人民币回流机制的建立和完善除了通过贸易项下的自然回流外，更重要的是推动资本项目的适度有序开放和离岸人民币市场的建设，为境外投资者提供人民币融通、交易和投资机会。人民币回流机制的建立既是天然气人民币战略落地的必要举措，也是人民币国际化的必然要求。因此，中国要把资本项目的有序开放和离岸人民币市场的建设上升到新的高度，从而为实现人民币国际化和提升中国积极参与全球经济治理的能力创造条件。

后　记

　　天然气人民币是一个全新的概念。经过长时间的酝酿，中国社会科学院研究生院院长、国际能源安全研究中心主任黄晓勇教授最早在 2016 年 8 月提出这一概念。2016 年 11 月 12 日，在北京朝阳区一个湖畔的会议室里举行的《能源博弈论集》新书发布会暨"天然气人民币"学术研讨会上，黄晓勇教授第一次系统地阐述了建立天然气人民币体系的构想。

　　这样一个与石油美元相对应的概念第一次在公开场合被提出，与会能源业界人士和专家学者对这个概念表示出强烈的兴趣。尽管这一概念的实施还存在诸多的挑战，但是对于它的战略意义，与会专家学者无不表示高度认同，对它的可行性也表示了认可。这个创新概念也引起了能源领域相关媒体的关注，一篇题为《推进人民币国际化，社科院专家提出"天然气人民币"概念》的报道在一家有影响力的媒体上发表后，关于天然气人民币和推进构建天然气人民币体系内容的文章、访谈不断见诸各家媒体，政府相关部门、金融业协会、企业等纷纷参与讨论，展开探讨。

　　经过一年多的密集调研和深入论证，黄晓勇教授决定将研究团队的阶段性成果结集发表，在党的十九大召开之际，以此作为一位老党员和一群中青年党员，以经济、金融、能源问题研究为事业的研究者，为实现"富强、民主、文明、和谐"的目标而贡献的服务于祖国改革和发展的方案，并愿意以这一成果作为契机，加强"产、学、研"密切合作，希望早日推进这个创新概念和创新方案服务于实践，使其成为惠及中国天然气行业发展和人民生活幸福的创新政策、创新体系和创新事业。

感谢本课题研究团队中的每位成员：张明、王永忠、钟飞腾、李贺、刘先云、陈柏万、梁灵俊、刘媛媛，感谢你们的饱满热情和细致工作！感谢你们勇于探索的精神和强烈的民族使命感、责任感！也感谢亚太与全球战略研究院、社会科学文献出版社对本课题研究团队给予的大力帮助！感谢党和祖国给予我们团队所有成员这样一个能够让创新、智慧服务于中华民族伟大复兴事业的机遇！

中国社会科学院研究生院国际能源安全研究中心

2017 年 10 月

图书在版编目（CIP）数据

天然气人民币 / 黄晓勇等著 . -- 北京：社会科学
文献出版社，2018.4
　（能源安全研究论丛）
　ISBN 978 - 7 - 5201 - 2446 - 1

　Ⅰ.①天… 　Ⅱ.①黄… 　Ⅲ.①天然气 - 人民币业务 -
结算业务 - 研究 　Ⅳ.①F832.24

　中国版本图书馆 CIP 数据核字（2018）第 049949 号

· 能源安全研究论丛 ·

天然气人民币

著　　者 / 黄晓勇 等

出 版 人 / 谢寿光
项目统筹 / 王晓卿
责任编辑 / 王晓卿

出　　版 / 社会科学文献出版社 · 当代世界出版分社（010）59367004
　　　　　地址：北京市北三环中路甲 29 号院华龙大厦　邮编：100029
　　　　　网址：www. ssap. com. cn
发　　行 / 市场营销中心（010）59367081　59367018
印　　装 / 三河市东方印刷有限公司

规　　格 / 开　本：787mm × 1092mm　1/16
　　　　　印　张：14.75　字　数：243 千字
版　　次 / 2018 年 4 月第 1 版　2018 年 4 月第 1 次印刷
书　　号 / ISBN 978 - 7 - 5201 - 2446 - 1
定　　价 / 69.00 元